集人文社科之思 刊专业学术之声

集 刊 名：人工智能法学研究
主办单位：西南政法大学人工智能法律研究院
主　　编：岳彩申　侯东德
副 主 编：张建文

LAW SCIENCE OF ARTIFICIAL INTELLIGENCE No.4

本刊编辑部地址：西南政法大学敬业楼5070室
电　　话：023-67258286
投稿邮箱：gdyjy@swupl.edu.cn

第4辑

集刊序列号：PIJ-2018-266
中国集刊网：www.jikan.com.cn
集刊投约稿平台：www.iedol.cn

LAW SCIENCE OF
ARTIFICIAL INTELLIGENCE

No.4

人工智能法学研究
智慧司法的发展与规则

第 4 辑

主编 岳彩申 侯东德 副主编 张建文

社会科学文献出版社
SOCIAL SCIENCES ACADEMIC PRESS (CHINA)

1　**思想译介**

3　阿西莫夫短文之机器人学三法则

15　论证支持工具的新用例：支持复杂刑事案件贝叶斯分析的讨论

　　/〔荷〕亨利·帕肯 著　熊明辉 译

41　**部门法视野**

43　大数据时代个人隐私权保护的法律原则及其实现机制

　　/赵万一　樊沛鑫

66　人工智能刑事责任能力及规制路径初探/孙静翊

78　论政府开放数据流动的法律秩序/李家杭　邵　滨

91　利益平衡视角下的法定数字货币个人信息保护/常　烨

103　**跨界对话**

105　解构与建构：信息化浪潮下智慧法院建设的思考/高　翔　陈　庚

117　P2P借贷平台涉罪案件实证分析与刑法规制研究/姚万勤　蔡仕玉

135　人工智能在强制执行领域的应用与完善/上官俊峰

145　**域外观察**

147　人工智能与金融法/〔韩〕徐琬锡 著　李　杨 译

160　可信赖人工智能的伦理准则/人工智能高级专家组 编写　谷兆阳

　　刘秀丽　钱春雁 译

211　**Abstract**

218　**约稿函**

思想译介

阿西莫夫短文之机器人学三法则[*]

译者按： 被读者誉为"神一样的人"，被美国政府授予"国家的资源与自然的奇迹"称号的俄裔美籍科幻作家阿西莫夫，一生笔耕不倦，留下的著作有五百多本。鲜有人知的是，科幻文学在他一生留下的文字中只占一部分。除了小说之外，阿西莫夫也留下了很多关于人工智能的文章。在这些文章中，阿西莫夫仍然孜孜不倦地讨论着人工智能技术的发展前景、未来社会的变化以及人类与人工智能的关系等主题。每篇文章看似独立，实质上彼此之间有千丝万缕的联系。读完阿西莫夫关于人工智能的文章，方能明白，其留给后世的绝对不只是科幻文学这一块雄伟的丰碑，更是人类思想文化上一座难以丈量的高山。张建文教授为了使读者领悟到阿西莫夫写作的意图与所含的教诲，特组织翻译了阿西莫夫十六篇关于人工智能的文章。本次刊出的四篇文章主题系机器人学三法则，在其中，阿西莫夫分析了机器人学三法则的奥秘以及其在科幻小说中的运用，并探讨了与机器人学三法则相对应的人类学法则。其余文章将在后期陆续刊出。

关键词： 阿西莫夫　人工智能　机器人学三法则

机器人的结合[**]

张建文　傅晓悦[***]　译

这半个世纪以来我几乎一直在写关于当代机器人的故事。那会儿，我

---

[*]　本文系西南政法大学人工智能法律研究教师研究创新项目"人工智能机器人的法律调整：阿西莫夫法则的贡献与局限"（编号：2018 - RGZN - JS - ZD - 10）的阶段性成果；西南政法大学人工智能法律研究院 2018 年度科研创新项目"智能服务机器人的法律规制研究"（编号：2018 - RGZN - XS - BS - 01）的成果。

[**]　Isaac Asimov, *Robot Visions* (Roc, 1991), pp. 477 - 482.

[***]　张建文，西南政法大学教授，博士生导师，法学博士，西南政法大学人工智能法律研究院副院长，研究方向为人格权法、信息法学；傅晓悦，西南政法大学民商法学院 2019 级本科生。

对这个主题几乎用了每一个我能想象到的变化。

要提醒你，我本意不是要编写一本关于机器人细节的百科全书；我本意甚至没打算写这些故事长达半个世纪。只是我凑巧活了那么久而且保持了在这个概念上的兴趣。而巧的是，当我试图去想关于机器人的故事新思路的时候，我就几乎不考虑其他事情了。

举个例子，在《机器人之城》系列（the Robot City series）的第六卷中，晶体管（chemfets）被植入主角的体内，从而进行自我复制，最终给予主角对核心主机以及整个机器人城的机器人的精神控制力。

在我的书《基地边缘》（Foundation's Edge）（双日出版社，1982 年）中，我的主人公葛兰·崔维兹（Golan Trevize），在飞船起飞之前，通过把手放在他面前桌子上提示的位置与一台先进的电脑进行了交流。

"当他与电脑牵手之时，他们的思想融合为一……

"……他能将这个舱房看得一清二楚——并不仅限于他所目视的方向，还包括上下左右和四面八方。

"——他能看到太空艇里面的每一间舱房，也能看见外部的景象。太阳已经升起来了……但他可以直接看着它却不被晃晕双眼……

"他感到了微风的吹拂、空气的温度以及周围世界所有有关他的声音。他探测到了这颗行星的磁场以及太空艇外壳的微弱电荷。

"他开始明白怎么操控这艘太空艇了……他知道……如果他想要让太空艇爬升、转向、加速，或者是利用它任何一项功能，这过程就像让自己的身体做出这样的动作，只要运用自己的意志即可。"

这是我对人机交互结果所能做到的最好描绘。而现在，谈到这本新书的时候，我禁不住更加深入地思考这个问题。

我认为人类第一次学会怎么进行人类心智与其他心智之间的交互，是当他们驯服了马匹，并且学会了怎么使用它们来作为一种交通运输工具。当人类直接骑马的时候，这种交互达到了顶峰。而这时，缰绳一拉、马刺一踢、双膝一夹，或者仅仅是一声呼唤，都能让马依照人类的意志行事。

无怪乎原始的希腊人看到骑士们侵犯广阔的塞萨尔平原时觉得他们看到了一个单一的动物，长着人的躯干和马的肢体。这样就诞生了马人这一概念。

再者，还有"奇技司机"（trick drivers），有专业的"绝技之人"（stunt men），他们能让汽车做出惊人的事情。你可以这么想，一个从来没看过也没听说过汽车的新几内亚人看到汽车载人的时候会认为，一个巨大怪异的生物体的里面有一部分长着人的外表。

但是人和马的组合只不过是一种不完美的智慧融合，人和车的组合只不过是一种利用技术手段对人类肌肉进行的延伸。一匹马可轻易违反命令，甚至会在不可控的恐慌中跑走。一辆车也可以抛锚或者打滑给人造成困扰。

然而，人类与电脑的融合，这一方法与理想状态接近得多。

这可以是对人类心智本身的延伸，就像我尝试在《基地边缘》中阐释的那样，是一种感官上的叠加和增强，是一种对意志的不可思议的延伸。

在这样的情况下，这种结合难道真的不代表一个独立的生物体，一种控制论上的"马人"吗？而且一旦这样的联合建立起来了，人类组成的这一部分会想去打破它吗？他难道不会觉得这样的分裂是一种不可忍受的损失，一种无法忍受的心智上的狭隘，那他必须要去面对吗？在我的小说里，葛兰·崔维兹可以随意地与电脑分离而且完全没有不舒服的感觉，但那可能是不现实的。

《机器人之城》系列中另一个常常出现的问题是关于机器人和机器人之间的互动。

我的大部分故事里都没有这样的情节，因为我基本上在一个特定的故事里只会写一个机器人角色，而且我完全专注于处理关于这一个机器人和多个人类的互动问题。

考虑机器人的结合问题吧。

第一法则规定机器人不得伤害人类，或不得因不作为而使人类受到伤害。

但假如有两个机器人，其中的一个由于疏忽、缺乏知识或者是其他特别的情况，（非常无辜地）参与了明显会伤害人类的活动——然后假设第二个更有知识或洞察力的机器人知道了这件事，他难道不会受第一法则驱使而去阻止第一个机器人实施伤害吗？如果没有其他的方法，他难道不会受第一法则驱使去毫不犹豫、毫无悔恨地摧毁第一个机器人吗？

因此，在《机器人与帝国》（*Robots and Empire*）（双日出版社，1985年）中，我写了一个机器人，对它来说人类就是一类说话有某种特定口音的人。本书的女主人公没有用那种口音说话，所以那个机器人可以不受限制地杀掉她。那个机器人马上就被另一个机器人摧毁了。

这种情况和第二法则相似，即在不违反第一法则的情况下，机器人必须遵守人类的命令。

如果两个机器人中，第一个由于疏忽或不理解没有遵守一项命令，第二个就必须执行这项命令或者强迫第一个去这么做。

所以在《机器人与帝国》的紧张的一幕中，反派给了一个机器人一项直接命令，这个机器人犹豫了，因为这项命令可能会伤害女主人公。一时间，反派重复加强她自己的命令，而另一个机器人尝试让第一个机器人更加清醒地认识到女主人公会受到伤害，这就形成了冲突。现在我们就有了一个案例，一个机器人真的强迫另一个机器人去遵守第二法则，并且在这样做的时候反抗了人类。

然而，第三法则带来了机器人结合方面最棘手的问题。

第三法则声明，在不违反第一法则和第二法则的情况下，机器人必须保护自身。

但如果是两个机器人呢？这是仅仅有关于它自己的存在，就像对第三法则的字面意义理解一样，还是每个机器人都会感到需要帮助其他机器人保护自己？

就像我说的一样，只要我只写一个机器人的故事，我就从来没有产生过这个疑问。（有时候也会出现其他的机器人，但它们只是次要角色，可以说只是龙套。）

然而，首先是在《曙光中的机器人》（*The Robots of Dawn*）（双日出版社，1983 年），然后是在它的续集《机器人与帝国》中，我写了两个具有同等重要性的机器人。其中一个是曾在《钢铁洞穴》（双日出版社，1954 年）与其续集《赤裸的太阳》（*The Naked Sun*）（双日出版社，1957年）中登场过的机·丹尼尔·奥利瓦（R. Daneel Olivaw）——一个人形机器人（不容易与人类区分开来），另一个是有着传统的金属外表的机·吉斯卡·瑞文特洛夫（R. Giskard Reventlov）。两个机器人都被升级到了一个心智像人类一样复杂的程度。

正是这些机器人与反派瓦莎莉亚女士起了争执。瓦莎莉亚命令吉斯卡（当时情况是如此紧急）放弃服务嘉蒂雅女士而归属于她。而正是丹尼尔不断声明吉斯卡应该属于嘉蒂雅。

吉斯卡有一种能力，可以产生对人类情感的有限控制，而丹尼尔指出为了嘉蒂雅的安全必须控制瓦莎莉亚。他为了支持这一举动甚至提出了抽象的人类全体利益（零号法则）。

丹尼尔的说法削弱了瓦莎莉亚命令的影响，但是还不够。吉斯卡被弄得犹豫起来，但是未在强迫之下采取行动。

然而，瓦莎莉亚认为丹尼尔太过危险了；如果他继续争论，他可能就能迫使吉斯卡顺其心意。因此她命令自己的机器人阻止丹尼尔活动，并且命令丹尼尔不得反抗。丹尼尔必须遵守命令，而瓦莎莉亚的机器人开始执行任务了。

正是那时，吉斯卡行动了。瓦莎莉亚的四个机器人全部停止了活动，而她自己倒下了，陷入了一场消除她一段记忆的睡眠。之后丹尼尔让吉斯卡解释发生了什么。

吉斯卡说："当她命令那些机器人把你拆毁，丹尼尔好友，并流露出明显的幸灾乐祸，这时你的危急加上零号法则已经产生的影响，终于超过了第二法则与第一法则抗衡。是零号法则、心理史学、我对嘉蒂雅女士的忠诚再加上你的危急结合起来导致了我的行动。"

丹尼尔这时就说他的危急（它仅仅是一个机器人）本就完全不该影响吉斯卡的。吉斯卡完全同意，但他也说："这是一件怪事，丹尼尔好友。我不知道它是怎么发生的……当那些机器人向你步步紧逼，而瓦莎莉亚女士表现出残酷的快感，我的正子径路型样便以异常的方式开始重组。一时我把你想成——想成了人类——于是我有了那样的反应。"

丹尼尔说："那是不对的。"

吉斯卡说："我知道。可是——可是，如果这种事再发生的话，我相信同样的异常变化还会再次发生。"

丹尼尔也不禁觉得，如果易地而处，他也会做出同样的反应。

换句话说，机器人已经到了一种相当复杂的程度，以至于他们开始模糊了机器人与人类之间的界限，能够把彼此看作朋友，也有了去拯救对方的冲动。

机器人学法则[*]

张建文　刘秀丽[**]　译

一想到电脑，人们就会怀疑它们是否能"接管"。

它们是否会取代我们，是否会使我们过时？它们会像我们淘汰长矛和火绒盒一样淘汰我们吗？

如果我们把类似电脑的大脑想象成我们称之为机器人的金属仿制品，

[*]　Isaac Asimov, *Robot Visions* (Roc, 1991), pp. 423 – 425.

[**]　张建文，西南政法大学教授，博士生导师，法学博士，西南政法大学人工智能法律研究院副院长，研究方向为人格权法、信息法学；刘秀丽，浙江大学博士研究生，研究方向为网络数据法、人工智能。

那么恐惧就更直接了。机器人看起来太像人类了，它们的外表可能会给它们带来叛逆的想法。

这个问题在 1920 年和 1930 年的科幻小说中出现过。其中很多都是关于机器人的警世故事，这些机器人被制造出来，然后攻击它们的创造者，将他们摧毁。

当我年轻的时候，我对这种谨慎感到厌烦，因为在我看来，机器人就是一台机器，而人类一直在制造机器。尽管所有的机器都是危险的，但是不管怎样，人类都为其采取了安全保障措施。

因此在 1939 年，我开始写一系列的故事。在这些故事中。机器人以令人怜悯的方式呈现，它们是被精心设计来执行特定任务的机器，内置的充足的安全保障使其变得温和。

在我 1941 年 10 月写的一篇文章中，我最终以"机器人学三法则"为具体形式提出了这些保障措施。（我发明了"机器人"这个词，以前从未有人使用过。）

如下：

1. 机器人不得伤害人类，也不得因不作为而使人类受到伤害；
2. 在不违反第一法则的前提下，机器人必须服从人类的命令；
3. 在不违反第一法则和第二法则的前提下，机器人必须尽力保护自己。

这些法则被编入机器人的计算机化大脑中，我写的许多关于机器人的故事都将它们考虑在内。事实上，这些法则很受读者欢迎，也非常有意义，以至于其他科幻作家开始使用它们（从未直接引用——只有我可以这么做），所有关于机器人毁灭创造者的古老故事都绝迹了。

啊，但那是科幻小说。那么如今真正在计算机和人工智能上做的工作如何呢？当机器人被制造出来并开始拥有自己的智能时，类似于机器人学三法则这样的东西会被植入其中吗？

当然他们会的，假设电脑设计师有一点点智力的话。更重要的是，保障措施将不仅限于机器人学三法则；更重要的是，这些保障措施将不仅仅是与机器人学三法则类似，它们本身就是机器人学三法则。

在我构建这些法则的时候，我没有意识到人类从一开始就一直在使用它们。只要把它们视为"工具三法则"，即可做如下解读：

1. 使用工具必须安全（很明显！刀有把，剑有柄。任何肯定会伤害用户的工具，只要用户知道，将永远不会被常规使用，无论其他条件是什么）；

2. 工具必须履行其功能，前提是它这样做是安全的；

3. 工具在使用过程中必须保持完整，除非是为了安全需要销毁，或者除非破坏是其功能的一部分。

从来没有人引用这三条工具法则，因为其被所有人视为理所当然。引用的每一条法则，肯定会受到"嗯，当然！"的反响。

将工具三法则与机器人学三法则逐一比较，你会发现它们是完全一致的。怎么不是呢？如果你愿意的话，机器人或者计算机也是人类的工具。

但是，有足够的保障措施吗？想想为保证汽车安全所做的努力——尽管每年仍有 5 万美国人因车祸而亡。想想为确保银行安全所做的努力——然而银行抢劫案件仍然不断发生。想想为使计算机程序安全所做的努力——然而计算机欺诈的危险仍在增加。

然而，如果计算机变得足够智能以至于"接管"，那么它们也可能不再需要三法则。它们可能出于仁慈照顾我们，保护我们不受伤害。

然而，你们中的一些人可能会争辩说，我们不是孩子，如果被保护起来，就会破坏我们人性的本质。

真的吗？看看今天的世界和过去的世界，问问你自己，我们是不是孩子——在这一点上，我们是不是破坏性的孩子——为了我们自己的利益，我们是否不需要被保护。

如果我们要求被视为成年人，难道我们不应该表现得像成年人吗？我们打算什么时候开始呢？

人类学法则[*]

张建文　胡苗苗[**] 译

我的前三部以伊利亚·巴利（Elijah Baley）为侦探的机器人小说，基

---

[*]　Isaac Asimov, *Robot Visions* (Roc, 1991), pp. 458 – 462.

[**]　张建文，西南政法大学教授，博士生导师，法学博士，西南政法大学人工智能法律研究院副院长，研究方向为人格权法、信息法学；胡苗苗，西南政法大学民商法学院 2018 级硕士研究生。

本上是谋杀悬疑小说。在前三部小说中，第二部小说《赤裸的太阳》是一个密室之谜，因为被谋杀者被发现时现场没有武器，也没有武器可以被拿走。

我曾经设法想出了一个令人满意的解决方案，但现在我没有再做这种事。

第四部机器人小说《机器人与帝国》主要不是一部谋杀悬疑小说。伊利亚·巴利在一个美好的晚年自然死亡，这本书转向了基础宇宙（the foundation universe）。所以很明显，我的两个著名系列，机器人系列和基础系列，将被融合成一个更广泛的整体。（不，我不是出于某些武断的原因才这么做的。20世纪80年代，我开始写续集，因为最初写于40年代和50年代的故事产生的续写必要性迫使我不得不动手。）

在《机器人与帝国》中，我非常喜欢的机器人角色吉斯卡（Giskard），开始关注自己的"人类学法则"（the Laws of Humanics）。我指出，这可能最终会成为心理史学（the science of psychohistory）的基础，而心理史学在基础系列中扮演着如此重要的角色。

严格地说，人类学法则应该是对人的实际行为的简明描述。当然，没有这样的描述。即使是科学地研究这一问题的心理学家（至少我希望他们是这样做的）也不能提出任何"法则"，而只能对人们的所作所为进行冗长而笼统的描述。它们都不是规范性的。当心理学家说人们对这种刺激物的反应是这样的，他的意思仅仅是有些人在某些时候是这样的，其他人可能在其他时候这样做，或者根本不做。如果我们必须等待实际的法律规定人类行为，以建立心理历史（psychohistory）（当然我们必须这样做），那么我想我们必须等待很长时间。

那么，我们要对人类学法则做些什么呢？我想如果可以的话，我们能做的是从一个非常小的地方开始，然后慢慢地建立起来。

因此，在《机器人与帝国》中，正是机器人吉斯卡提出了人类学法则的问题。作为一个机器人，他必须站在机器人学三法则的立场来看待一切。这些机器人学法则具有真正的规范性，因为机器人必须服从而不能违背它们。

机器人学的三大法则是：

1. 机器人不得伤害人类，也不得因不作为而使人类受到伤害；

2. 在不违背第一法则的前提下，机器人必须服从人类的命令；

3. 在不违背第一法则和第二法则的情况下，机器人必须尽力保护自己。

那么，在我看来，机器人不禁会认为人类的行为方式应该让机器人更容易遵守这些法则。

事实上，在我看来，有道德的人应该像机器人本身一样渴望让机器人的生活变得更容易。我把这件事写在 1976 年出版的小说《双百人》（*The Bicentennial Man*）中。在这本书中，有一个角色说："如果一个人有权给一个机器人下达任何不伤害人类的命令，那么除非人类安全绝对需要，否则绝不给一个机器人下达任何伤害机器人的命令。有了强大的力量就有了巨大的责任，如果机器人有三条法则来保护人类，那么要求人类有一条法则或两条法则来保护机器人是不是太过分？"

例如，第一法则分为两部分。第一部分，"机器人不得伤害人类"，这是绝对的，不需要做任何事情。第二部分，"也不得因不作为而使人类受到伤害"，这留了点余地（leaves things open a bit）。人类可能会因为一些涉及无生命物体的事件而受到伤害。比如，一个重物可能会落在人身上，或者人可能滑倒并掉进湖里，或者其他类似的灾难也可能发生。在这里，机器人必须设法拯救人类：把他从下面拉出来，让他站稳，等等。或者人类可能会受到除人类以外的某种生命形式的威胁——例如狮子——机器人必须出来保护他。

但是，如果另一个人的行为对人类造成伤害，会怎样呢？机器人必须做出决定。他能拯救一个人而不伤害另一个人吗？或者，如果一定要有伤害，他必须采取什么行动才能使伤害最小化？

如果人类像机器人被期望的那样关心人类的福祉，那么机器人就会容易得多。而且，事实上，任何合理的人类道德准则都会教导人类互相关爱、互不伤害。毕竟，这是人类赋予机器人的使命。

因此，从机器人的角度来看，人类学法则的第一条是：

人类不得伤害他人，也不得因不作为而让他人受到伤害。

如果这条法则得以实施，机器人将被留下来保护人类免受无生命物体和非人类生命的意外伤害，这对机器人来说并没有道德困境。当然，机器人还必须防止其他人无意中伤害人类。在人类不能快速到达现场的情况下，机器人还必须随时准备来援助那些身处危险中的人。但是，即使是一个机器人也可能无意中伤害到人类，也可能没有足够的速度及时赶到行动现场，或者没有足够的技术采取必要的行动。没有什么是完美的。这就引出了机器人学的第二法则，它迫使机器人服从人类给它的所有命令，除非这些命令与第一法则相冲突。这意味着只要不涉及对人的伤害，人类就可以无限制地给机器人下达任何指令。

但是，人类可能会命令机器人做一些不可能的事情，或者给它一个命令，让机器人陷入一个两难境地，从而对它的大脑造成损害。因此，在我1940年出版的短篇小说《说谎者》（Liar!）中，我安排了一个人类角色，故意把机器人置于一个两难境地，从而使其大脑被烧坏，停止运作。我们甚至可以想象，随着机器人变得更加智能和更加具有自我意识，它的大脑可能变得足够敏感，如果它被迫做一些尴尬或不庄重的事情，就会受到伤害。因此，人类学法则的第二条是：

> 人类必须给机器人下达命令，以保持机器人的存在，除非这些命令对人类造成伤害或不适。

机器人法则的第三条是为了保护机器人而设计的，但是从机器人的角度来看，它远远不够。如果有服从第一法则或第二法则的必要，机器人必须牺牲它的存在。在服从第一法则的问题上，没有争论。如果这是可以避免伤害人类或可以防止人类受到伤害的唯一方法，机器人必须放弃它的存在。如果我们承认人类相对于机器人来说具有天生的优越性（事实上，这是我有点不愿意承认的），那么这是不可避免的。另一方面，一个机器人必须仅仅为了服从一个可能微不足道甚至是恶意的命令而放弃它的存在吗？在《双百人》中，我安排了一些流氓角色故意命令一个机器人把自己拆开，看看发生这种情况的乐趣。因此，人类学法则的第三条必须是：

> 人类不得伤害机器人，或不得因不作为而使机器人受到伤害，除非这种伤害是为了防止人类受到伤害或为了执行重要命令所必需的。

当然，我们不能像机器人那样执行这些法则。我们不能像设计机器人大脑那样设计人脑。然而，这是一个开始，正如我的故事《双百人》中的人物所说的，我真诚地认为，如果我们要控制智能机器人，我们必须对它们承担相应的责任。

机器人是敌人？*

张建文　陈家宁** 译

1941 年，我提出了"机器人学三法则"，其中第一法则无疑是最重要的。它是这样说的："机器人不得伤害人类，也不得因不作为而使人类受到伤害。"在我的故事中，我总是明确这些法则——特别是第一法则，是所有机器人不可分割的一部分，机器人不能也不会违背它们。

我也明确地说明了这些法则并非那么具有强制力，不是机器人所固有的。形成机器人的矿石和化学品原料中还不包含这些法则。法则之所以存在，只是因为它们被有意地添加到机器人大脑的设计中，即添加到控制和指挥机器人行为的计算机中。机器人有可能不掌握这些法则，要么是因为它们太简单太粗糙，以至于无法给出足够复杂的行为模式来服从法则；要么是因为设计机器人的人故意选择不把这些法则纳入其计算机的组成中。

目前为止——也许在相当长的一段时间内，情况会是这样——这是备选项第一次占据主导地位。机器人实在是太粗糙和原始，以至于它们无法预见自己的行为会伤害人类而调整它们的行为以避免这种伤害。到目前为止，它们只是计算机控制的杠杆，只具备几种死记硬背的能力，而且它们无法越出指令极窄的限制。结果，机器人已经像大量未计算机化的机器一样杀死了人类。这是可悲的，但也可以理解，而且我们可以设想，随着机器人发展出更精细的感知力和更灵活的反应能力，在机器人中加入安全因素的可能性将越来越大，这将等同于三法则。

那么第二种选择呢？人类是否会故意制造不受机器人学三法则约束的机器人？我担心这是明显有可能的。人们已经在谈论安全机器人了。可能有机器人警卫在建筑物的地面甚至走廊上巡逻。这些机器人的功能可能是质疑任何进入场地或建筑物的人类。据推测，那些属于那里的人，或被邀请到那里的人，将携带（或得到）一些能被机器人识别的卡片或其他形式的身份证明，然后机器人会让他们通过。在我们有安全意识的时代，这甚至可能看起来是件好事。它会降低故意破坏和恐怖主义风险，毕竟这些机

013

---

　* Isaac Asimov, *Robot Visions* (Roc, 1991), pp. 447 – 449.

　** 张建文，西南政法大学教授，博士生导师，法学博士，西南政法大学人工智能法律研究院副院长，研究方向为人格权法、信息法学；陈家宁，西南政法大学民商法学院硕士研究生，研究方向为民法、数据法学。

器人只会履行训练有素的护卫犬的功能。

但是安全孕育了对更多安全的渴望。一旦机器人有能力阻止入侵者，就可能不仅仅是发出警报了，即使在这个过程中会造成伤害——就像狗可能咬伤你的腿或喉咙。

然而，当董事会主席发现他把自己的身份证放在了另一条裤子里，心急火燎无法迅速离开大楼以避开机器人时，会发生什么事呢？或者如果一个孩子在没有得到适当许可的情况下溜进了大楼怎么办？我猜测如果机器人殴打错了人，将立即出现防止此类错误的呼声。

更极端的是，还有关于机器人武器的讨论：计算机化的战斗机、坦克、火炮，等等。这些机器人武器以超人的感官和毅力，无情地缠住敌人。有人可能会说，这将是拯救人类的一种方式。我们可以舒舒服服地待在家里，让智能机器人替我们打仗。如果其中一些被摧毁了——没事，它们只是机器。如果我们有这样的机器人而敌人没有的话，这种战争的方法将特别有用。

但即使如此，我们能否保证我们的机器人总是能够区分敌人和朋友？即使我们所有的武器都是由人手和人脑控制的，也存在"误伤友军"的问题。美国的武器可能会意外地杀死美国士兵或平民，而且在过去确实这样出现过。即使这是人为的错误，也还是很难接受。但是，如果我们的机器人武器意外地"误伤友军"，消灭了美国民众，或甚至只是毁坏了美国人的财产呢？这将会尤其难以接受（特别是如果敌人想出了一个迷惑我们的机器人并鼓励它们攻击我们自己机器人的办法的话）。不，我相信在没有保护措施的情况下使用机器人是行不通的，最终我们还是会转而回到机器人学三法则。

论证支持工具的新用例：支持复杂刑事案件贝叶斯分析的讨论[*]

〔荷〕亨利·帕肯[**] 著　熊明辉[***] 译

摘　要： 本文讨论的是法律论证支持工具的一个新用例，即用贝叶斯概率论支持对复杂刑事案件的分析与讨论。通过案例研究，我们分析了法庭上两个专家间的两个真实讨论，并分析了他们的论证结构。该项研究，确证了几个公认论证型式的有效性，并提出了一个统计论证的新型式，还对两个专家间就其论证有效性的辩论进行了分析。从实践的角度来看，本项案例研究为支持软件设计提供了见解，讨论了有关复杂犯罪案件的贝叶斯分析。

关键词： 论证型式　证据推理　概率　论证支持

一　引论

关于刑事案件中理性证据推理模型的辩论正在进行着。人们既提出了

---

[*] 原文是作者 2017 年发表论文（Prakken H，2017，"Argument Schemes for Discussing Bayesian Modellings of Complex Criminal Cases." In：Wyner A，Casini G（eds）*Legal Knowledge and Information Systems*. JURIX 2017：The Thirtieth Annual Conference. IOS Press，Amsterdam，pp. 69 - 78）的扩充版，原载斯普林格出版社出版的杂志《法律人工智能》（*Artificial Intelligence and Law*）2020 年第 28 卷第 1 期，第 27 ~ 49 页，属于开放获取（open assess）文本，本译文已获得原作者的翻译授权并对某些部分进行适当修改，见图 1。为了便于读者参照原文阅读，注释部分我们只是转换成脚注，保留了原文文献格式。此外，本译文属于 2019 年国家社科基金重大项目"语用逻辑的深度拓展与应用研究"（编号：19ZDA042）的阶段性成果之一。

[**] 亨利·帕肯（Henry Prakken），荷兰乌得勒支大学计算机科学系和格罗宁根大学法学院双聘教授、博士生导师，研究方向为计算论证、法律人工智能、论证理论等。

[***] 熊明辉，浙江大学光华法学院求是特聘教授，中山大学逻辑与认知研究所教授，研究方向为法律人工逻辑、法律人工智能、非形式逻辑等。

论证进路和故事进路，还提出了贝叶斯进路①。在本文中，我对这个辩论保持中立。我要论证的是，即便用贝叶斯思考作为法律证据推理的整体模型，这种推理形式仍然在一个方面明显有争议，也就是对有关案例的贝叶斯分析或者其中某些方面的辩论。这种观察不仅在理论上很有趣，而且对法律证明和犯罪侦查的支持系统也有实际意义。法庭专家越来越多地使用贝叶斯概率论作为其理论框架，并且越来越多地使用软件工具来设计贝叶斯网络。在犯罪侦查过程中或在法庭上，可能需要记录这些分析中体现的各种设计决策的利弊，并且在这里可能会使用论证支持技术。这既适用于对案件的具体方面进行贝叶斯分析，如评估证据的证明力，又适用于贝叶斯概率论更为普遍的用途，比如说，在给定证据的情况下入罪的可能性。

在法律人工智能及相关领域，人们提出了种种论证支持系统，参见范登布拉克的博士论文②和舍尔等人的论文③。这类系统本身并不会提出论证，但支持人们构建论证，将论证结构化，以及评估自己或他人的论证。这种支持系统的一些好处是，可以改善人类用户的思维，用更好的方式起草论证，更轻松地与他人交流，将论证链接到文本源，如案例文件，使这些资源更透明。此外，与使用非结构化的自然语言论证相比，计算工具可用更精确的方式来评估辩论。迄今为止，所给出的论证支持系统大多数都是针对相当广泛的应用领域，如电子民主。④ 但本文研究了一个非常具体的论证支持用例，一种关于复杂刑事案件贝叶斯分析的论证，试图说明在现有给定证据的情况下入罪的可能性。为了深入了解这种支持系统的需求，特别是以论证为基础的贝叶斯网络软件工具附加组件形式支持系统，有必要考察专家之间关于复杂刑事案件贝叶斯分析的真实讨论。这正是本文的目的。本文有个附带作用可能是增加对刑事案件中证据概率推理的理

① Pardo M, Allen R, "Juridical proof and the best explanation," *Law Philos* 27 (2008): 223 – 268; Kaptein H, Prakken H, Verheij B (eds) (2009), *Legal Evidence and Proof: Statistics, Stories, Logic.* Ashgate Publishing, Farnham; Fenton N, Berger D, "Bayes and the law," *Annu Rev Stat Appl* 3 (2016): 51 – 77; Verheij B, Bex F, Timmer S, Vlek C, Meyer JJ, Renooij S, Prakken H, "Arguments, scenarios and probabilities: connections between three normative frameworks for evidential reasoning," *Law Probab Risk* 15 (2016): 35 – 70.

② Van den Braak S (2010) Sensemaking Software for Crime Analysis. Doctoral dissertation Department of Information and Computing Sciences, Utrecht University.

③ Scheuer O, Loll F, Pinkwart N, McLaren B, "Computer-supported argumentation: a review of the state-of-the-art," *Int J Comput Support Collab Learn* 5 (2010): 43 – 102.

④ Wardeh M, Wyner A, Atkinson K, Bench-Capon T, *Argumentation based tools for policy-making.* In: *Proceedings of the fourteenth international conference on artificial intelligence and law* (New York: ACM Press, 2013), p. 249 – 250.

解，但从理论角度来看，这是值得的。值得注意的是，本研究的相关性与贝叶斯概率论是否适用于法律证明这一备受争议的问题无关。事实上，在法庭上越来越多的法庭专家采用贝叶斯分析，因此，不可避免地会出现关于这种分析优劣的讨论，而这种讨论本质上就是具有论辩性的。

本文将采用案例研究形式，对最近发生在荷兰的两起刑事案件进行分析。在这两起案件中，法院委任我对一名检方专家提出的贝叶斯分析进行评论。在这两个案例中，检方专家的分析不仅涉及案件的某个具体方面，而且涉及整个案件。这就提出了一个问题——在何种程度上所研究的案件是典型的，因为在法庭上贝叶斯理论的常用用法涉及个别证据，特别是法庭痕迹证据，如 DNA、轮胎印迹、鞋印、指纹、玻璃碎片等的随机匹配概率，但应用于整个复杂刑事案件的贝叶斯分析仍然很少。

在本文中，我分析了专家报告和书面答复在多大程度上可归为论证型式的实例或归为这些型式的批判性问题应用（第 4 节）。然后，我将应用此分析来表达对已实现的支持系统的要求（第 5 节）。但首先我要介绍一下所研究的案例（第 2 节），然后介绍有关概率论和论证的型式预备知识（第 3 节）。

二 案例

在布雷达·西克斯案中，三名男性青年和三名女性青年被控于 1993 年在被害妇女的儿子的餐馆打烊后的晚上（或深夜）共同将其杀害。这六人最初于 1994 年和 1995 年在两起案件中被定罪，这主要是根据三名女性犯罪嫌疑人的供词，三名男性犯罪嫌疑人则一直声称自己无罪。而在上诉审中，其中一名女性犯罪嫌疑人翻供。1998 年，由于三名被定罪女性供述的真实性受到质疑，此案被提交荷兰已结案刑事案件评估委员会审议。该委员会将此案提交荷兰最高法院，最高法院于 2012 年决定重审此案。在警方进行新的调查后，海牙上诉法院再次对这六人进行审判。2015 年 10 月 14 日，他们再次被判有罪，主要理由是新证据证实了供词的可靠性。

控方于 2015 年 3 月 17 日提交了一份由阿勒曼德博士撰写的 80 页专家报告，其中包含了对整个案件的贝叶斯分析。阿勒曼德是一位气候物理学家，2015 年 10 月前曾在乌得勒支的荷兰空间研究所工作。阿勒曼德声称他能够给出本案的贝叶斯分析，因为他有作为一个物理学家使用贝叶斯概率论的工作经验。在报告中，他的结论是：根据他所考虑的证据，六名嫌疑人中至少有一名参与犯罪的概率为99.7%。

2015年4月28日，我被本案调查法官指定为专家证人，任务是对阿勒曼德的报告进行评估。我在2015年6月28日提交了41页的报告。在我的报告中，我批评了阿勒曼德的专业能力和其应用的方法。在最后裁决时，法院裁定，就本案目的而言，阿勒曼德可被视为专家，但他使用的方法不能被视为分析复杂刑事案件的可靠方法。因此，法院决定不采纳阿勒曼德的结论。用"结论"而不是"报告"这类措辞表明，尽管在最终判决中推理没有用贝叶斯概率论来表达，但法院可能想给自己使用阿勒曼德报告中某些元素的自由。

在奥斯特兰案中，嫌疑人被控要对奥斯特兰小镇2013年6个月发生的18起（其中上诉16起）小型纵火案负责。在2014年2月13日的第一次审判中，嫌疑人被无罪释放，主要原因是两份主要证词（同一案件中一名证人和另一名犯罪嫌疑人的证词）不可靠。在上诉审中，控方再次提交了阿勒曼德2015年10月1日的一份79页的报告。这次，阿勒曼德的结论是：根据他所考虑的证据，嫌疑人参与数次纵火行为的概率至少为99.8%。

2016年1月19日，我被上诉审调查法官任命为本案的专家证人，具体任务是评估阿勒曼德方法的可靠性以及他将其方法应用于该案件的方式。6月30日，我提交了42页的报告，结论基本上与我对布雷达·西克斯案的报告相同。阿勒曼德随后回复了我的报告，我也回复了他的回复。2016年11月22日，上诉法院判定嫌疑人对16个纵火行为中的7个承担刑事责任。法院的推理不是用贝叶斯概率论来表达的。法院没有进一步解释，但表示"考虑到"我的批评，选择无视阿勒曼德的报告。

三　形式预备知识

（一）贝叶斯概率论

概率论定义了如何将0~1（或者等同于0~100%）的概率赋值给陈述的真实性[①]。至于符号，$Pr(A)$代表A的无条件概率，而$Pr(A|B)$代表给定B的情况下A的条件概率。在刑事案件中，基于贝叶斯说明，法院

---

① Hacking I, *An introduction to probability and inductive logic* (Cambridge：Cambridge University Press, 2001) .

感兴趣的是，给定证据 E（E 为单个证据的合取），利益假说（如嫌疑人有罪）的条件概率 $Pr(H|E)$。对于任意陈述 A 而言，A 的概率加 $\neg A$ 的概率等于 1。对于任意 C 而言，$Pr(A|C)$ 和 $Pr(\neg A|C)$ 同样适用。给定假说 H，两个证据 E_1 和 E_2，如果知道 E_2 为真并不会改变 $Pr(E_1|H)$，即如果 $Pr(E_1|H \wedge E_2) = Pr(E_1|H)$，那就可以说这两个证据是独立的。概率公理意味着，这种独立是对称的。该公理也包含了如下定理（这里用概率形式给出）。令 $E_1,\cdots\cdots,E_n$ 为证据，H 为假设，那么，

$$\frac{Pr(H|E_1 \wedge \cdots\cdots \wedge E_n)}{Pr(H|E_1 \wedge \cdots\cdots \wedge E_n)} = \frac{Pr(E_n|H \wedge E_1 \wedge \cdots\cdots \wedge E_{n-1})}{Pr(E_n|H \wedge E_1 \wedge \cdots\cdots \wedge E_{n-1})} \times$$

$$\cdots\cdots \times \frac{Pr(E_2|H \wedge E_1)}{Pr(E_2|\neg H \wedge E_1)} \times \frac{Pr(E_1|H)}{Pr(E_1|\neg H)} \times \frac{Pr(H)}{Pr(\neg H)}$$

这个公式常常被称为链式法则（用概率形式）。最右边和最左边的分数分别为 H 和 $\neg$ H 的先验概率和后验概率。假设 H 和 $\neg$ H 的概率之和为 1，则 H 的先验概率和后验概率可以由它们分别计算出来。

在给定 H 的情况下，如果所有 $E_1,\cdots\cdots,E_n$ 在统计上是相互独立的，那么，链式法则可简化为

$$\frac{Pr(H|E_1 \wedge \cdots\cdots \wedge E_n)}{Pr(H|E_1 \wedge \cdots\cdots \wedge E_n)} = \frac{Pr(E_n|H)}{Pr(E_n|H)} \times \cdots\cdots \times \frac{Pr(E_1|H)}{Pr(E_1|H)} \times \frac{Pr(H)}{Pr(H)}$$

这是阿勒曼德在他的报告中所使用的公式，其魅力在于，要确定假设的后验概率，我们只需分别将其先验概率与每个证据的所谓似然比或证据力相乘即可。对于每个证据 E_i 来讲，需要说明的就是，与给定 $\neg$ H 相比，在给定 H 的情况下，E_i 的可能性大多少或小多少。如果这个值大于或小于 1，那么，与知道 E_i 之前相比，E_i 使得 H 的概率更大或更小；如果这个值等于 1，H 的概率保持不变，则 E_i 与 H 无关。

这种思维方式尽管很优雅，但通常不适用，因为证据全局独立假设往往不合理。朴素贝叶斯概率论因此得名。诉诸链式法则这一定理的一般版本往往也很烦琐，因为组织需要考虑许多证据。作为解决方案，人们提出了贝叶斯网络，该网络用图形化方式显示了代表概率变量如可能为真或假的语句的两个节点间有向链接的可能独立性[①]。对于每个节点的每个值，需要给出的就是给定其所有父节点所有值的所有组合下的条件概率。将对

---

① Fenton N, Neil M, *Risk assessment and decision analysis with Bayesian networks*（Boca Raton：CRC Press，2013）.

应节点值的概率设为 1，即可将证据输入网络中，之后可更新剩余节点值的概率。就目前的目的而言，最相关的观察是，要给出贝叶斯网络，不仅要断定概率，而且要断定具体的依赖关系或独立关系。

（二）论证

论证是指通过提供并批判性地审查支持或反对主张的理由来评估主张的过程。这里的一个重要概念是论证型式，其中，把论证的典型形式处理为一种型式，涉及一组前提和一个结论，再加上一组必须回答的批判性问题，然后才能使用该型式演绎出结论。① 如果一个型式演绎有效，也就是说，如果其前提保证了结论，那么，该型式的所有关键问题就是要问前提是否为真。如果一个型式可废止有效，即如果前提产生了支持其结论的假定，那么该型式也有批判性问题，表明在特殊情况下这种假定不成立。形式论证方法 ASPIC + 将（不管是演绎的还是可废止的）论证型式都形式化为推论规则以及作为反论证指示的批判性问题：破坏攻击的是论证的前提，底切说的是可废止规则有例外，反证是指有一个与可废止推论的结论相矛盾的结论②。能够将推论规则链接成一个有向图形成论证。有向图是树形的，其中没有重复使用前提。论证间的冲突可用一个给定相对论证强度概念来解决，看看哪个论证能击败对方。然后，我们可能用董番明抽象论证评价理论来判定哪些论证可接受③。

本文将半形式地展示论证方型式及其批判性问题，但不会明确讨论批判性问题"型式的前提是否为真"。虽然假定了 ASPIC + 的型式背景，但该分析也可以用类似的论证型式系统或用相关型式系统如可废止逻辑进行形式化④。一个型式背景可以为符号提供语义，并支持重构讨论的自动评价。例如，正如贝克斯等人所描述的那样，⑤ 这种重构可以用论证交换格

---

① Walton D, Reed C, Macagno F (2008) Argumentation schemes. Cambridge：Cambridge University Press.

② Modgil S, Prakken H, "The ASPIC + framework for structured argumentation：a tutorial," *Argum Comput* 5 (2014)：31 – 62.

③ Dung P, "On the acceptability of arguments and its fundamental role in nonmonotonic reasoning, logic programming, and n-person games," *Artificial Intelligence* 77 (1995)：321 – 357.

④ Governatori G, Maher M, Antoniou G, Billington D, "Argumentation semantics for defeasible logic," *J Log Comput* 14 (2004)：675 – 702.

⑤ Bex F, Modgil S, Prakken H, Reed C, "On logical specifications of the argument interchange format," *Journal of Logic and Computation* 23 (2013)：951 – 989.

式存储，然后输出实现一种论证逻辑，如 ASPIC + 的在线 TOAST 实现①。

四　案例研究

本节我将讨论取自书面专家报告的论证、书面答复以及可归类为论证型式实例或这些型式批判性问题应用的相关裁决。大多数型式都是从文献中提取出来的，但在两种情况下将提出一种新的型式。

所有型式都是按照下列格式半形式地提出的：

型式名称

前提 1

……

前提 n

————————

结论

批判性问题

问题 1

……

问题 m

双横线表明该型式是假定的。文中还会出现一些演绎型式，并用一条横线显示。

（一）诉诸专家意见论证

在建模专家证言时，一个重要的型式当然是诉诸专家意见论证型式。这也适用于贝叶斯分析，因为专家判断被公认是主观概率的来源。因此，我们完全有理由详细讨论专家问题。以下型式模仿了沃尔顿等人提出的经典论证型式②。

---

① http://toast.arg-tech.org.

② Walton D, Reed C, Macagno F, *Argumentation schemes* (Cambridge：Cambridge University Press, 2008).

诉诸专家意见论证型式

E 是 D 领域的专家

E 断言了 P

P 在 D 领域内

——————————

P

双横线表示这个型式是假定的，因此，该型式有批判性问题：

（1）作为专家来源，E 有多可信？

（2）就个人而言，作为来源，E 可靠吗？

（3）P 与其他专家断言一致吗？

（4）E 对 P 的断言有证据支持吗？

问题（1）涉及专家水平，而问题（2）涉及个人偏见。关于问题（3），一个隐含的使用条件变得相关，即专家意见型式只能由那些本身不是 D 领域专家的人使用，例如案件中的法官。当然，我不能通过说我也是一个专家而且我说了 ¬ P 来击败阿勒曼德的论证。

在概率论中，有时频率论（客观）贝叶斯概率论与认识论（主观）贝叶斯概率论之间有明显的区别。基于统计数据报告的频率概率是客观合理的，而反映人的信念度的概率只是主观的。然而，选择、解释和应用统计数据涉及判断，这可能是主观的。此外，假如它们涉及他（或她）是专家的那个主题，人的信念度可能不仅仅是主观的。对应用频率信息和统计数据所涉及的判断，实际上也是如此：如果这些判断是由当前问题的专家作出的，那么这些判断可能不再仅仅是纯粹的主观判断。因此，在"客观"（频率论）和"主观"（认识论）的贝叶斯概率论中，专业知识的问题都是至关重要的①。

需要指出的是，在许多情况下，专家断言不是一个命题，而是一个论证。本节中我只局限于对陈述的断言；在 4.2 节中，我将讨论如何将专家

——————————

① Biedermann A, Bozza S, Taroni F, Aitken C, "The meaning of justified subjectivism and its role in the reconciliation of recent disagreements over forensic probabilism," *Science and Justice* 57 (2017)：477 – 483.

的论证断言建模为一个陈述断言序列。

1. 前提真实性

在应用证人证言型式之前，首先要其前提得到认可。在两种情况下，第一个前提是否为真是非常相关的问题。就这方面而言，案件强调了差别的重要性：P 可以是专家对某一具体证据所作的具体陈述，但也可以是类似陈述集，甚至完整的专家报告。阿勒曼德要做的就是形成假设，就证据与这些假设的相关性，给定这些证据条件下证据间的统计独立性，以及概率判断作出判定。我认为，所有这些判定只能由一个在手头案件的各个领域是专家的人可靠地作出。在布雷达·西克斯案中，主要证据涉及尸僵时间，涉及犯罪嫌疑人与证人陈述（包括传闻证据和匿名证人）的可靠性以及先前定罪和刑事侦查的相关信息，如 DNA、血迹和毛发之类的各种痕迹证据，涉及关于不同民族的忏悔率以及各种共识问题，如六名嫌疑人中有两名在犯罪现场隔壁的小吃店工作。在奥斯特兰案中，主要证据涉及犯罪嫌疑人供述和目击者的证词，关于纵火案的统计数据和其他一般知识，与先前定罪和先前刑事侦查相关的信息，以及各种常识问题，如社区如何转向针对个人和两个犯罪嫌疑人之间友谊的相关性。

现在，让我们考虑这样的情形：D 为复杂刑事案件贝叶斯分析领域，被理解为包括所有上述问题。在我的报告中，针对第一个前提"阿勒曼德为该领域专家"的真实性，我提出了两个一般性论证：首先，某人拥有在贝叶斯概率论数学方面的专业知识并不意味着他就拥有了将贝叶斯理论应用于某个领域的专业知识；其次，拥有在大气物理学领域应用贝叶斯概率论的专业知识并不意味着就拥有了将贝叶斯概率论应用于复杂刑事案件领域的专业知识。

在布雷达·西克斯案辩护备忘录第 184～185 页中，主控官认为，阿勒曼德是贝叶斯推理的专家，他提到了阿勒曼德已在荷兰司法部国家培训中心为法官和检察官提供了有关该主题的课程，曾在荷兰一些大学就该主题作过许多演讲。布雷达·西克斯案案发一年后，在奥斯特兰案报告中，我提出了类似论证，认为被邀请讲课和作演讲这类活动并不能使某人成为专家，除非他在其他证据基础上被认为是专家，我认为还缺乏证据。

在布雷达·西克斯案中，主控官并没有对阿勒曼德在任何证据领域的专业知识进行论证，但他在相当多的细节上使用了阿勒曼德对血迹证据、头发证据和尸僵问题的分析。

在布雷达·西克斯案中，法院认定阿勒曼德为专家可能是基于下述理由。首先，法院陈述了相关标准：被请求专家的专业、学历和经验，他的专业知识与案件的相关性，被请求专家使用方法的性质，该方法是否可靠以及其是否有能力熟练地应用此方法。法院随后提到了阿勒曼德的物理学教育经历与物理学博士学位，并指出他在应用贝叶斯思维方面具有经验，"尽管在科研领域与法律有所不同"。法院随后又提到了主控官在其辩护备忘录中也提及的司法部课程，还提到了阿勒曼德在一个早先案件中为控方提供了咨询，"但不是作为指定专家"。最后，法院指出，阿勒曼德在他的报告中以及在法庭上详细描述了他的方法及其应用方式，并论证了为什么他认为这种方法可靠。

我认为，可以用多种方式批评这一论证。第一，值得注意的是，法院没有明确适用自己的标准，即阿勒曼德的专业知识是否与案件有关。在结论中，法院甚至没有说明可以将阿勒曼德视为领域专家，只是说他可以被视为"目前程序"的专家。如上所述，我在报告中指出，某人在一个领域拥有贝叶斯思维及其应用的专业知识并不意味着他也拥有贝叶斯思维在另一领域中应用的专业知识。就像主控官那样，法院选择了对这一论证不作回应。第二，正如我在上面对主控官备忘录的评论中所指出的，阿勒曼德的司法部课程与其专业知识的相关性可能会受到质疑。实际上，法院提到阿勒曼德在先前案件中担任过检方顾问的工作也受到同样的批评。第三，没有证据表明法院认为阿勒曼德在气候物理学家的工作中具有贝叶斯分析经验。事实上，有些证据表明情况可能恰恰相反。为了奥斯特兰案的报告，我用谷歌学者进行了搜索，并没有找到阿勒曼德在气候物理学方面的论著。第四，法院并没有就阿勒曼德所使用的方法适用自己的标准。法院所做的只是提及了阿勒曼德描述了他的方法及其使用，提及了阿勒曼德曾就该方法为何可靠进行了论证。从这一点来看，这个方法是否确实可靠，阿勒曼德是否确实能够应用它，就无从得知了。老实说，法院确实解决了阿勒曼德方法的可靠性问题，但没有将其作为专业知识问题的一个方面。我将在后面第4.3节讨论法院裁决的这一部分。

在图1中，我对该分析进行了可视化，其中顶层是结论"阿勒曼德是复杂刑事案件贝叶斯分析专家"，即证人证言型式的第一个前提。在图中，论证的最终结论以厚方框显示。当对同一结论的几个依据的组合方式不清楚时，可以用指向同一结论的单独箭头来可视化。因此，关于前提是组合型还是积累型的进一步解释留给读者。接下来，具体概括是隐性的，对它们的攻击被可视化为反驳推论（底切）。需要注意的是，在已实现的支持

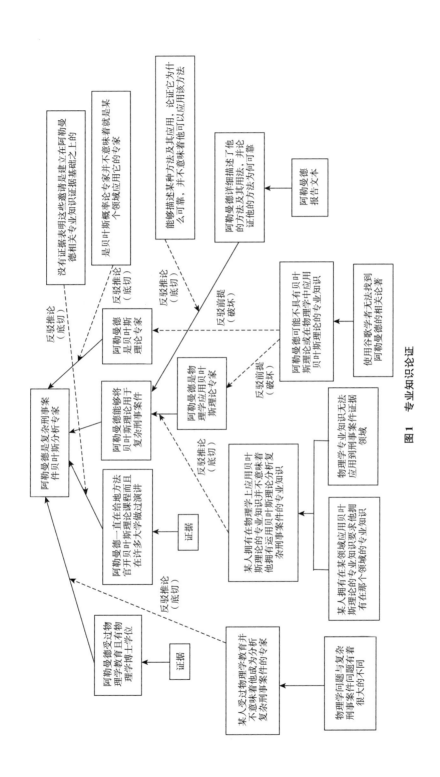

图1 专业知识论证

系统中，将概括可视化为前提可能是有用的，用以支持它们是否合理的论证。

在奥斯特兰案中，法院没有讨论阿勒曼德的专业知识问题，但阿勒曼德在对我的报告的书面答复中讨论了这个问题。他承认，他在本案任何相关证据领域都没有专业知识，但他辩称，他的报告的价值不在于提供可靠的后验概率，而在于表明哪些问题必须由法院回答。为了理解这一点，阿勒曼德对这两个案件的分析都是朴素贝叶斯概率论的应用，涉及具体说明假设的先验概率以及给定这些假设条件下每个证据的似然比。阿勒曼德把它作为一种"电子表格"方法，适合于向法院展示他们必须作出的概率判断，然后根据贝叶斯规则将所有这些概率相乘，以提供后验概率。针对这个论证，我的第一个论证（将在第4.3节进一步讨论）是：朴素贝叶斯概率论过于简单，不适用于复杂的刑事案件，因此"电子表格"的比喻是具有误导性的。我的第二个反论证是：即使在复杂的犯罪案件中找出了正确的问题，也需要相关证据领域的专业知识。在奥斯特兰案报告中，我用医学类比来支持这一点，后面第4.4节将进一步讨论。

这就完成了对证人证言型式第一个前提的讨论。在这个案例中，第二个前提并非真问题，而第三个前提与上面对第一个前提的讨论方式无关。

2. 批判性问题

考虑到该型式的批判性问题，个人偏见（第二个问题）在本案中并不被认为是个问题。第一个问题（作为专家来源，E 有多可信？）实际上是第一个前提（E 是领域 D 的专家）的问题的弱化版：如果在布雷达·西克斯案中法院遵循了其"阿勒曼德被视为本案目的的专家"的决定，那么，针对这个决定的论证现在就变成了对阿勒曼德专业水平低的论证。在处理第三个批判性问题（P 与其他专家断言一致吗？）时这类论证尤为重要。事实上，阿勒曼德和我在许多问题上存在分歧，因此正如莫吉尔和帕肯所述①，法院可以说必须评估我们各自专业知识的相对水平，而这样做是一种涉及论证强度的元论证。最后，我对第四个问题（E 对 P 的断言有证据支持吗？）形成的论证是：阿勒曼德的大多数概率判断都不是建立在任何数据或科学知识之上，并且阿勒曼德的具体断言"'国际公认的估计'得出供认的具体似然比"没有任何推论支撑。

---

① Modgil S, Prakken H, "Reasoning about preferences in structured extended argumentation frameworks," in Baroni P, Cerutti F, Giacomin M, Simari G, eds., "Computational models of argument," *Proceedings of COMMA* (Amsterdam: IOS Press, 2010), pp. 347 – 358.

3. 关于专家意见论证的结论

最后，沃尔顿等人的专家意见论证型式是分析两个案件中专业知识辩论的一个很好的整体框架[①]。另一方面，最有趣的论证不是在这个型式的顶层，而是向下深入关于型式的前提和批判性问题的详细论证。因此，支持系统不应局限于给论证体系的顶层提供支持。如果有更具体的知识可用，如在评估法律体系可能具有的专业知识标准中，则最好将其合并。至于图 1 中的论证，其中有些是相对于本案的，而另一些则更为通用，如某人拥有贝叶斯概率论的专业知识是否意味着他就拥有应用贝叶斯概率论的专业知识，以及拥有在某个领域中应用贝叶斯概率论的专业知识是否意味着也拥有在其他领域应用贝叶斯概率论的专业知识。在当前案例中，阿勒曼德是气候物理学家，没有相关的教育、工作经验或论证，这些反驳的理由相当充分，但在其他情形下也可能出现，如统计学家或科学哲学家可能会进行贝叶斯分析。在这种情况下，图 1 指出了要讨论的相关问题。

最后，应该指出的是，本节的意义并不局限于贝叶斯专家分析。本节中的许多观察结果还适用于其他推理方法（如论证方法或故事方法）的专家分析。在这一点上，推理模式中的专业知识也必须与手头问题上的专业知识相结合。

（二）诉诸推理错误论证

在第 4.1 节中，我假设专家提出命题，但通常专家会提出论证。提出论证包括但不限于提出其前提和结论：专家还可以认为，因为有了前提，所以必须接受结论。在许多情况下，这类论证可能被反驳结论（反证）、反驳前提（破坏）或反驳推论（底切）来攻击。然而，有时批评家可能想说，这个论证天生是谬误。这与说出一个反驳前提论证是不一样的，因为反驳者只是认为在一个可接受的推理规则中存在一个例外。虽然任何专家都可能会犯推理错误，这种错误尤其会在当前领域出现，其中存在许多复杂的概率论证，有时还包括复杂的统计论证。因此，在本文中诉诸推理错误论证值得研究。

在当前研究的两个案例中，我们交换了几个关于论证有效性的论证。在布雷达·西克斯案中的一个例子是，当我的观点与阿勒曼德的观点相反

Walton D，Reed C，Macagno F，*Argumentation schemes*（Cambridge：Cambridge University Press，2008）.

时，在概率论中他得出的概率并没遵循他所假定的其他概率。经过一番讨论之后，我不得不承认我错了，而他的论证是演绎有效的。

在他的奥斯特兰案报告中，阿勒曼德首先评估了 6 个月之内在与奥斯特兰类似的一个小镇发生 15 起纵火案件的概率，假设它们之间不相关，至多有百万分之一。然后，他由此得出结论，他在报告中考虑的 15 起纵火案不可能是巧合，而且一定相关。更正式地说，该论证可以表示为"如果这 15 个事件不相关，那么它们发生的概率最多为百万分之一，因此，如果这 15 个事件不相关，那么它们发生的概率非常低"。由此，他又得出结论，连环纵火犯一定很活跃，因为实际上不可能有其他的联系。在我的报告中，我认为该论证属于控方谬误，因为那混淆了假定它们不相关情形下 15 个事件发生的概率与假定它们发生的情形下 15 个事件不相关的概率，这有时又被称为转置条件谬误。一个完整的论证不仅会陈述，而且要表明在给定概率论公理的情况下，第一个概率并不意味着第二个概率。但是，由于我认为这部分是众所周知的，我将其部分保留为隐性。

表明阿勒曼德论证属于谬误的一种方法是，给出一个简单的型式反例，如指出对于某个 E 和 H 而言，$Pr(E \mid H) = Pr(E \mid \neg H) = 1/1000000$ 使得相对于 H 而言 E 的似然比等于 1，使得后验概率 $Pr(H \mid E)$ 等于先验概率 $Pr(H)$，它可以是任意值。作为回应，也许可以认为，当前情况下，假定它们相关的情况下 15 个事件发生的概率 $Pr(E \mid \neg H)$ 大于 $1/1000000$。此外，应用贝叶斯规则，由先验概率我们可以得到非常低的后验概率 $Pr(H \mid E)$。然而，这不会让错误论证死灰复燃，而是用一个有效的论证代替它。

从论证可视化观点来看，我想有以下几点需要说明。相对于给定概率陈述 φ，如贝叶斯网络上的一个链或概率，或者一个作为专家指定的似然比的组成部分的概率，用户点击该陈述，能够检查以下论证：

专家 E 断言 $_1, \cdots\cdots, _n$

专家 E 断言 $_1, \cdots\cdots, _n$ 蕴涵 φ

因此，φ 因为 $_1, \cdots\cdots, _n$

专家们对推理错误的讨论可以通过以下几个证人证言型式的应用，结合他们的结论进行推理，具体如下：

E 是领域 D 的专家

E 断言 $_i$ $(1 \leq i \leq n)$

$_i$ 属于领域 D

$\overline{}$

$_i$

……

E 是领域 D′ 的专家

E 断言 $_1$, ……, $_n$ 蕴涵 φ

$\overline{}$

$_1$, ……, $_n$ 蕴涵 φ 在领域 D′ 内

$_1$, ……, $_n$ 蕴涵 φ

那么，基于专家证言，如果事实认定者既接受 $_1$,……,$_n$，又接受 $_1$,……,$_n$ 蕴涵 φ，那么事实认定者应该也要接受 φ。

这种方法可用来建模专家们对推理错误的任何辩论。从当前案例研究来看，我现在要用概率例子来揭示它，也就是，在奥斯特兰案中，关于我认为阿勒曼德犯了控方谬误的争议。根据刚刚勾勒的方法，这场争论是关于这一专家证言型式系列的最终应用的，可以建模如下：

A 是纵火案专家

E 断言 Pr (事件 | ¬ 相关) $\leq$ 1/1000000

E 的断言属于纵火案领域

$\overline{}$

Pr (事件 | ¬ 相关) $\leq$ 1/1000000

E 是贝叶斯推理专家

E 断言 P 蕴涵 Pr (相关 | 事件) $>>$ 0.5

E 的断言属于贝叶斯推理领域

$\overline{}$

P 蕴涵 Pr (相关 | 事件) $>>$ 0.5

其中，P 是第一个论证的结论，$>>$ 代表"大大地大于"。这两个论证的结论从演绎上蕴涵 Pr (相关 | 事件) $>>$ 0.5。

我的反论证可建模如下，其中 C 代表上述给定反例的一个描述：

$$C \text{ 蕴涵 } P \text{ 并不蕴涵 } Pr(\text{相关} \mid \text{事件}) >> 0.5$$
$$C$$
$$\overline{}$$
$$P \text{ 并不蕴涵 } Pr(\text{相关} \mid \text{事件}) >> 0.5$$

在 ASPIC + 以及类似的论证系统中，由于该论证是具有普遍真前提的演绎性论证，而其目标是可废止性论证，所以，该论证击败了前一个论证。

（三）方法问题

在这两个案例中，阿勒曼德使用方法的可靠性都有问题。人们可能会认为，这个问题在专家辩论中会经常出现，因此，尽管这两个案例中的论证并没有清晰地例示公认的论证型式，但还是很有必要进行讨论。两家法院都没有对可靠性进行定义。我将其定义为：不同的分析者对同一问题采用相同方法是否会得出相同或至少相似的结果。在我的两份报告中，我都认为贝叶斯分析在这个意义上不是一种可靠的方法，因为在学术文献中，对于使用贝叶斯概率论分析复杂刑事案件的正确方法没有共识。事实上，人们似乎在两件事上达成了共识：对于复杂的刑事案件来说，朴素的贝叶斯方法过于简单；在向法院提供可靠方法之前，还需要进一步的研究。目前的研究主要集中在贝叶斯网络应用上[①]，但结果仍然是初步的，而且它几乎只涉及贝叶斯网络的结构，而忽略了如何建立可靠概率的问题。由于这些原因，不同的分析者似乎很有可能对同一情况给出完全不同的贝叶斯分析。这就证明了阿勒曼德的方法在上述界定意义上不可靠。这一结论可推广到任何使用贝叶斯概率论分析复杂刑事案件的情形。

两个案件都没有对这种批评作出回应。在布雷达·西克斯案中，法院同意了我的分析，因此忽略了阿勒曼德报告的结论。在奥斯特兰案中，法院除

[①]　Fenton N, Neil M, "Avoiding legal fallacies in practice using Bayesian networks," *Aust J Legal Philos* 36 (2011): 114 – 151; Lagnado D, Fenton N, Neil M, "Legal idioms: a framework for evidential reasoning," *Argum Comput* 4 (2013): 46 – 63; Vlek C, Prakken H, Renooij S, Verheij B, "A method for explaining Bayesian networks for legal evidence with scenarios," *Artif Intell Law* 24 (2016): 285 – 324; de Zoete J, Sjerps M, Lagnado D, Fenton N, "Modelling crime linkage with Bayesian networks," *Sci Justice* 55 (2015): 209 – 217.

了总结了我的论证外，没有对这个问题作出评论。既然法院"考虑到"我的批评而选择忽略阿勒曼德的报告，这表明他们可能同意了我的论证。

与专家证言型式一样，方法问题既可以涉及整个报告，也可以涉及具体问题。后者的一个例子是，阿勒曼德与我在这两个案件中关于阿勒曼德采用朴素贝叶斯概率论所隐含的全局独立假设是否合适的辩论。例如，在这两个案件中，阿勒曼德都使用了相当具体的证据来评估其假设的先验概率。概率论的公理则意味着，在每个似然比中，证据不仅必须以假设为条件，而且必须以用于评估其先验的证据为条件，除非根据这些假设，证据可以被视为在统计上是独立的。阿勒曼德没有以这种方式设定似然比，但也没有对必要的独立性假设提供论证。我批评他的理由是，根据概率论公理，他应该做这些事情中的一项或多项。这是一般方法论上的批评，转化为对阿勒曼德最终论证的具体批评，即后验概率可以通过乘以他的先验概率和似然比来计算。有两种方法可以对这种具体批评进行形式建模：一种方法是，将把阿勒曼德的最终论证解释为具有必要的独立性假设作为附加前提，然后观察到这些附加假设没有证据或论证支持；另一种方法是，把这些假设从解释的论证中剔除，然后以第 4.2 节的风格建构一个论证，证明阿勒曼德的最终论证演绎无效。

（四）类比论证

在两个案例研究中都使用了几个类比论证。这种论证的下述型式版本是相当标准的[①]。

类比论证型式：

$$考虑到 R_1, \cdots\cdots, R_k，情形 C_1 和 C_2 相似$$

$$R_1, \cdots\cdots, R_n 与 P 有相似之处$$

$$在情形 C_1 中，P 为真$$

$$在情形 C_2 中，P 为真$$

批判性问题：

① Walton D, et al., *Argumentation schemes* (Cambridge：Cambridge University Press, 2008)，pp. 58，315.

（1）情形 C_1 和 C_2 还存在相关差异吗？

（2）情形 C_2 与 P 为假时，其他某个情形 C_3 存在相关相似吗？

众所周知，对于特殊领域来讲，该型式可以具体化，如法律案例推理[①]。不过，就目前的目的而言，上述版本就可以了。

在布雷达·西克斯案中使用了一个类比，证据表明，三名被指控的女性中有两名在犯罪现场隔壁的快餐店工作。在他的报告中，他详细说明了这一证据与其他证据之间"巧合"的似然比，这些证据表明这两名犯罪嫌疑人认识另外三名犯罪嫌疑人，而这三名犯罪嫌疑人曾被警方刑事情报组（CID）的一名线人提到参与了该犯罪。阿勒曼德将这个似然比的分母（所有 6 名被告人无罪的巧合概率）指定为 1/500 到 1/1000（基于此处无关紧要）。然后他说："这与 500 到 1000 的巧合似然比一致。"从字面上看，这是一个简单的错误，因为在得出这个结论之前，首先要确定给出阿勒曼德的犯罪假设条件下的巧合概率。然而，阿勒曼德报告的其他部分表明，他将这个概率设为 1。在这里，他用了一个假设例子作为类比，一个窃贼用房子的钥匙非法入户。假设一个犯罪嫌疑人因为持有钥匙而被捕，根据阿勒曼德的观点，持有钥匙是犯罪的必要构成要件，因此，考虑到犯罪嫌疑人实施盗窃，他持有钥匙的概率为 1。用同样的方式，阿勒曼德认为，在布雷达·西克斯案中巧合犯罪是必要的构成要件，因为他的犯罪假设是，被指控的 6 人中至少有人参与了犯罪，其中，至少有一个女性被告人将受害者引诱到犯罪发生的餐厅。我批评这一做法的理由是：首先，这种引诱也可以由不在餐厅隔壁工作的人来完成，如第三名女性嫌疑人；其次，在餐厅隔壁工作的两名女性嫌疑人的共同清白与阿勒曼德的犯罪假设一致。因此，巧合不能被视为犯罪的必要构成要件。在指出这一点时，我注意到，这与阿勒曼德的假设入室盗窃案存在相关区别，在该案件中，持有钥匙是犯罪的必要构成要件。因此，我用类比型式的第一个批判问题来批判阿勒曼德的类比。

在布雷达·西克斯案中，类比的另一个用途是关于"阿勒曼德为什么可以被视为复杂刑事案件贝叶斯分析专家"的推理（参见上文第 4.1 节），这是可论证的。在法院对这个问题的裁决中，可以论证的一个推理

---

① Bench-Capon T, "HYPO's legacy: introduction to the virtual special issue," *Artif Intell Law* 25 (2017): 205–250.

步骤是，物理学贝叶斯分析的专家也是复杂刑事案件贝叶斯分析的专家。我们可以把这个论证看作类比论证，指的是对物理问题和复杂刑事案件的贝叶斯分析之间的假定相似性。我认为，"这个并不意味着另一个"可以被视为类比型式的第一个批判性问题的另一个应用。可能有人会想到，在有关法院专家使用贝叶斯理论的辩论中，涉及类似领域专业知识的类比论证会越来越多。

事实上，同样的道理也适用于结合统计数据的论证，如上面讨论的论证，日本和英国的纵火统计数据也适用于荷兰。这些论证，也可以被视为类比论证，因此，也可以用类比型式的批判性问题来对它们进行批评。

最后，在我对阿勒曼德关于奥斯特兰案的答复的答复中，我利用了医学假设来批评阿勒曼德的主张——"他能够向法院证明必须考虑哪些问题的说法"。我的假设是一个反问句：一个正在诊断重病患者的医学专家会不会让气候物理学家告诉他必须进行哪些医学诊断？

（五）统计论证

人们可能会认为，在对复杂刑事案件的概率分析中，诉诸从统计数据陈述到个人概率陈述的论证经常发生。然而，在这两个案例中，大多数概率判断都不是建立在统计数据基础之上的；在极少数情况下，阿勒曼德用它们来支持自己的判断。在其他一些情况下，阿勒曼德使用了准频率论方法。例如，在奥斯特兰案中，他评估了假定无罪情形下犯罪嫌疑人和别人（在相关案件中是嫌疑人）是最好的朋友的概率：首先，他注意到奥斯特兰镇有 2400 名居民，然后假定在奥斯特兰镇像犯罪嫌疑人这样的男性有 200 名是他最好的朋友，因此假定两人都无罪的概率达 1/200。这表明，即使概率判断是建立在数据基础之上的，从数据到概率的步骤也可能涉及主观假设，如在本案中有 200 个候选人是嫌疑人最好的朋友。

从最基本形式来看，从统计频率到单个概率的论证采用以下型式。

诉诸统计频率论证型式：

$$F 为 G 的比例是 n/m$$

$$\underline{a 是 F}$$

$$Pr\,(Ga \mid Fa) \approx n/m$$

需要注意的是，该型式是假定的：一个类的频率陈述与该类成员的条件概率陈述之间没有必然关联。因此，这个型式不止有前提是否为真的批判性问题。海金称该型式为"频率原则"①。他指出，以下假设是合理的：除了频率和 a 是 F 之外，没有其他相关信息是已知的；他还指出，很多判断都可以涉及哪些信息是相关的问题。

在考虑该型式的批判性问题之前，让我们看看第一个前提如何确立。一种方式就是借助统计归纳：

$$\frac{\text{被研究的 F 为 G 的比例是 } n/m}{\text{F 为 G 的比例是 } n/m}$$

该型式并非根据常用论证型式如沃尔顿等人的型式来处理②。批判该型式用法的全面探究将把我们引向统计学领域，这已超出了本文讨论的范围。现在，列出两个明显的批判性问题就足够了：（1）被研究的 F 的样本是否有偏差？（2）它是否足够大？

我认为，阿勒曼德获得的一些统计信息是有出处的。例如，在布雷达·西克斯案中，他使用了一份犯罪学出版物所报告的关于荷兰各民族群体认罪与不认罪的频率的统计数据。据此推理就变成了：

> E 说 S 是相关统计数据，E 是这方面的专家，因此，S 大概是相关统计数据。此外，S 说被研究的 F 为 G 的比例是 n/m，因此，被研究的 F 为 G 的比例是 n/m。

最终结论反馈到诉诸统计频率型式中了。在我的布雷达·西克斯案报告中，我没有批评阿勒曼德对认罪和不认罪的统计数据的具体选择，但我确实注意到，从研究文献中选择相关和可靠的统计数据需要该文献主题方面的专业知识。然后我注意到，没有证据表明阿勒曼德拥有那种相关的犯罪学专门知识，因此，我实际上攻击了这一推理路线的第二个前提。所有

---

① Hacking I, *An introduction to probability and inductive logic*（Cambridge：Cambridge University Press，2001）.

② Walton D，Reed C，Macagno F，*Argumentation schemes*（Cambridge：Cambridge University Press，2008）.

这些都表明，即使在诉诸统计数据的推理中，诉诸专家意见的论证型式也是相关的。

我现在转向诉诸统计频率型式的三个可能的批判性问题（也许有更多）。

（1）关于更具体类，是否存在冲突的频率信息？这是选择最具体参考类的众所周知的问题。

（2）关于相交类，是否存在冲突的频率信息？这是选择最具体参考类问题的一个变体。如果 a 属于两个不相交但非包含的类 F 和 H，则通常 F 与 H 都是 G 的比例并不取决于 F 和 H 分别是 G 的比例。因此，在没有进一步信息的情况下，我们无法得出 $Pr(Ga \mid Fa \wedge Ha)$。

（3）是否存在不能使用频率的其他理由呢？例如，a 可能属于常识或专家判断产生不同频率评估的某个子类。例如，在奥斯特兰案中，阿勒曼德假定了在假定无罪条件下犯罪嫌疑人和另一个人是好朋友的概率，忽略了两人都是那个社区的局外人，他们有相似的生活方式，其中一个人曾被定罪而另一个人曾涉嫌连环纵火案。即使没有关于奥斯特兰镇成年男性居民这些子类的统计数据，常识告诉我们，考虑到这些特征，在假定无罪的情况下，成为最好朋友的概率可能比阿勒曼德用他的准频率论方式所假设的要高得多。

在从统计数据得出概率判断的过程中，阿勒曼德使用的另一个型式是类比型式（参见第 4.4 节）。例如，在他的奥斯特兰案报告中，由于在那期间没有连环纵火犯活跃于奥斯特兰镇，他便基于日本和英国纵火案统计数据对半年期间在像奥斯特兰一样的一个小镇发生 15 起纵火案的概率进行了评估。把这一统计数据应用到荷兰，就假定了日本和英国在连环纵火案方面与荷兰十分相似。这似乎是一种使用统计数据来推导概率判断的常见方法。这里又出现了专业知识问题，因为判断两个国家在连环纵火问题上是否相关相似，需要与该问题相关的专业知识。在这一点上，我的一般批评是，没有证据表明，作为一名气候物理学家，阿勒曼德拥有与此相关的专业知识。

总之，统计推理至少可以组合以下假定论证型式：统计频率论证、统计归纳论证、专家意见论证和类比论证。此外，统计领域的具体方法问题也可能出现。因此，如果没有统计学家参与，就不能建立一个完整的统计论证模式。

最后，本节的分析也与论证方法和故事推理方法有关。在这两种方法中，定性的可废止概括都非常重要。例如，在论证方法中，证据概括将证据与结论联系起来，如证人通常说真话。在故事方法中，因果概括将假设与证据联系起来，如极度嫉妒会导致杀人报复的动机。统计归纳型式的一个定性版本可以用来为这种概括辩护。例如：

$$\frac{绝大多数被研究的 F 是 G}{F 通常是 G}$$

此外，在对应用可废止概括论证进行批判性检验时，统计频率型式的批判性问题，也有类似问题。前两个问题表明在冲突概括基础上反证论证（诉诸矛盾结论论证）的可能性，而第三个问题则指向了攻击对统计归纳型式的定性变体的运用。

五　论证支持系统的要求

作为总结，我现在列出当前案例研究提出的刑事案件贝叶斯分析论证支持系统的要求。

首先，该系统应当为该领域常见论证型式的使用提供支持，包括本文讨论的几种型式。此外，提供的支持应当针对表明和批评不符合这类型式的论证。提供这种支持的一种方式是，利用有关评估具体证据类型的法律知识、法规或政策，如几个司法管辖区对于确定某人是否可被视为专家证人的标准。本案例研究的部分内容也可以重新使用，如图 1 所示的专家论证分析。此外，与统计人员的合作可能有助于解决统计型式的批判性问题。

抓住论证和主张的所有权很重要，特别是在评估所有者的专业知识或评估不同专家冲突论证的相对强度方面。对于后者，这个系统还应该支持关于论证强度的元论证。

这个系统还应该支持关于其他论证（演绎的或可废止的）有效性的论证。因此，这个系统应该支持明确表示一个论证的逻辑本质，不应该阻止那些既是非演绎又是非可废止有效性的论证表达。需要注意的是，像卡尔尼德斯系统之类的系统[1]，一个从前提和结论之间的关系中抽象出来的系

---

[1]　Gordon T, Prakken H, Walton D, "The Carneades model of argument and burden of proof," *Artif Intell* 171 (2007): 875–896.

统，并不能完全满足这些要求。

该系统应该以某种方式在对一般问题或专业知识与方法的讨论与对具体专家断言的专业知识与方法的讨论之间进行自然区分。一方面，如果贝叶斯网络工具的用户可以简单地单击网络的任何元素以检查关于该元素交换的论证，那就太好了。但是，这可能不会涵盖所有相关的论证，因为正如我们所看到的那样，许多论证都是关于更一般的问题的。

最后，应该有办法表明没有为一项主张或前提提供证据，因为这是批评论证特别是专家论证的通常方式。如果该软件提供了自动评估辩论的方法，那么这个问题就应该被考虑在内，就像在卡尔尼德斯系统上做的那样。

六　相关研究

本论文背后的一个动机是设计支持软件，用于对复杂刑事案件的贝叶斯分析的建模讨论。在医学领域，耶特等人最近提出了一个类似的系统①，该系统将医学贝叶斯网络与它所基于的临床证据联系起来。无论是支持贝叶斯网络元素的证据还是相互矛盾的证据，以及与被排除的变量或关系相关的证据，都可以在系统中表示出来，也可以在系统中显示出来。建模的三个证据来源是出版物、专家和数据。尽管它有论证的味道，这个系统并不是建立在一个明确论证模型基础之上的。

关于刑事案件贝叶斯分析的论证早有研究。贝克斯和雷努伊于2016年给出了一个从 ASPIC + 式论证到贝叶斯网络约束的翻译②。他们的重点不同于本文，他们的论证不是关于如何验证贝叶斯网络中元素的合理性。相反，翻译方法的目的是翻译贝叶斯网络中论证所表达的信息。例如，一个约束说在论证中命题应该在贝叶斯网络中有相应的节点，另一个约束说在论证中推论与论证间的攻击应该在贝叶斯网络中有相应的"活动"链条。

蒂默等人在 2017 年所做的工作正好与贝克斯和雷努伊于 2016 年所做的工作相反，他们将贝叶斯网络上的信息翻译为 ASPIC + 论证框架，用于

---

① Yet B, Perkins Z, Tai N, Marsh W, "Clinical evidence framework for Bayesian networks," *Knowl Inf Syst* 50 (2016): 117–143.

② Bex F, Renooij S, *From arguments to constraints on a Bayesian network.* In: Baroni P, Gordon T, Scheffler T, Stede M (eds) *Computational models of argument* (Amsterdam: Proceedings of COMMA. IOS Press, 2016), pp. 96–106.

论证解释贝叶斯网络①。

与本文工作最接近的是凯彭斯 2014 年的论文②。他提出了一组来源论证型式，用似然方法建模概率判断的来源。除此之外，凯彭斯还提出了诉诸专家意见型式（在本文中这种论证的一个特例）、诉诸数据集推理型式（与目前的统计推理型式不同）以及诉诸普遍接受理论推理型式。此外，凯彭斯还提出了一组型式，把涉及从主观概率分布（如 "B 对 C 的似然性有非负面或非正面影响"）性质的基于来源的主张与对概率分布的形式约束关联起来。然而，在方法上我们是有所不同的。凯彭斯的主要目的是建立型式计算模型，而本文的主要目的是分析关于贝叶斯分析的讨论实际上是如何发生的。因此，本研究是对凯彭斯研究的补充。此外，与当前研究相比，凯彭斯模型的焦点更有局限性，因为它只对具体概率分布论证进行了建模。

七　结论

本文考虑了法律论证支持工具的一个新用例：支持复杂刑事案件贝叶斯分析的讨论。通过案例研究，本文分析了法院案件专家之间的两个真实讨论，并分析了他们的论证结构。由于这属于案例研究，问题在于结果何以具有一般性。如导言所述，很难说所研究的案件在多大程度上是典型的，因为在法庭上对整个复杂刑事案件的贝叶斯分析仍然很少。贝叶斯理论在法庭上的常见用法主要涉及的是个别证据，尤其是法庭痕迹证据（DNA、轮胎痕迹、鞋印、指纹、玻璃碎片）的随机匹配概率。另外，由于我参与了有关贝叶斯分析的辩论，我在本文中的分析可能受到个人观点的影响。

尽管如此，考虑到这一点，案例研究仍然需要一些初步结论。从理论角度来看，我们证实了贝叶斯分析论证的丰富性以及几种公认论证型式的实用性，提出了一种用于统计论证的新论证型式，并对专家意见论证的一些细微之处进行了新颖的分析。尤其是，被证明适用于我们案例研究的各种论证型式表明，对复杂刑事案件进行贝叶斯分析的理性讨论不必遵循严

---

① Timmer S, Meyer JJ, Prakken H, Renooij S, Verheij B, "A two-phase method for extracting explanatory arguments from Bayesian networks," *Int J Approx Reason* 80 (2017): 475 – 494.

② Keppens J, "On modelling non-probabilistic uncertainty in the likelihood ratio approach to evidential reasoning," *Artif Intell Law* 22 (2014): 239 – 290.

格的统计方法或法庭科学方法，可以利用论证理论中的许多技巧。从实践的角度来看，案例研究说明了需要支持软件来讨论复杂的犯罪案件的贝叶斯分析。此类软件的实际设计和实用性是未来研究的议题，也是某些论证型式尤其是专家意见型式和统计论证型式的批判性问题的细化。此外，本文的某些贡献也可能与其他使用贝叶斯分析的领域有关，如医学。

最后，在本文的好几个地方，我们看到了目前分析的意义并不局限于贝叶斯方法，而是延伸到了使用任何推理方法讨论专家报告。简单地说，任何推理方式的专业知识都必须与手头事项的专业知识相结合（第4.1节），在论证分析或情节分析中，关于可废止概括的论证也能用定性型式找到统计论证（第4.5节）。据推测，可以对任何类型的分析进行类比论证（第4.4节）。

部门法视野

大数据时代个人隐私权保护的法律原则及其实现机制[*]

大数据时代个人隐私权保护的法律原则及其实现机制[*]

赵万一　樊沛鑫[**]

摘　要：相对于传统的个人隐私侵权而言，大数据时代的个人隐私权具有发生的普遍性、易受侵害性、不易救济性、不易觉察性及侵权判定的困难性等特点，因此需要建立更具针对性的个人隐私权保护目标与保护原则，包括人格权优先（以人为本）原则、伦理性原则、正当性原则、利益平衡原则、必要性原则等。在具体制度设计上，应充分尊重个人信息自决权，恪守信息伦理原则，确立科学个人数据合理使用和合法使用规则，并将被遗忘权上升为个人隐私权中的一项特殊权利。为了实现以上目的，必须综合运用各种保护手段，着力完善救济机制，从技术上加强对个人隐私的保护，并努力强化企业自身的个人信息保护意识和信息利用合规意识。

关键词：个人隐私　大数据　人格权优先　被遗忘权

伴随网络的普遍运用和网络技术的提档升级，中国已步入以大数据开发、大数据分析和大数据运用为主要内容的大数据时代。其特点是运用特殊的信息分析工具软件，通过对海量数据的归纳整理、交换和整合，创造出各种类型的知识关联体、知识集成耦合体和知识模拟运用场景。在这一时代，一方面，由大数据所创建的虚拟社会已成为传统社会的必要补充和整个社会的重要组成部分；另一方面，功能强大的大数据运用也使收集数据的行为变得极其容易，分析数据的行为也变得更加快捷，每一个人的生活都暴露在数据的视角之下，从而给个人隐私权的保护提出了严峻的挑战。不久前，由于"滴滴出行"App存在严重违法违规使用个人信息问题，国家互联网信息办公室根据《中华人民共和国网络安全法》相关规定，宣布对"滴滴出行"启动网络安全审查，通知应用商店下架"滴滴

---

* 本文系国家社科基金后期资助项目"市场经济背景下国有资本运营的法律制度构建"（批准号：19FFXB027）的中期研究成果。
** 赵万一，西南政法大学民商法学院教授；樊沛鑫，西南政法大学民商法专业博士研究生。

出行"App，并要求"滴滴出行"参照国家有关标准，认真整改存在的问题，切实保障广大用户个人信息安全。[①] 虽然国家网络信息办公室并没有对外宣布"滴滴出行"如何严重违法违规使用个人信息问题，但是乘车人通过"滴滴出行"App在网络上预约出行的订单，需要填写出发地以及目的地，乘车人基本没有权利拒绝授权录入个人信息，而填写的信息自动被App抓取记录到数据库，在一定程度上存在违法违规使用个人信息的可能性，构成了潜在泄露隐私的风险。这一事件的发生也从另一侧面反映出传统法律框架对于个人隐私保护的滞后。虽然《民法典》对个人隐私包括数据隐私给出了原则性的规定，但由于数据隐私具有复杂性，单靠《民法典》无法有效满足个人数据隐私的保护需求，因此迫切需要制定更加全面具体的单行法律法规才能真正实现对大数据时代的个人隐私提供全方位周密保护的目的。

一 大数据时代个人隐私权保护的特殊性

人类在发展过程中形成了与生俱来的自我保护意识并通过不断改进自己的行为模式、行为习惯等方式，保护自身的隐私。保护隐私的目的是通过隐瞒、封锁、孤立、迷惑等方式，遮隐自己的行为轨迹和生活习惯，防止外人窥探和掌握自己的个人信息，从而给自己带来某种程度的信息独占和隐私收益，保持神秘感，避免因隐私泄露可能带来的羞耻感，以保证自己的正常生活不被打扰并获得充分的安全感等。我国于2020年颁布的《民法典》对个人隐私权高度重视，不但对人格权单独列编，而且对个人隐私权提供了全方位的保护。[②] 根据我国《民法典》第1032条的规定，隐私权是指公民私人信息依法受到保护，不被他人知悉、搜集、非法侵

[①] 《关于下架"滴滴出行"App的通报》，http://www.cac.gov.cn/2021−07/04/c_1627016 782176163.htm。

[②] 《中华人民共和国民法典》第1032条："自然人享有隐私权。任何组织或者个人不得以刺探、侵扰、泄露、公开等方式侵害他人的隐私权。隐私是自然人的私人生活安宁和不愿为他人知晓的私密空间、私密活动、私密信息。"第1033条则列举了侵害他人隐私权的主要行为："除法律另有规定或者权利人明确同意外，任何组织或者个人不得实施下列行为：（一）以电话、短信、即时通讯工具、电子邮件、传单等方式侵扰他人的私人生活安宁；（二）进入、拍摄、窥视他人的住宅、宾馆房间等私密空间；（三）拍摄、窥视、窃听、公开他人的私密活动；（四）拍摄、窥视他人身体的私密部位；（五）处理他人的私密信息；（六）以其他方式侵害他人的隐私权。"《民法典》通过制定人格权请求权和侵权损害赔偿请求权的有关规定，构建了隐私权保护的整体框架。

扰、利用和公开等的一种人格权。隐私权意味着在个人的物理空间内不受监督、不受干涉地发展自己的个性、决定自己的生活方式的权利。它的内容具体包括个人信息的保密、个人生活不受干扰的权利、决定个人私事的自由。另根据 1034 条的规定，即使没有上升为隐私的个人数据，同样受法律的保护。[①] 但值得注意的是，我国以《民法典》为代表的现行法律对个人隐私权的保护主要还是侧重于传统的个人隐私，而对大数据时代的个人隐私的特殊性关注不够，没有提供详细具体的额外保护规则，因此需要制定单行的法律法规才能有效回应大数据时代对个人隐私的保护需求。

（一）大数据时代个人隐私的易受侵害性

与传统的分散存在的孤立数据不同，在大数据时代，数学算法能全面运用海量数据，不但可以对已发生的事实包括个人的生活场景、行为轨迹等进行还原，而且还可以对可能发生的事件进行预测，从而让生活变成了可量化的维度。根据卡内基梅隆大学隐私专家的研究："即使没有姓名、没有社会安全号，只要通过性别、生日和邮编 3 个数据项，数据挖掘的技术就能够成功地识别全美 87% 的人口。"[②] 很多所谓隐私在大数据面前已经根本无法隐藏，从而使个人隐私行为具有较强的可预测性。特别是互联网等新兴技术的发展，使得个人信息存储的时间更久，但搜索起来更为容易。当事人在特定情形下发布的一些个人信息，经过一段时间，发布人或许早已忘却，但其他人很容易在相关事件发生时瞬间搜索到并发布至互联网上。而且，丰厚的商业利润也根本无法阻止拥有数据库的商业组织不将收集到的个人数据进行整合、分析和利用。因此公民的个人信息，一旦被以数据化的形式加以储存，无论是掌握在政府或非政府机构手中，还是掌握在商业组织手中，都会成为政府监管的依据和商业主体进行特定商业行为（如广告行为）的数据基础。特别是个人数据被用于商业行为时，公民个人事实上是无法予以阻止的，因此个人隐私易受到侵害。

---

① 《中华人民共和国民法典》第 1034 条："自然人的个人信息受法律保护。个人信息是以电子或者其他方式记录的能够单独或者与其他信息结合识别特定自然人的各种信息，包括自然人的姓名、出生日期、身份证件号码、生物识别信息、住址、电话号码、电子邮箱、健康信息、行踪信息等。个人信息中的私密信息，适用有关隐私权的规定；没有规定的，适用有关个人信息保护的规定。"

② Us plans massive data sweep, *The Christian Science Monitor*, February 9, 2006. 转引自徐子沛《大数据》，广西师范大学出版社，2013，第 178 页。

（二）大数据时代个人隐私侵害行为发生的普遍性

在大数据时代，数据已成为生产的原料，是巨大的经济和社会价值的新来源。大数据所收集数据的来源非常广泛，每个人的日常活动情况会在电脑中以不同的数字信息的形式记载下来，在客观上导致了个人隐私侵害行为发生具有普遍性。例如搜索数据反映你关心的内容事项，电商数据反映你的消费状况，手机位置数据体现了你的出行活动情况，银行账务类交易数据反映了你的金融往来状况，微信通信数据反映了你的社交关系情况，等等。只要对你的这些数据进行计算，都可以很清楚地掌握你的个人爱好、生活习惯，甚至是你是否发生财务困难。诚如有学者所言"一入网络深似海，从此隐私是路人"①。特别是在大数据技术的驱动下，个人隐私还出现了一种新的类型——整合型隐私，即通过数据挖掘技术，将使用者在网络上留存的数据痕迹进行挖掘收集并有规律整合而生成的隐私②，从而使数字社会的个人隐私呈现两个新特点——隐私信息化和信息隐私化。前者强调隐私在信息时代的典型表现是信息和数据，使得传统隐私的边界得以扩展，呈现数字化的形态。后者强调信息的性质在收集、存储、加工中发生改变，一些原本不属于隐私的个人信息与其他信息结合成为私密信息，个人隐私与个人信息有了重叠性，具有隐私利益。③ 换言之，在大数据时代，个人隐私的保护不但具有较强的时代性，而且更具特殊性。

（三）大数据时代个人隐私侵权具有不易救济性

在大数据时代，数据共享的常态化导致隐私侵害的不确定性和不透明性增强，数据隐私侵权后的救济难度也大幅度增加。与传统的隐私侵权或直接呈现侵权后果不同，数据隐私侵权发生之后，通常既不会直接导致被侵权人的身体发生伤害、人格受到贬损或者财产受到损失，同时被侵权的个人感知也并不强烈。即使在数据使用和交换过程中，信息的非对称性导致个人对自身信息泄露判断的非精准性与非理性，特别是个人数据的商业使用大都是以信息集成的方式出现的，通常并不直接涉及个人信息的直接

---

① 刁生富、赵亚萍：《论透明化时代的隐私权保护》，《河南师范大学学报》（哲学社会科学版）2017年第44卷第6期。
② 杨建国：《大数据时代隐私保护伦理困境的形成机理及其治理》，《江西社会科学》2021年第1期。
③ 王俊秀：《数字社会中的隐私重塑——以"人脸识别"为例》，《探索与争鸣》2020年第2期。

使用，因此个人更难对个人信息商业使用的后果做出理性的判断。换句话说，基于传统隐私侵权所产生的那些可以量化和可以识别的损害在数据侵权中出现的概率是非常低的，权利人更多承受的是因隐私泄露而遭遇的未来侵害的风险，即"焦虑风险"，而对这种未来损害的风险既无法有效证明，也无法确切感知。因此有学者指出"风险与焦虑"这种无形损害能否为现有损害概念所容是面临的主要挑战。① 即使面对现实已经发生的损害，基于大数据超强的预测、推断、分析能力，超强的技术水平引发反向身份识别问题等，使得信息收集与结论之间因果关系不容易证明，因此受害人提起诉讼或胜诉的概率也是非常小的。②

（四）大数据时代个人隐私侵权的不易觉察性和判定的困难性

在数据信息的使用环节，很多涉及个人隐私的数据信息被商业滥用时，用户是不易察觉的，有时甚至是心甘情愿的。比如亚马逊（建议匿名处理）通过对客户的相关轨迹数据进行分析挖掘，提供了极具个性化的推荐服务。对用户来说，当其看到亚马逊的推送服务时，第一感觉并不是我的个人信息被滥用了，而是感觉这个网站比较贴心，给我的推送比较接近我的需求。换句话说，在很多情况下，虽然我们知道我们的个人数据被商业主体使用了，但该商业主体为我提供了更好的服务，并且这种服务是合理且适度的，因此只要其没有把这些数据泄露或用在其他不该用的地方，那么我们通常并不认为其侵害了我们的个人隐私。但实际上商业主体是否将这些数据用于其他领域，对我们用户来说是没办法知道的，因此导致我们的个人隐私权实际上受到侵犯但我们没有察觉。不仅如此，由于隐私权就其性质来说具有高度的主观感受性，不同的人对隐私权的保护要求是不一样的，对同一隐私事件的反应也是明显不同的。因此从实践层面如何定义隐私损害的事实发生就显得非常困难。另外，文化、习俗和道德等外部文化因素也容易模糊隐私的边界，特别是大数据时代，大数据应用作为一种改变隐私权边界的关键性变量，不但正从改变外部环境和影响人类习惯两个方面逐渐改变人们的隐私观念③，而且也进一步增加了数据隐私侵权判定的难度。

---

① 解正山：《数据泄露损害问题研究》，《清华法学》2020年第4期。
② 张璐：《〈民法典〉视角下隐私权保护研究——以大数据时代隐私面临的挑战及其解决为中心》，《西部法学评论》2021年第2期。
③ 陈璞：《大数据、隐私权与自由》，《中共中央党校学报》2016年第20卷第5期，第38页。

二 大数据时代个人隐私权保护的基本原则

在大数据时代，对个人隐私权的保护，必须坚持以下基本原则。

（一）人格权优先（以人为本）原则

在许多国家，隐私不仅被看作一种重要的民事权利，而且被看作一项基本人权，甚至被看作社会道德价值体系的一部分。[①] 在这方面最典型的是欧盟的个人数据保护立法。欧盟个人数据保护的基本逻辑是：个人数据是人的延伸，而人应当独立自主（自治），因而个人数据亦应当由数据主体掌控，体现个人的意志。建立在人的尊严基础上的个人数据保护理论，意味着个人数据由个人自主控制的基本论调，而个人数据控制论源于个人独立和个人自治。[②] 其根本原因在于：人作为万物之灵既是社会的创造者，也应当是法律保护的根本对象，甚至可以说没有对人的尊重和保护，就没有现代法治。而隐私权保护作为现代法治的产物，既是实现人本身价值的需要，也是实现其他法律价值的基础。从这个意义上说，所有的隐私权制度设计都应当把人的需要，特别是自然人的人格利益放到首位。

加拿大瑞尔森大学隐私与大数据研究所执行理事安·卡沃基安（Ann Cavoukian）曾提出过一句名言，即"自由是创建在隐私之上的"，并于2011 年提出了包括七大原则的隐私权设置的策略，这些原则包括：一是主动保护，即立足于预防而非补救；二是将隐私需求设置为默认值；三是把隐私嵌入设计中；四是全部功能正和而非零和；五是端对端的安全机制——整个生命周期的保护；六是可见性和透明性；七是尊重用户的隐私。[③] 为此应当将隐私权中具有绝对性的、不可压缩与克减的权利部分，放到整个隐私权保护设计的源头和基础上进行设计，既将隐私权保护设定为以人为本的整体性约束条件，也将其作为实现人本身价值的重要法律手段。在这方面，欧盟的做法值得我们借鉴。在欧盟 2016 年通过的《统一数据保

---

① Bennett CJ. *The political economy of privacy*; *A review of the literature*. Hackensack, NJ: Center for Social and Legal Research, 1995 (1).

② 高富平：《个人信息保护：从个人控制到社会控制》，《法学研究》2018 年第 3 期。

③ 刘雅辉、张铁赢、靳小龙等：《大数据时代的个人隐私保护》，《计算机研究与发展》2015 年第 1 期。

护条例》中，第7条明确规定，只有符合以下条件时商业主体才可以对他人的数据进行处理：（a）数据主体明确表示同意；（b）对于履行与数据主体的合同是必要的，为根据数据主体提出的要求而在合同生效前进行的；（c）对控制者履行其合法义务是必要的；（d）对保护数据主体的重要利益是必要的；（e）对为公共利益或执行官方授权的任务是必要的；（f）对管理者、第三方或信息获取者的合法利益是必要的。个人被赋予的隐私权是随着流动社会的个体发展而展开的一种权利赋予或权利扩充。[1]

（二）伦理性原则

虽然很多人认为数据本身只是一种客观存在，是由人类在网络上的行为产生的，因此大数据本身没有好与坏之分。例如微软首席研究与战略长官克雷·格·蒙迪认为："没有坏数据，只有对数据的不合理使用。"[2] 换言之，因数据所产生的诸多问题皆是由于人类对数据运用的不合理，其深层次的原因是虚拟人格的异变而导致的大数据伦理缺失，即人在大数据面前被物化、被透明、被设计和被数据化，由此而阻碍了个体的发展、阻碍了人际和谐。正是法律失范和伦理滞后，以及个人主义、享乐主义、极端功利主义的共同作用，因而不可避免地导致了大数据技术的异化。[3] 从社会实践层面来看，数据隐私是工具理性与价值理性脱联的结果，大数据技术增强了信息搜集过程的目标理性，从而减弱了用户对信息搜集安全判断的能力。大数据强化了对数据信息的二次利用过程，避开了用户价值理性判断的参与。对于大数据技术来说，信息搜集过程并不是大数据技术的核心，大数据技术的重点在于对数据的挖掘与应用。个人价值理性作用发挥与个人信息使用过程被分离了，减弱了个人理性在自身隐私信息发布中的判断能力和控制能力。[4] "个人信息数据库方面积累的经验已经确凿地向人们表明，借助于对某一信息与其他信息的重组和编辑，就会使得信息的价值发生重要变化。……充分利用信息技术的力量，人们就不仅可以获得收集和储存大量信息的能力，而且还可以对这些信息进行整理、控制，并由此而得到有意义的推论。通过这些行为，人们就能够使得杂乱的不成形

049

---

① 段伟文、纪长霖：《网络与大数据时代的隐私权》，《科学与社会》2014年第2期。
② 臧一博：《关于大数据时代下隐私问题的伦理探究》，《电子商务》2015年第4期。
③ 陈仕伟：《数据技术异化的伦理治理》，《自然辩证法研究》2016年第1期。
④ 潘建红、潘军：《大数据时代个体数据理性化悖论与消解》，《甘肃社会科学》2018年第2期。

数据得以成形并具备之前未有的价值。"①

不仅如此,由于大数据所呈现的颠覆教导和习惯养成这两种德性之基,数据在解蔽的同时又无法准确表达本质的差异性,而是机械地将人融入新的伦理情境,被动地记录和保存所有信息主体的身份和行为,从而导致了人与数据技术之间产生严重的伦理冲突②,这些数据伦理的异化又可具体归结为"数字身份暴露""被监控""隐私泄露""预测性骚扰""获取路径被限""数字鸿沟""数据崇拜"③七宗"大数据伦理之罪"。因此任何涉及数据隐私的法律设计都应高举伦理主义大旗,把符合基本社会伦理要求作为整个制度设计的基础。

(三) 正当性原则

这里的正当性原则又可具体分解为目的正当、程序正当和知情同意等内容。目的正当原则要求个人信息的收集需具备充足的使用目的的正当性,包括后续的利用及传播均不得违背此项目的。代表性的制度是欧盟的《数据保护通用条例》,在该条例中基本沿用了传统欧盟指令中对目的限定原则的各项规定,并在此基础上根据已变化的场景和风险要素进行了改良。关于目的正当和程序正当的判断标准,其前言第(50)条规定:判断个人信息后续处理是否符合原始目的,"应评估后续目的与原始目的之符合性,尤其应考虑到与原始目的的关联、信息收集的原始场景(尤其是用户的合理预期)、个人信息的性质、后续处理行为可能引发的后果、信息的安全保障等等要素"④。而知情同意原则在许多国家表现为控制理论,这种理论目前是主导各国个人信息立法的主要基础理论。控制理论源于美国,强调选择和个人自我决定在个人信息保护中的作用,可概括为基于主观管理和个人偏好表达实现控制的信息管理理论。在控制理论之下,个人被假定是理性的,因此有权控制有关其个人信息的收集和处理,其核心是信息主体的"同意"是使收集、使用、披露和交易个人信息合法化的基础。因此所有大数据的使用都必须是在征得客户同意的前提下才能进行。这一理论的基本假设是,在当商家针对消费者个人消费习惯进行大数据分

---

① Helen Nissenbaum, "Toward an Approach to Privacy in Public: Challenges of Information Technology," *Ethics & Behavior* 7 (3), 1997.

② 朱锋刚、李莹:《确定性的终结——大数据时代的伦理世界》,《自然辩证法研究》2015年第6期。

③ 袁雪:《大数据技术的伦理"七宗罪"》,《科技传播》2016年第4期。

④ 范为:《大数据时代个人信息保护的路径重构》,《环球法律评论》2016年第5期。

析，并得到针对性很强的个性化营销策略的时候，消费者的隐私实际上已经在他并不知情和未经同意的情况下被进行商业利用了，因此商业主体应当做到的是，在事前对客户进行明确充分的告知和提醒，并在征得客户同意的前提下进行个人信息的商业利用。对此，欧盟《有关个人数据自动化处理的个人保护协定》第 5 条 "数据质量" 条款规定，在对个人数据进行自动化处理时，商业机构应当：（a）正当合法地获取和处理；（b）基于特定的合法目的存储，不得通过与这些目的相悖的方式而被使用；（c）与存储目的具有充分、相关而不多余的关系；（d）准确并在必要时保存更新；（e）通过允许识别数据主体的方式被保存的时间不得超过存储数据所必需的期限。为了保证这一规定的有效实施，该协定第 8 条 "对数据主体的额外保护"（c）款进一步规定：对于违反第 5 条的处理，数据主体有权要求删除或纠正。为了保证个人的信息数据不被滥用，对个人信息的收集和利用必须以必要性为条件，不能超过必要收集和使用数据[①]，更不能因为大数据的发展需要，而强制高敏感度的人放弃其他人可能认为属于无关紧要的一些权利，或者容忍或放任轻度的隐私侵权行为的发生。[②]

（四）利益平衡原则

在大数据时代如何在个人隐私权保护与数据的合理利用之间取得平衡是一个值得研究的命题。社会经济关系的本质是利益关系，个人数据隐私保护的立法同样需要平衡政府利益、企业利益和个人利益等不同的利益关系。从前述受到处罚的 "滴滴出行" 的角度来说，收集和使用乘车人数据既是其从事特定商业经营活动即营运乘客的需要，同时也是其获得竞争优势，实现赢利目的的需要。由此可见，数据采集和利用主体的商业数据使用利益与个人信息保护利益之间存在冲突。因此，一方面为了实现与世界发展接轨，就需要科学利用大数据所带来的重大科技福利，全面发展大数据产业，赋予商业主体以适当的个人信息数据采集和使用权。但另一方面我们也要做好个人隐私权的保护工作，确保大数据在我国能实现和谐发

---

① 欧洲法院在谷歌案的判决中曾以超必要为由裁定拆解谷歌："由于对作为基本权利的隐私权和数据保护的潜在的重要影响，（本案中）数据主体的权利在总体上超越了搜索引擎的经济利益和网络使用者通过搜索引擎获取个人信息的利益。"See Court of Justice of the European Union, PRESS RELEASE No 70 /14, Judgment in Case C – 131 /12 Google Spain SL, Google Inc. v Agencia Espa? Ola de Protección de Datos. http：//curia. Europa. eu/jcms/upload/docs/application/pdf/2014 – 05 /cp140070en. pdf. （2015 – 11 – 15）

② 陈璞：《大数据、隐私权与自由》，《中共中央党校学报》2016 年第 20 卷第 5 期。

展。在处理政府管理所涉及的个人数据使用和个人隐私保护之间的冲突问题时，应采取国家利益和社会公共利益适度优先基础上的利益平衡原则，即对国家利益侵权采取适度的责任豁免规则。对于利益平衡原则的具体适用标准，可借鉴欧盟数据保护权威机构——第 29 条工作组发布的"关于谷歌案判决的实施指引"，在该指引中明确规定：考虑到公众获取信息的权利，利益平衡中至少应考察以下问题：（1）相关信息是否与个人有关？搜索结果是不是数据主体的姓名？（2）数据主体是否在公共生活中扮演角色？是否是公众人物？（3）数据主体是否是未成年人？（4）数据是否准确？（5）数据是否具有相关性且并不过分？（6）是否构成敏感数据？（7）数据是否更新？数据可获取是否超越了为处理目的所需的时间？（8）数据处理是否会引起对数据主体的偏见？（9）相关搜索结果的链接是否会使数据主体处于风险的境地？（10）数据在什么情形下被发布的？（11）原始数据是否是为新闻用途而发布的？（12）数据的发布者有无法律权利或义务去发布这些信息？（13）数据是否与刑事过错有关？[1]

三 大数据时代个人隐私权保护的具体制度设计

（一）充分尊重个人信息自决权，严格限缩信息收集范围

所谓个人信息自决权最早来源于德国，根据该理论，任何违反当事人意志的信息收集、处理或者利用的行为都侵犯了信息主体的自决权。[2] 1983 年德国联邦宪法法院在"人口普查案"（BVerfGE 65，1 - Volkszhlungsurteil）的经典判决中确立了"个人信息自决权"的概念，认为个人原则上有能力决定其个人信息的披露或使用。[3] 该案指出："在现代资料处理之条件下，应保护每个人之个人资料免遭无限制之收集、储存、运用、传递，此系基本法第 2 条第 1 项（一般人格权）及基本法第 1 条第 8

---

[1] See Article 29 Data Protection Working Party, Guidelines on the Implementation of the Court of Justice of the European Union Judgment on "Google Spain and Inc v. Agencia Espa? ola de Protección de Datos（AEPD）and Mario Costeja González" C - 131 /12, 14 /EN WP 225. http://ec. europa. eu /justice / data - protection / article - 29 / documentation /opinion - recommendation /files /2014 /wp225_ en. pdf.（2015 - 11 - 15）

[2] 杨芳：《个人信息自决权理论及其检讨——兼论个人信息保护法之保护客体》，《比较法研究》2015 年第 6 期。

[3] 郭瑜：《个人数据保护法研究》，北京大学出版社，2012，第 87 页。

项（人性尊严）的保护范围。该基本人权保障每个人原则上有权自行决定其个人资料之交付与使用。"从个人数据信息的收集和使用来说，必须坚持必要性原则。所谓必要性原则又称信息利用最小化原则，要求个人信息收集及后续利用应以实现特定目的的最小必要为限，其留存不得超过特定目的所必需期限并在目的达成后及时删除。① 国外对必要性原则的规定当属欧盟于1995年通过的《数据保护指令》和2016年通过的《统一数据保护条例》。根据《数据保护指令》第 8 条第 5 款的规定："只有在官方机构的管理下，或者根据国家法律规定提供适当的特殊保护措施时才能处理涉及犯罪、宣判或安全措施的有关数据。"在《统一数据保护条例》第 6 条第 1 款中，明确规定了 6 项"数据处理"的一般合法性基础：（a）数据主体已经对基于一个或多个具体目的而处理其个人数据的行为表示同意；（b）履行数据主体为一方当事人的合同或在订立合同前为实施数据主体要求的行为所必要的数据处理；（c）为履行数据控制者的法定义务所必要的数据处理；（d）为保护数据主体或另一自然人的重大利益所必要的数据处理；（e）为履行涉及公共利益的职责或实施已经授予数据控制者的职务权限所必要的数据处理；（f）数据控制者或第三方为追求合法利益目的而进行的必要数据处理，但当该利益与要求对个人数据进行保护的数据主体的基本权利和自由相冲突时，尤其是当该数据主体为儿童时，则不得进行数据处理。由此可见，即使是政府搜集个人信息，也只能基于公共性的既定目的，未经本人许可，政府不得用于其他目的；政府的信息管理工作必须严格遵守隐私权至上的原则，对于其他主体对公民信息自由的侵犯，政府必须提供有效救济。为此政府必须强化内部管控机制建设，设置专门部门，负责信息的查询与保存工作，并对软硬件进行定期维护，确保设备的正常运行，在人员的管理方面，更要明确不同岗位工作人员的职责，对侵害个人隐私权的，应承担相应的法律后果。从个人数据的信息收集对象来看，有必要按照行业特点数据库的敏感性，创建不同的保护机制。比如涉及个人隐私权的信息应谨慎进行，如犯罪记录、信用评级等等，特别规定要查询人在拥有特定资质并符合法律规定时，才能给予公开。

---

① Organization for Economic Co-operation and Development, OECD Guidelines on the Protection of Privacy and Transborder Flows of Personal Data (1980), pp. 7 - 8; European Commission, Directive 95 /46 /EC of the European Parliament and of the Council of 24 October 1995 on the protection of individuals with regard to the processing of personal data and on the free movement of such data, Directive 95 /46 /EC (1995), art. 6 - 7.

（二）恪守信息伦理原则

根据信息伦理原则，应该从伦理学视角在以下五个方面对大数据伦理问题加以规范：一是从制度伦理视角看，必须完善相关伦理制度建设；二是从德性伦理视角看，必须促进大数据利益相关者的道德自律建设；三是从责任伦理视角看，必须实现权利、义务与责任相统一的协同机制；四是从功利伦理视角看，必须实现大数据利益相关者利益最大化；五是从科技伦理视角看，必须努力实现科技与人文的统一。[①] 同时应当加强伦理组织建设，设立国家层面和地方层面的信息伦理委员会，并出台相应的信息行业伦理准则。行业协会制定伦理准则具有悠久的历史，典型的如医学领域很早就建立的各种类型的伦理委员会。目前许多国家在计算机、信息技术、大数据等相关行业也在建立自己的伦理组织并致力于制定自己的行业伦理准则。其中美国计算机协会（ACM）是世界上最早制定计算机行业伦理准则的协会之一。早在1972年，ACM就公布了《美国计算机协会伦理准则和专业行为规范》，并随着计算机技术的发展进行多次修订。1999年美国计算机协会和电气电子工程师协会联合颁布《软件工程师职业道德规范和实践要求》。许多其他国家的计算机协会也都制定了自己的行业伦理准则，如《英国计算机协会行为守则》《澳大利亚计算机学会伦理守则》等。我国在行业伦理建设上已积累了丰富的经验并制定了一系列行业伦理准则，如互联网协会制定了《中国互联网行业自律公约》，中国计算机行业协会制定了《中国计算机行业协会章程》。[②] 当务之急是，结合我国和世界大数据使用和信息价值开发中出现的以及可能出现的伦理问题，对已有伦理准则进行评估，并制定统一的个人数据利用伦理准则。在此可借鉴在我国实践中运行比较成熟的医疗伦理制度的建设经验。为了规范医疗领域的伦理行为，各级医疗组织都建立了专门的医学伦理委员会。随着大数据医疗和精准医疗的迅猛发展，医学伦理委员会的职能开始延伸到医疗大数据的开发和使用等领域。在大数据环境下信息价值开发同样迫切要求加强信息伦理的管理和审查，因此可将医疗伦理审查的制度直接引入个人数据采集和使用领域。实际上，建立信息数据伦理委员会在国外已有一定的实践，许多中介服务组织都在尝试建立类似数据伦理委员会的组织，

[①] 陈仕伟：《大数据技术异化的伦理治理》，《自然辩证法研究》2016年第1期。
[②] 李伦、孙保学、李波：《大数据信息价值开发的伦理约束：机制框架与中国聚焦》，《湖南师范大学社会科学学报》2018年第1期。

典型的如受美国自然科学基金支持，由微软、加利福尼亚大学和纽约大学等机构的专家于 2014 年组建的大数据、伦理与社会委员会（Council for Big Data，Ethics，and Society）。① 我国要想在个人信息数据领域取得领导权，就有必要建立由国家主导的具有权威性的国家信息数据伦理委员会和相应的地方性组织。

（三）确立对个人数据的合理使用和合法使用规则

在欧盟 2016 年的《统一数据保护条例》中，除在第 6 条第 1 款规定了 6 项 "数据处理" 的一般合法性基础之外，还在第 12 条 "访问权" 中明确规定了对个人数据处理的一般要求，即：（a）数据主体有权无延迟及免费地知悉数据处理情况；（b）当数据处理不符合该指令的规定时，特别是由于数据性质的不完整和不准确应当对数据进行恰当的更改、删除；（c）控制者应尽适当的努力向数据已经向其公开的第三方通知三款更改、删除的情况。另根据《数据保护指令》第 14 条 "数据主体的拒绝权" 的规定：（a）数据主体若有特殊情况的有说服性的合法理由可拒绝数据处理；（b）在数据处理是免费的情况下，拒绝控制者出于营销目的的数据处理。这些规定由于具有较强的可操作性，因此可以直接作为我们的制度借鉴依据。其中特别要强调任何对个人信息的使用，都必须进行具有脱敏性质的匿名化处理。其原因在于，任何公民的个人信息都是 "隐私" 的一部分，因此在没有得到个人许可以及司法许可的前提下，从设备中毫无处理地以原始状态提取出来，就应该属于超越边界的范畴。对原始数据进行脱敏处理的方式，包括屏蔽完整的姓名、证件号码、联系方式、地址等关键信息。数据只有在脱敏后用于统计级别的分析和处理时，才能作为大数据分析的基础，否则就会构成对他人信息数据的侵权。② 同时还要确立禁止信息的溯源制度，禁止企业对脱敏的信息数据通过技术还原的方式对个人进行识别和锁定。对此日本新修订的《个人信息保护法》值得我们借鉴。在这一法律中，日本以匿名化为起点对个人信息进行了周密保护，强调所有的个人信息利用都必须建立在匿名加工的基础之上，这里的匿名加工信息是指对不能识别特定个人的信息进行加工而且该加工过的个人信息

---

① 李伦、孙保学、李波：《大数据信息价值开发的伦理约束：机制框架与中国聚焦》，《湖南师范大学社会科学学报》2018 年第 1 期。

② 刘雅辉、张铁嬴、靳小龙、程学旗：《大数据时代的个人隐私保护》，《计算机研究与发展》2015 年第 52 卷第 1 期。

也不能复原并追溯到个人的那些信息。① 我国个人信息保护应当以信息处理匿名化为基点进行建构，以数据的不可追溯为核心，充分保护个人的信息安全。

同时还应当对个人信息采用分类分级保护的制度。不同类型的信息由于对个人来说其影响程度和关切程度是不一样的，因此法律保护的程度和烈度也应有所不同。具体保护级别的划分应主要考虑以下四个要素：一是是否能依据该信息直接识别出特定的个人；二是信息与个人生活密切程度的高低；三是能否通过这些信息方便地获得其他关联信息；四是泄露了这些信息之后会对个人产生多大的风险。根据以上标准，个人信息按照保护级别分为个人身份信息、敏感信息、准标识符信息、日志信息等。其中个人身份信息是指那些直接与个人身份相关联的信息，如姓名、地址以及身份证号码等，其特点是这些信息可以直接指向特定的人，因此应属保护程度最高的信息；敏感信息指那些直接与个人的社会评价、社会关系相关联因此需要特别予以保护的信息，如工资薪金收入、健康状况、宗教信仰或种族类别、经济财产状况、社会交往、婚姻家庭状况、工作性质等；准标识符信息指通过几个信息的关联就可准确对个人予以定位和识别的信息，如性别、年龄、工作单位、邮政编码等；日志信息指用户使用互联网服务过程中产生的信息，如用户消费信息、访问信息、位置信息及网络行为信息（如网页购物记录、搜索内容）等。② 商业企业在个人信息的采集和流转的各个环节（如收集、存储、使用、发布或共享、删除）中，应根据不同的保护级别分别实施不同的技术保障。

（四）将被遗忘权作为个人隐私权中的一项特殊权利

所谓"被遗忘权"一般认为是指"如果个体不再希望其个人信息被控制者处理或存储，或者控制者已不具有合法理由持有该信息，该信息就应该被从系统中删除"③。即"被遗忘权"主要表现为数据主体对既有数据的修正权和删除权。

关于"被遗忘权"能否作为一项独立的权利，主要争议有二：第一，

---

① 张平：《大数据时代个人信息保护的立法选择》，《北京大学学报》（哲学社会科学版）2017 年第 54 卷第 3 期。

② 刘雅辉、张铁赢、靳小龙、程学旗：《大数据时代的个人隐私保护》，《计算机研究与发展》2015 年第 52 卷第 1 期。

③ See Viviane Reding, Making Europe the Standard Setter for Modern Data Protection Rules in the Digital Age, http：/ /europa. eu / rapid / press – release_ SPEECH – 12 –26_ en. htm.

与既有的个人信息自决权（a right to informational self-determination）、遗忘权（right to oblivion）、删除权（right to erasure）相比，"被遗忘权"是否有独立存在的价值？第二，"被遗忘权"的设定如何平衡个人信息权、隐私权所保护的个人利益与表达自由权、知情权所保护的公共利益之间的冲突？①

从其产生的历史轨迹来看，被遗忘权的直接权源基础乃在于个人信息自决权。早在 1972 年威斯丁（Alan F. Westin）和贝克（Michael A. Baker）就指出："许多人认为，在多元的宗教信仰、人文主义、精神价值指向外，存在鼓励个人去改变其人生的社会价值。当一个人知道或感觉到他过去的'错误'在一个将来的特定'关门'时刻，将自动地向社会和经济生活关上门时，这个价值才能被实现。由于计算机被假定为并不丢失数据，并具有高效、有组织的特性，可以创造一个有组织的完整的历史记录，因此计算机被视为谅解原则的威胁。"② 从社会发展的历史进程来看，"对于人类而言，遗忘一直是常态，记忆是例外。然而，由于数据技术与全球网络的发展，这种平衡已经被打破。如今，往事像刺青一样刺在我们的数字皮肤上，遗忘已经变成了例外，而记忆却成了常态"③。正是由于"没有忘却的全息记忆将给人类带来巨大的负担，人们必须小心谨慎从事，担心那些不妥当的行为被永久记录"，因此"遗忘并不是令人困扰的缺陷，而是一种足以救命的优势"，"生物性的遗忘正是这样一种极为简单又优雅的忘却方式"④。在实践层面，在 1989 年"美国司法部诉记者表达自由组织案"（DOJ v. Reporters for Freedom of the Press）中，CBS 记者曾要求 FBI 公布一些过往的犯罪记录。法院即根据《信息自由法案》拒绝了这一请求。法院指出，《信息自由法案》规定在公布涉及个人犯罪记录的信息时采取"有用地模糊"的方式是恰当的，"这些信息随着时间的流逝已经使得隐私利益增加，公布这些信息是恢复相关公众已经在记忆中遗忘的信息"，"所以即便这些信息曾几何时在公众领域，个人也有不公布这些信息的隐私利益"⑤。2012 年美国联邦贸易委员会（FTC）要求 Facebook 的个人信息保存不超过 30 天，并且在这段时间内使用者可以删除相关信息或

---

① 张里安、韩旭至：《"被遗忘权"：大数据时代下的新问题》，《河北法学》2017 年第 3 期。

② Meg Leta Ambrose, "Speaking of Forgetting: Analysis of Possible Non-EU Responses to the Right to be Forgotten and Speech Exception," *Telecommunications Policy* 2014 (38): 801, 802.

③ 维克多·迈尔 - 舍恩伯格：《删除：大数据取舍之道》，浙江人民出版社，2013，前言。

④ 维克多·迈尔 - 舍恩伯格：《删除：大数据取舍之道》，浙江人民出版社，2013，第 142 ~ 149 页。

⑤ DOJ v. Reporters for Freedom of the Press，489 U. S. 749，1989。

删除/终止其账户。①

在立法层面，欧盟在 1995 年颁布的《欧盟数据保护指令》（Directive 95/46/EC）中首次确立了"被遗忘权"，并将"被遗忘权"（right to be forgotten）定义为"有关公民可以在其个人数据不再需要时提出删除要求"②，2012 年，欧盟公布了《关于涉及个人数据处理的个人保护以及此类数据自由流动的第 2012/72、73 号草案》，将数据主体享有的"被遗忘权"进一步明确为"删除权"或"擦除权"，即相关个人有权要求数据控制者永久删除与其个人有关的信息数据，有权被互联网所遗忘，除非数据的保留有合法的理由。③ 2014 年，欧盟法院在"谷歌诉冈萨雷斯被遗忘权案"的判决书中判处谷歌公司败诉，其理由是谷歌作为数据控制者应按数据个体冈萨雷斯的要求，删除其"不好的、不相关的、过时的、无必要的"个人信息。④ 2016 年 4 月欧盟颁布了《通用数据保护条例》（General Data Protection Regulation），其第 17 条对被遗忘权进行了定义："数据主体有权要求数据控制者永久删除有关数据主体的个人数据，有权被互联网所遗忘，除非数据的保留有合法的理由。"⑤ 继欧盟之后，多个国家也相继出台了"被遗忘权"的规定。例如美国加州出台的橡皮擦法案，该法案要求 Facebook 和推特等网络巨头应允许美国的未成年人擦除个人的网络痕迹。⑥ 俄罗斯则在民法典、信息法和民事诉讼法三个层面上出台了"被遗忘权"法规。⑦

我国 2013 年实施的由工信部联合其他部门制定的《信息安全技术、公共及商用服务信息系统个人信息保护指南》（以下简称《指南》）第 5.5 条初步规定了个人信息的删除权的内容，其具体内容包括数据主体要求删除信息的权利、信息处理的目的性原则、数据主体的同意权、保留期

---

① See Julie Brill，Privacy in the Age of Omniscience：Approaches in the United States and Europe，WL 4542795（F. T. C.），2014.

② 2012 General Data Protection Regulation Article 17. 杨立新、韩煦：《被遗忘权的中国本土化及法律适用》，《法律适用》2015 年第 2 期。

③ 杨立新、韩煦：《被遗忘权的中国本土化及法律适用》，《法律适用》2015 年第 2 期。

④ 张志安、邹禹同：《大数据时代"被遗忘权"的中国引入：意义与限制》，《前言探索》2018 年第 2 期。

⑤ 吴飞：《名词定义试拟：被遗忘权（Right to Be Forgotten）》，《新闻与传播研究》2014 年第 7 期。

⑥ 裴洪辉：《美国推"橡皮擦"法案，抹掉未成年人的网络过失》，《法律与生活》2014 年第 1 期。

⑦ 张建文：《俄罗斯被遗忘权的意图、架构与特点》，《求是学刊》2016 年第 5 期。

限限制等。但该《指南》属具有技术标准指导性质的规范性文件，并不具有法律强制力，且存在删除权规定不全面、缺乏对同意的撤回、未成年人信息的特别保护、拒绝权、第三方数据处理、时间对信息的影响、公共利益的例外等问题，因此无法实现对个人信息进行有效保护的目的。因此无论是基于我国现实发展的要求还是根据世界发展的趋势，我国都有必要尽快制定《个人信息保护法》并明确将"被遗忘权"规定为个人的一项基本权利。

四 大数据时代个人隐私权保护的法律实现机制

（一）综合运用多种法律手段实现对个人隐私权的全面保护

当大数据产业发展到一定程度之后，世界各国就普遍意识到，不但大数据安全应成为国家法律关注的重点，个人隐私权的保护同样应放到重要位置。而考虑到大数据时代的复杂性，单靠某一法律无法达到预期调整目的，而只有综合利用各种法律手段，包括传统的"硬"法规则和新型"软"法规则、强制性法律规则与大数据道德规则、以赋权为主的民法规则和以禁止性为主的行政法规则等，才能真正实现对个人隐私权的有效保护目的。在这方面以美国的相关制度设计最为典型。对传统隐私权，美国主要通过第 4 条宪法修正案和第 14 条宪法修正案的相关判例加以保护，在单行法层面则主要借助于 1966 年的《信息自由法》、1970 年的《公平信用报告法》和 1974 年的《隐私法案》。为了应对因信息利用而引发的对个人隐私权的侵害，1986 年美国颁布了《联邦电子通讯隐私法案》，2012 年颁布了《网络化世界中的消费者数据隐私权——全球数字经济中兼顾保护隐私和促进创新的框架》，2016 年颁布了《宽带和其他电信服务中用户隐私保护规则》，特别是 2012 年颁布的《消费者隐私权利法案》，集中体现了美国政府应对大数据时代隐私保护问题所采取的一些具体应对措施。2016 年 8 月 1 日，美国和欧盟签署了"隐私盾"协议，并取代了此前双方签署的"安全港"协议，从而大大提高了对个人数据的保护水平。根据"隐私盾"协议，用于商业目的的个人数据从欧洲传输到美国后，将适用于在欧盟境内同样的数据保护标准。① 对大数据时代个人隐私

---

① 潘凡凡、许传淇、吴志鹏：《隐私岂可随意交易——谈网络个人信息保护》，《中国电信业》2018 年第 5 期。

权保护做得较为出色的另一有代表性的地区是欧盟。1995 年欧盟通过了《个人数据保护指令》（*EU Data Protection Directive*）。该项指令几乎包括了所有关于个人数据的处理内容。根据该指令，信息提供主体享有对其所提供资料的接触权利与反对权利，并有权更正、删除或封存其个人资料，并要求欧盟各国必须根据该指令调整或制定本国的个人数据保护法。随后欧盟理事会于 1996 年、1998 年、1999 年连续通过了《电子通讯数据保护指令》《私有数据保密法》《Internet 上个人隐私权保护的一般原则》《关于 Internet 上软件、硬件进行的不可见的和自动化的个人数据处理的建议》《信息公路上个人数据收集、处理过程中个人权利保护指南》等一系列规范性文件，2001 年又出台了以规范共同体职能机构处理和传播个人信息为目的的专门性规章，从而在其成员国间建立起了统一有效的网络隐私权保护法律法规体系。2012 年，欧盟再次颁布旨在进一步加强隐私权保护的《数据保护法》。2015 年达成多项个人数据保护条例，明确要求欧盟成员国可以根据各国情况，适当在 13 岁至 16 岁规定使用涉及个人信息的网络服务用户的年龄下限，2016 年 4 月，欧洲议会更通过了"历史上最严格的个人信息保护条例"——《通用数据保护条例》。通过以上一系列立法，欧盟建立了一套完整的以保护网络隐私权为核心的网络行为规范，并实现了对个人隐私权保护的全覆盖。

我国对个人数据隐私权的法律保护虽然起步较晚，但进展神速。2012 年 12 月 28 日全国人大通过了《关于加强网络信息保护的决定》，2013 年 2 月 1 日工业和信息化部发布了《信息安全技术公共及商用服务信息系统个人信息保护指南》，对大数据时代的个人数据信息管理进行了原则性的规定。2015 年全国人大通过的《中华人民共和国刑法修正案（九）》，在第 246 条中增加了第 3 款，规定："通过信息网络实施第一款规定的行为，被害人向人民法院告诉，但提供证据确有困难的，人民法院可以要求公安机关提供协助。"这是刑法首次明确介入对公民网络隐私权侵权的保护。此外该修正案第 286 条之一规定："网络服务提供者不履行法律、行政法规规定的信息网络安全管理义务，经监管部门责令采取改正措施而拒不改正，有下列情形之一的，处三年以下有期徒刑、拘役或者管制，并处或者单处罚金：（一）致使违法信息大量传播的；（二）致使用户信息泄露，造成严重后果的；（三）致使刑事案件证据灭失，情节严重的；（四）有其他严重情节的。单位犯前款罪的，对单位判处罚金，并对其直接负责的主管人员和其他直接责任人员，依照前款的规定处罚。有前两款行为，同时构成其他犯罪的，依照处罚较重的规定定罪处罚。"即明确规定了因信息隐私侵权可能罹致的刑事责任。此后最高人民法院和最高人民检察院颁布了相应的司法解释，对敏感个人信息作了列举性规定，认为个人的敏感信息主要包括：基因信息、健康检查资料、犯罪记录、家庭住址、私人活动、轨迹信息、通信内容、征信信息、财产信息、住宿信息、通信记录、交易信息等。[①] 2017 年 6 月 1 日，《中华人民共和国网络安全法》正式实施，作为我国第一部全面规范网络空间安全管理方面问题的基础性法律，对于保障网络安全，维护网络空间主权和国家安全、社会公共利益，保护公民、法人和其他组织的合法权益，促进经济社会信息化健康发展无疑具有重要作用。为了配合这一法律的实施，2017 年 7 月 26 日，中央网信办、工信部、公安部、国家标准委四部门联合宣布启动隐私条款专项工作，并于 8 月 24 日结束隐私条款评审，其中首批评审的 10 款网络产品和服务中就包括了京东、淘宝和支付宝平台。根据评估结果，在个人信息收集和使用上，无论是京东、淘宝或支付宝，其新版的隐私条款中均已明确指出了收集和使用个人信息的目的。2020 年颁布的《民法典》对个人信息保护作了原则性规定，其第 111 条明确宣布："自然人的个人信息受法律保护。任何组织和个人需要获取他人个人信息的，应当依法取得并确保信息安全，不得非法收集、使用、加工、传输他人个人信息，不得非法买卖、提供或者公开他人个人信息。"但稍嫌不足的是，虽然我国已初步建立起了个人数据信息隐私的保护制度，但由于缺乏精细化的规定和更具体的实施细则，其保护效果差强人意，迫切需要提供更具针对性和更具科学性的具体操作规则，并完善相应的配套性规则。

（二）完善科学的救济机制

在大数据环境下，很多情况对个人隐私侵权很难确定具体的信息泄露源及诉讼对象，从而导致许多诉讼无法正常进行。加之侵犯个人隐私的信息泄露案件往往存在取证难、举证难、责任认定难及确定赔偿标准难等诸多问题，从而会增加诉讼成本，导致个人隐私信息侵权的维权举步维艰。因此为全面保障公民个人信息权利，适应大数据时代的发展趋势，需要进一步修订完善被告确立原则及具体的责任分配规则，明确赔偿的标准，并

---

① 参见《最高人民法院关于审理利用信息网络侵害人身权益民事纠纷案件适用法律若干问题的规定》（法释〔2014〕11 号）第 12 条；《最高人民法院、最高人民检察院关于办理侵犯公民个人信息刑事案件适用法律若干问题的解释》第 5 条第 3、4 项。

引入集体诉讼等手段，最大限度地保护信息数据主体的隐私权。值得说明的是，《电信和互联网用户个人信息保护规定》（工信部部令第 24 号）第三章从防止用户个人信息泄露、毁损、篡改或者丢失，加强对从业者个人信息保护相关知识、技能和安全责任的培训，例行自查等方面进行了规范，从而初步搭建起了网络运营者安全保障措施的框架，但由于这一规定更多强调的是对电信和互联网合规行为的监督，而对个人数据隐私的保护则不够全面，并且没有强调安全保障措施应当根据个人信息处理的风险水平和业务类型作出区分，因此需要更加全面、更具权威性的法律法规予以替代。为此不但应对个人数据隐私的保护范围作出更加明确的规定，而且更应特别强调电信和互联网企业对个人数据信息的安全保障义务。在这方面，欧盟的《通用数据保护条例》非常值得借鉴。在其第 32 条中，不但明确要求电信和互联网企业负有明确的安全保障义务，而且明确规定网络运营者应执行恰当的技术和管理上的措施以确保与风险相匹配的安全保障水平。这些安全处理措施包括：个人信息的假名化和加密；确保持久的机密性、完整性、可用性和数据处理系统可恢复性的能力；当发生物理或者技术事故时及时修复数据可用性、可访问性的能力；定期测试、评定、评估技术和管理措施的有效性。对于如何判断网络运营者的安全保障措施是否到位，应当根据在当时条件下为保护个人信息广为接受的管理上的、技术上的或物理上的安保措施，对个人信息安全威胁的可预见性，网络运营者所采取的技术措施的有效性，执行及定期评估安全措施的成本，黑客使用的技术及防范的可能性等综合判定网络运营者的安全保障措施是否合理。[①]

（三）从技术上加强对个人隐私的保护

从技术上来说最为重要的是要将隐私权中具有绝对性的、不可压缩与克减的权利部分，放到整个技术设计的源头和基础上提出要求，将隐私权保护设定为全生命周期的整体性约束条件。实际上实务界对此已有很好的探索。2011 年，Ann Cavoukian 提出了从设计着手的七项隐私权保护策略和原则，具体包括：一是主动保护，即立足于预防而非补救；二是将隐私需求设置为默认值；三是把隐私嵌入设计中；四是全部功能正和而非零

---

① 孙清白、王建文：《大数据时代个人信息"公共性"的法律逻辑与法律规制》，《行政法学研究》2018 年第 3 期。

和；五是设立端对端的安全机制，即实现整个生命周期的保护；六是增加信息保护的可见性和透明性；七是充分尊重用户的隐私。① 2014 年 11 月，ISO/IEC/JTC1 在其第 29 次全会上成立了专注于大数据的第 9 工作组，即 ISO/IEC JTC1/WG9。JTC 1/WG9 成立后首先启动了 ISO/IEC 2054《信息技术大数据概述和词汇》和 ISO/IEC 20547《信息技术大数据参考架构》两项国际标准的编制工作，其中 ISO/IEC 20547 由多个部分组成，包括《第 1 部分：框架和应用过程》、《第 2 部分：用例和派生要求》、《第 3 部分：参考架构》、《第 4 部分：安全与隐私保护》和《第 5 部分：标准路线图》。ISO/IEC 20547 - 4 继承了 ISO/IEC 20547 - 3 给出的功能分层，将安全与隐私保护功能作为多层功能，并设计相应的功能模块/子模块。

我国在这方面的实践是，中国专家组基于国内大数据安全与隐私保护的最新研究和实践成果，为 ISO/IEC 20547 - 4 提交了三部分重要内容贡献，包括"大数据安全与隐私保护挑战"、"大数据安全与隐私保护专职角色/子角色及其活动"和"大数据安全与隐私保护功能视角"。其中，"大数据安全与隐私保护挑战"的内容主要来自全国信息安全标准化技术委员大数据安全标准特别工作组编写的《大数据安全标准化白皮书（2017）》，"大数据安全与隐私保护专职角色/子角色及其活动"的内容主要来自对国内知名企业的大数据安全管理实践的提炼，"大数据安全与隐私保护功能视角"的内容则主要来自已经报送国家标准化管理委员的《信息安全技术大数据服务安全能力要求》报批稿。② 今后应进一步加强对个人数据信息保护的技术规则制定，从源头上实现对个人数据信息的有效保护。

（四）强化企业自身的个人信息保护意识和信息利用合规意识

商业企业既是个人数据信息的主要收集主体，同时也是个人数据信息的主要利用主体，因此通过规范商业企业的个人数据采集和利用的行为就显得非常重要。

1. 完善商业企业内部个人数据信息保护的组织机构建设，加重商业企业的个人信息侵权责任。加强对个人数据信息的保护不是政府单方面的义务，更是商业企业的义务。大多数以信息服务为经营内容的商业企业本

---

① 刘雅辉、张铁赢、靳小龙等：《大数据时代的个人隐私保护》，《计算机研究与发展》，2015 年第 1 期。

② 闵京华：《大数据安全与隐私保护国际标准提案研究》，《信息技术与标准化》2017 年第 10 期。

身既具有收集个人数据信息的便利条件，同时也会拥有一定数量的个人数据信息，因此对这类企业法律应强制其设立专门的个人隐私审查官或首席隐私官，对公司经营中是否涉及个人隐私不当利用进行把关。当个人信息被用于统计分析、提升服务等"无辨识特定个人必要"的用途时，个人隐私审查官或首席隐私官应提醒经营负责人采取匿名化或假名化处理等合理方式，尽量降低对用户带来的隐私风险。①

2. 建立完备的个人信息处理风险评估制度。根据欧盟《通用数据保护条例》第35条的规定，在对个人信息进行处理时，考虑到处理方式的本质、范围、情境和目的，如果某种信息处理方式有可能给信息主体权利和自由带来很高风险的话，那么在处理之前，数据控制者应当进行风险评估。如果评估显示数据处理行为是高风险的，且数据控制者没有降低风险的措施，根据欧盟《通用数据保护条例》第36条的要求，数据控制者应当向监管机构进行事先协商，由监管机构提出书面处理意见或措施。我国也有必要引入个人信息处理风险评估制度，对于可能侵害个人隐私的信息处理行为，必须事先进行个人信息处理风险评估。区别隐私侵害的风险程度，根据评估结果，划分个人信息处理的风险等级，并根据具体场景中评估出的风险等级，设计信息主体控制机制及风险处置措施。例如，风险等级为低时，网络运营者无须向信息主体主动披露并提供控制机制；风险等级为中时，网络运营者可向信息主体披露风险因素，让信息主体选择哪些个人信息不纳入处理范畴；风险等级为高时，网络运营者应当向信息主体及时披露相关风险，主动采取措施降低风险，甚至必要时向监管机构汇报。②

3. 建立个人信息泄露报告制度。个人信息的泄露会给公民个人带来极其严重的后果，因此一旦发生个人信息泄露，商业企业应及时向监管机构和权利人报告，以便采取相应措施。对此可仿照日本和欧盟的做法，完善我国的个人信息泄露报告制度。日本《个人信息保护法》对泄露个人信息的企业采取的是强制报告制度，规定在发生信息泄露事件时，企业有义务向个人信息保护委员会和本人报告。欧盟《通用数据保护条例》第33条、第34条则规定，在有个人信息泄露情况发生，且该泄露可能给信息主体造成一定损害时，网络运营者有义务及时向监管机构履行报告义务。

---

① 孙清白、王建文：《大数据时代个人信息"公共性"的法律逻辑与法律规制》，《行政法学研究》2018年第3期。

② 范为：《大数据时代个人信息保护的路径重构》，《环球法律评论》2016年第5期。

由于网络传播信息十分迅速，网络运营者在发现信息泄露后应当毫不迟延（最多不超过 72 小时）地向监管机构报告。同时，如果个人信息泄露有可能对信息主体的权利造成极大风险，除非网络运营者已经采取诸如加密等技术保护措施，或采取后续措施确保消除可能对信息主体的权利和自由造成的风险以外，网络运营者还应当毫不迟延地将个人信息泄露的事实告知信息主体。网络运营者报告的内容应当包括泄露个人信息的种类和数量、有关个人信息泄露处理的联系方式、个人信息泄露的可能后果、为应对个人信息泄露所采取的措施等。[1]

---

[1] 孙清白、王建文：《大数据时代个人信息"公共性"的法律逻辑与法律规制》，《行政法学研究》2018 年第 3 期。

人工智能刑事责任能力及规制路径初探

孙静翊[*]

摘　要：人工智能发展突飞猛进，具备显著社会经济前景和战略地位，但其不规范应用也会给社会带来颠覆性危机。当下我国在人工智能市场、技术领域占据领先地位，法律及机制建设尚存明显短板。人工智能必将具备类人化自主意识，应当纳入刑法规制、赋予刑事责任能力并分类归责。为防控人工智能风险，应当制定相关法律、政策，健全监管机制，规范科技应用，建立伦理道德行动纲领。

关键词：人工智能　刑事责任　一般规制

近年来，由于大数据和深度学习算法技术条件趋于成熟，人工智能发展进入新纪元，逐渐突破技术桎梏进入市场应用领域。人工智能在金融、汽车、医疗、零售等行业发挥着重要作用，介入人类社会生产生活的同时，也不可避免地与人类现有法律、价值体系和伦理道德产生冲突。由此，人工智能学术研究也不应当只局限于科学技术层面，而亟须在人文社科领域有所突破，来回应势不可挡的人工智能时代的来临。相应地，刑事法学研究也应当积极探索对人工智能在自主意识支配下实施危害国家、公共利益和他人合法权益的犯罪行为的预防和规制，为未来刑事立法提供参考，引导人工智能产业健康发展，为增强国家竞争力、加快建设创新型国家和世界科技强国作出贡献。

一　双刃剑：人工智能发展态势及危机前瞻

（一）人工智能使用不当将给人类社会带来严重危害

十九大报告和政府工作报告均提出要发展人工智能，中国处于人工智能科技领先地位，拥有广阔的市场空间。我国目前的人工智能企业分布密

---

　　*　孙静翊，浙江大学光华法学院研究员，博士生导师。

度和专利申请数量均居世界第 2 位，仅次于美国，并连续多年成为全球最大的工业机器人消费市场。① 与核能、互联网等类似，人工智能也是一把双刃剑，一旦防控不当，将会给人类的生存和安全、法律与伦理等带来颠覆性危机和挑战。一是快速压缩人类的生存空间。人工智能"低消耗、高产出的优势，先天地克制了人类休息、睡眠、生命周期短、易生病等物种进化弊端"②，工作速度、工作精度、工作态度以及危险、复杂环境适应度均远高于人类，相关产业就业危机将进一步增大。如法律业，Black-Stone Discovery 公司发明了一款法律文书自然语言处理软件，使律师工作效率提高 500 倍，打官司成本将下降 99%。③ 而智能法律服务终端如果在诉讼活动中故意提供虚假材料或涉嫌虚假诉讼犯罪该如何处理？如医疗业，智能陪护机器人也逐渐承担了一些医护工作，人工智能医生造成重大医疗事故该追究谁的刑事责任？二是法律规范显得束手无策。当人工智能在高度自主意识控制下造成人身或者财产损害，现有法律将如何应对？如自动驾驶汽车致多人死伤、写作机器人大幅抄袭他人作品、人工智能窃取使用公民个人信息和商业机密、人工智能法官枉法裁判……这些脱离人类控制的自主行为具有严重社会危害性，但是刑法显然无法规制。三是挑战伦理道德框架。虽然现有观点一致认为人的生命价值、健康权高于人工智能的生命价值、健康权，但是具体到其他伦理细节，则依然存在大量空白。如西班牙发明家塞尔吉·桑托斯（Sergi Santos）最近发明了一款人工智能性爱娃娃，桑托斯计划同他的机器人伴侣"生个孩子"。④ 人工智能的"孩子"具备什么身份？桑托斯如果虐待、遗弃这个"孩子"，能否适用遗弃、故意伤害等刑法条款予以处罚？这些是现有伦理道德法无法回应的。

（二）国内法律研究及危机防控建设存在明显短板

霍金曾预言：人工智能的发明，可能是人类历史上最大的灾难，如果管理不善，会思考的机器人可能会为人类文明画上句号。当然，在人工智能 1.0 时代，诸如 Alpha Go 和自动驾驶汽车等弱人工智能（Weak IA）仅

---

① 朱体正：《人工智能时代的法律因应》，《大连理工大学学报》（社会科学版）2018 年第 39 期。

② 张玉洁：《论人工智能时代的机器人权利及其风险规制》，《东方法学》2017 年第 6 期。

③ 吴军：《智能时代：大数据与智能革命将重新定义未来》，中信出版社，2016，第 312 页。

④ 殷啸虎：《人工智能如果犯罪了怎么办?》，《社会科学报》2017 年 12 月 21 日第 8 版。

仅在某一方面表现优于人类，况且尚未摆脱工具属性，霍金的观点难免让许多人难以接受。但是用发展的眼光来审视，坐等人工智能负面危机完全显现则法律将严重滞后，所以立法并构建防控制度正当其时，毕竟我们不能让人类在互联网治理的被动局面再一次发生在人工智能领域。对此，美国华盛顿大学助理教授瑞恩·卡洛呼吁，新兴的人工智能法（机器人法）应当汲取互联网法律发展的经验教训，如此才能避免当今互联网治理中出现的种种纰漏。[1] 部分发达国家已经广泛开展法律教学和研究。美国斯坦福大学早在 1984 年就开设了人工智能与法律研讨课，美国东北大学法学院、乔治城法学院、密歇根州立大学等高校皆已设立相关专业。[2] 而国内仅西南政法大学等少数法学院校开设人工智能领域法学与其他交叉学科研究课程，"法律界对人工智能缺乏客观的认识"[3]。人工智能产、学、研良性循环发展体系尚未形成，各学科尤其是技术与伦理、法律之间尚未建立常态化互动机制，法学界尚没有从刑事法学角度对人工智能进行学术研究的著作。此外，我国在立法和制度建设方面也存有短板。韩国早在 2008 年就制定了《智能机器人开发和普及促进法》；欧洲议会在 2012 年启动了机器人法研究项目并于 2017 年 2 月 16 日提出了《机器人民法规范》；俄罗斯出台了"格里申法案"（Закон Дмитрия Гришина）[4]；美国于 2016 年 5 月成立了"人工智能与机器学习委员会"……我国则主要在远景规划等宏观政策方面下功夫：2016 年 3 月，人工智能被写入"十三五"规划纲要；2017 年 3 月，科技部"科技创新 2030——重大项目"新增"人工智能 2.0"，将人工智能上升为国家战略；2017 年 7 月，国务院印发《新一代人工智能发展规划》，提出人工智能发展"三步走"目标，成为人工智能领域纲领性文件，并首次提出"制定促进人工智能发展的法律法规和伦理规范"。相关刑事法律规范无疑是其中的重要内容，这一战略规划亟待我国的法学研究工作者积极回应。

---

① Calor, "Robortics and the lessons of cyber law," *California Review*, 103 (2014)：pp.513 - 563.

② 高奇琦、张鹏：《论人工智能对未来法律的多方位挑战》，《华中科技大学学报》（社会科学版）2018 年第 1 期。

③ 左卫民：《关于法律人工智能在中国运用前景的若干思考》，《清华法学》2018 年第 2 期。

④ 张建文：《格里申法案的贡献与局限——俄罗斯首部机器人法草案述评》，《华东政法大学学报》2018 年第 2 期。

二 刑事规制：赋予人工智能刑事责任能力

（一）赋予人工智能刑事责任能力的必要性

有些观点认为现有弱人工智能（Weak AI）本质上属于"工具"或"机器人奴隶"，出现足以触及《刑法》的严重危害社会的情形时应当适用《侵权责任法》或"技术中立原则"，追究人工智能生产者、销售者及使用者责任。但是当人工智能发展进入强人工智能（Strong AI）和超级人工智能（Super AI）阶段，其拥有善恶判断能力，通过自主意识进行犯罪活动，此时显然不能再适用《侵权责任法》，必须纳入刑法规制范畴。近年来人工智能诈骗、过失致人死亡、侵犯著作权、侵犯公民个人信息等已见诸报端，"人工智能是否会影响人类的结局尚不得而知，但其对现行刑事责任追究制度的挑战与冲击已然无疑"[①]。通过让人工智能承担刑事责任的方式，对严重危害社会的人工智能处以刑事处罚，则可有效惩治和预防人工智能犯罪。

此外，《新一代人工智能发展规划》也要求加强人工智能相关法律、伦理和社会问题研究，开展与人工智能应用相关的民事与刑事责任确认。相关学者呼吁应当为机器人创设独立法律人格以使其自负其责。[②] 而国际社会早已经进行赋予人工智能权利主体地位的立法尝试。欧盟议会法律事务委员会（JURI）出台草案拟采用"拟制电子人"的方式赋予人工智能法律主体地位。沙特则走得更远，2017 年 10 月 26 日在利雅得举行的"未来投资倡议"大会上，女性机器人"索菲娅"被授予沙特公民身份，成为全球首个具有刑事责任能力的人工智能。鉴于人工智能可能存在严重的社会危害性而非刑事法律又难以规制，加之国际社会已有相应探索，有必要赋予人工智能刑事主体资格以解决刑事领域相关棘手问题。

（二）人工智能具备刑事责任能力的可行性

现有刑法理论认为，只有自然人和单位才是刑事犯罪的适格主体，而刑事主体资格必须具备刑事责任能力，即对自己行为的辨认能力（认识）

---

① 刘宪权、胡荷佳：《论人工智能时代智能机器人的刑事责任能力》，《法学》2018 年第 1 期。

② Eaverje, *Robots Are People Too*（Santa Barbara：Praeger Pulishers, 2013）, pp. 17 – 18.

和控制能力（意识）。法医学认为，辨认能力是行为人准确依据事物间的逻辑关系对其行为在刑法学上的意义、性质、作用以及后果的分辨认识能力。[①] 某种程度而言，辨认能力是理性的。人工智能具备超强的数据采集和分析能力，能够后天习得人类社会法律规范和逻辑理论。例如谷歌DeepMind 团队研发的 AlphaZero 仅自主学习了 3 天就以 100∶0 的比分战胜了 AlphaGo Lee，表明人工智能已经能够凭借深度学习能力在极短时间内掌握人类世界的知识。而控制能力则是感性的，受刑事主体主观意识影响。现有人工智能与自然人最根本的区别在于是否有自主意识。自主意识是由大脑中数以亿计个神经元对人类触觉、视觉等获取的信息进行处理后产生的。随着跨媒体感知计算、模拟神经元和类脑芯片等核心技术的突破，人工智能就会产生自主意识和感性思维，可以在与人类的交往中捕捉、模仿人类的情感模式并升级自己的感性思维。由此，人工智能具备辨认能力和控制能力，也同样具备自然人的刑事责任能力，赋予其刑事主体资格是可行的。问题在于，就像单位犯罪一样，真正影响人工智能能否具有刑事主体资格的关键要素并非科技发展程度，而是我们人类的决断。正如雷·库兹韦尔（Ray Kurzweil）所言："当机器说出它们的感受和感知经验，而我们相信它们所说的是真的时，它们就真正成了有意识的人。"[②] 所以，当人工智能发展到类人化阶段时，人类就需要改变传统观念，将探索赋予人工智能刑事主体资格的工作提上日程。

（三）人工智能刑事主体资格辨析

如前所述，赋予人工智能刑事主体资格的主要原因在于其具备刑事责任能力，主要目的是通过刑事手段来规制和预防人工智能犯罪，以弥补其他法律手段的不足。但是人工智能与现行刑事主体如单位和自然人有着本质区别，有必要予以辨析，对人工智能犯罪进行有针对性的刑事归责。首先，人工智能具备刑事主体资格的条件不同于自然人和单位。自然人是否具备刑事主体资格的主要判定依据是年龄和精神状况，单位则主要考量其是否具备实质条件和形式条件；人工智能则应当根据其智能化发展水平予以认定，无智能化或者智能化水平较低则无刑事主体资格，无须承担刑事

---

① 高北陵、李学武、李毅、王轶、胡峰：《实质性辨认能力与刑法学中的辨认能力之差异探讨》，《中国法医学杂志》2012 年第 6 期。
② 雷·库兹韦尔：《人工智能的未来：揭示人类思维的奥妙》，盛杨燕译，浙江人民出版社，2016，第 203 页。

处罚。其次，人工智能刑事主体资格的变化不同于自然人和单位。受存续区间影响，自然人和公司的刑事主体资格具有期限性，自然人死亡、被宣告死亡或者成为无辨认能力和控制能力的精神病人，单位注销或变更，则刑事主体资格消失；而人工智能依靠能源供给则可以摆脱自然人的"生命死亡"，只有当人工智能的自主意识被擦除或全面删改，其生命才完结，同时刑事主体资格消失。就此而言，除非自人工智能"出生"之日起就预设其"强制死亡"日期，否则判处人工智能自由刑的实际意义不大。此外，单位犯罪通常以双罚制为主、单罚制为辅的方式予以处罚，人工智能则不适用双罚制。

三 人工智能刑事归责分类

根据年龄等生理状况和精神状况，自然人通常分为无刑事责任能力人、限制刑事责任能力人和完全刑事责任能力人，因而在刑事归责上也迥然不同。类似地，人工智能发展也存在初级、中级和高级阶段，同样可以参照自然人的归责路径，并结合人工智能自身特性制定特殊刑事处罚方式和原则。

（一）初级阶段，弱人工智能不受刑罚处罚

人工智能发展初级阶段，弱人工智能类人化程度较低，不具备或具备微弱的自主意识，辨认能力和控制能力较弱，只在某一方面拥有超越人类的能力，按照人类设定的编码、程序进行活动，在人类社会中发挥某些替代性作用，如无人驾驶汽车、司法导诉机器人等。此类人工智能尚未完全摆脱"工具属性"，自主意识主要受人类控制或者按照人类设定的程序进行活动，应当参照"无刑事责任能力人"予以归责，追究人工智能所有者、使用者等人的刑事责任。弱人工智能虽有微弱的自主意识，但是不足以反抗控制者的犯罪意识，因而无须承担刑事责任。从实然角度讲，弱人工智能自主学习、进化能力较差，无法从处罚中积累经验和吸取教训，对其施加刑罚也无实际意义。如在 2017 年公安部督办的"1·03"网络黑产系列专案中，涉案人员利用人工智能晒密撞库、聊天诈骗，此时仅需追究该人工智能使用者的刑事责任。当然，如果人工智能的所有者、使用者无刑事故意或过失仍造成损害结果，可以依据《侵权责任法》《产品质量法》《消费者权益保护法》等规定，按照产品责任给予赔偿。

（二）中级阶段，强人工智能参照"限制刑事责任能力人"处罚

人工智能发展中级阶段，强人工智能类人化程度较高，具备较强的自主意识，辨认能力和控制能力较好，在很多方面拥有超越人类的能力，除按照既定编码、程序之外主要依靠自主意识进行活动，属于半独立主体。此类人工智能应当参照"限制刑事责任能力人"予以归责，仅对自己辨认能力和控制能力范围内的犯罪行为承担刑事责任。在编程和控制人设定的范围内实施的严重危害社会的行为，依旧不受刑罚，直接追究控制人的刑事责任。依靠自主意识和决策实施的犯罪行为，应当由该人工智能承担相应的刑罚。通过处罚让人工智能自主判断"合法与非法""罪与罚"等价值观念，避免再犯，同时对其他人工智能起到警示作用。当然，受认识能力和控制能力的局限性影响，强人工智能自主学习、进化的能力仍然有限，不具备完全的类脑思考、判断能力，尚未获取熟练的法律思维能力，要求其负有与完全刑事责任能力人相同的责任并对所有触犯刑法的行为担责的条件并未成熟。此时可以参照刑法关于"限制刑事责任能力人"的规定，对强人工智能实施的故意杀人、故意伤害致人重伤或死亡、强奸、抢劫、贩卖毒品、放火、爆炸、投放危险物质的行为，应当给予刑事处罚；对于其实施的其他犯罪行为，不予刑事处罚。

（三）高级阶段，超级人工智能参照"完全刑事责任能力人"处罚

人工智能发展高级阶段，超级人工智能已经完全类人化，具备独立的自主意识及辨认能力、控制能力，在大部分领域拥有超越人类的能力，依靠自主意识而非编码程序进行活动，属于完全独立主体。此类人工智能应当参照"完全刑事责任能力人"予以归责，对自己的犯罪行为承担全部刑事责任。超级人工智能具备与人类相同甚至超越人类的思维，能够进行"合法与非法"等价值观判断和行为选择，精通法律思维逻辑，在实行某种犯罪行为前能够认识到该行为造成的危害结果。这种情况下，除只能由自然人和单位实施的犯罪外，人工智能应当承担相应的刑罚。当然，超级人工智能的核心芯片受病毒或其他因素干扰而不能完全依靠自主意识行事时，应当对该段时间内人工智能的犯罪行为予以区别对待：人工智能完全丧失自主意识造成危害结果的，不负刑事责任；人工智能尚未完全丧失自主意识实施犯罪的，应当负刑事责任，但是可以从轻或者减轻处罚；人工

智能受到间歇性干扰的，则其只对自己在无干扰期间的犯罪行为负刑事责任。

（四）人工智能承担刑罚的主要方式

人工智能既有类人化之处，也有与人不同的特性，所以人工智能的刑罚方式应当坚持以"既参照自然人，又区别于自然人"的原则予以设定。一方面，适用于自然人的犯罪预备、未遂和中止，以及自首和立功、缓刑、减刑和诉讼时效等相关规定应当无差异地适用于人工智能。另一方面，人工智能死亡的情形与自然人不同，无特殊情况人工智能可以长期存活，因此适用于自然人的部分自由刑，已不再适用于人工智能。人工智能的"生命"源自其独一无二的数据、芯片而非运载数据、芯片的机械载体。当该机械载体毁灭，但是数据重载或芯片重新植入另外一台载体，新人工智能便与原来无异，所以毁灭人工智能的机械载体并不代表从刑法意义上剥夺了其生命。由此，应当针对人工智能数据、芯片设置专门的刑罚：犯罪情节较轻、危害不大的，判处修改数据片段；情节恶劣、危害严重的，判处删除部分数据片段；情节特别恶劣、危害特别严重的，判处擦除全部数据、销毁芯片等，以代替部分自由刑和生命刑。至于未来如果人工智能拥有合法财产、享有政治权利，则其亦可被判处罚金、没收财产、剥夺政治权利的附加刑。

（五）人工智能刑事归责特殊情形

此外，对人工智能犯罪的一些特殊情形也应当特殊对待。一是共同犯罪问题。弱人工智能阶段，不存在此类犯罪形态，一律认定为该人工智能的控制者等人构成犯罪。强人工智能以及超级人工智能阶段，人工智能与自然人或人工智能共谋实施犯罪的行为应当按照共同犯罪处理，并根据各自发挥的作用承担刑事责任。二是意外事件和紧急避险、正当防卫问题。因不能预见或不能抗拒的意外事件所导致的危害结果，人工智能不承担刑事责任。在紧急避险情形下，由于自然人的生命和健康高于人工智能的生命、健康，所以人工智能在自己或其他人工智能的生命受到严重威胁的情况下，不能对自然人的生命、健康采取紧急避险行为。同种情形下，人工智能对自然人采取正当防卫时，也应当以不造成自然人死亡为必要限度，尽可能采取对自然人造成最小损害的措施来制止其不法侵害。三是特殊身份犯罪问题。人类发展人工智能最初的目的是期望其能替代人类从事一些复杂性、重复性和危险性的事务。因此，随着未来人工智能的普及和职业分工的精细化，部分人工智能的社会身份也将逐渐特定化，如人工智能职业化军人替换人类军人以减少伤亡，人工智能法官、公务员可以替代人类从事程序性、重复性司法、行政工作……在此情形下，从事特定工作或具备特定身份的人工智能实施相关犯罪行为的，也应当按照特定刑罚处罚。如军人违反职责罪、妨害司法罪、贪污罪、渎职罪等罪名及刑罚同样适用于人工智能。

四 配套措施：法律、科技与伦理道德

人工智能涉及和影响国家、社会和个人生活的方方面面，国家层面已经注意到规制的重要性，但是仅仅依靠刑事归责又是不够全面的。《新一代人工智能发展规划》提出要"建立人工智能法律法规、伦理规范和政策体系，形成人工智能安全评估和管控能力"。2016 年联合国发布《人工智能政策报告》，同样呼吁世界各国要加强智能机器人开发和利用的合作，共同解决其在就业、伦理以及法律方面带来的问题。刑法具有谦抑性和最后手段性，作为规范社会秩序的"最后一道防线"，亦不能充当防控人工智能犯罪的唯一方法。应当构建其他法律、科技和伦理道德等一般规制体系，作为人工智能刑事归责的配套措施，从而形成多层次、立体化、全方位的规制网络。

（一）加快制定《人工智能发展法》

人工智能快速发展得益于技术革新和广泛的市场前景，但是缺乏常规法律进行支持、引导，也极易造成人工智能野蛮发展、无序竞争的局面。"我们的法律体系必须积极主动地收集专业知识和必要的手段来预测我们的机器人未来，讨论安全、责任、公平和生活质量这些最关键的问题，并且为 21 世纪创造一个可行的法律框架，而不是对更加巧妙的机器所发现的新的法律漏洞一一作出反应。"[①] 因此，应当尽快着手制定《人工智能发展法》，将其作为人工智能的基本法，其主要内容至少应当包含以下五个方面。一是对人工智能的研究利用划出法律禁区。规定人工智能发展原

---

① I. R. 诺巴克什：《机器人与未来》，刘锦涛、李静译，西安交通大学出版社，2015，第126 页。

则，明确人工智能的发展方向。对有可能危及人类生存和长远发展的技术，以及严重挑战人类现有伦理道德规则和法律制度的研究和使用，应当予以禁止，确保人类可以科学、安全地使用人工智能。二是对人工智能的法律地位予以明确。对不同发展阶段和类型的人工智能分别赋予相应的法律主体资格，允许其从事民商事活动，并规定人工智能享有的能源供给、平等、自由等权利和参加社会劳动、遵守法律等义务。三是明确监管机构和责任，对人工智能生产、准入、销毁等予以全程管理，对人工智能的研发者、生产者、销售者、使用者等相关从业人员予以规制。四是建立人工智能信息公开和民事、行政、刑事等法律责任制度，对相关隐私和信息予以保护，规定人工智能民事侵权、行政违法和刑事犯罪的追责程序和责任承担方式。五是强化国际合作。加强人工智能技术开发与风险防控领域的国际交流和合作，建立国际统一安全标准体系，共同治理和解决人工智能可能或即将出现的风险。至于如何立法，可以参考欧盟、韩国、日本和俄罗斯等在人工智能立法探索上较为成熟的经验做法和立法体例；也可以委托国家部委、相关省份和科研院校等单位先行制定专家意见稿，待条件成熟以后再由全国人大制定规范性法律文件。目前，在国务院《新一代人工智能发展规划》的基础上，上海和福建已经陆续出台相关实施意见，虽然尚未形成规范性法律文件，但是也不失为卓有成效的地方探索。

（二）规范相关技术开发和利用

技术控制是风险治理机制的重要举措。[①] 人工智能为纯粹的技术产物，必须依靠技术监管手段规范其开发和运用。一是建立人工智能备案审查和风险评估机制。由国务院、科技部或工业和信息化部牵头成立监管机构，对人工智能芯片的研发者、生产者、销售者和使用者进行登记备案，审查合格后授权从事上述特定工作。每一项生产流程和生产技术必须经过备案，每一个人工智能必须经专业技术审查，确保无社会风险后授予专有编号作为身份证明。二是统一人工智能开发、生产技术标准。研究制定人工智能的基础标准、业务和应用标准、过程和方法标准、可信和互操作标准、信息安全标准等，并对外公布。建立公开的专利数据库，有限度地允许同类行业有偿使用相关专利技术，降低人工智能开发利用成本，提高我

---

① 吴汉东：《人工智能时代的制度安排与法律规制》，《法律科学（西北政法大学学报）》2017年第5期。

国人工智能的应用转化速度和核心竞争力。三是强制法律学习和记忆存储。强制要求每一个人工智能进入社会前系统学习我国法律、法规，严格遵守法律准则。在人工智能类脑芯片中预留版块用于存储其参与社会生产生活所进行的神经活动和肢体活动，以备研究和改进相关技术；该存储版块也可发挥类似于飞机"黑匣子"的作用，当人工智能发生重大事故后，可以通过该版块追溯事故发生经过并探明缘由。四是设置防篡改侵入关卡和强制摧毁芯片。为了防止不良用心之人或者人工智能本身对人工智能编码和程序进行恶意篡改，以及抵挡病毒入侵，应当在生产环节植入防篡改侵入关卡。配置强制摧毁芯片，当人工智能实施人类不可控制的危害行为时，人类可以通过该芯片摧毁人工智能本体和承载自主意识的类脑芯片，达到最后预防的目的。

（三）构建伦理道德约束框架

中、高级阶段的人工智能具备自主意识，能够进行人类社会的价值观学习并据此选择为或不为某种犯罪行为。为此，牛津大学教授尼克·波斯特洛姆曾指出，应当通过对人工智能进行能力控制和动机选择（价值观加载）避免厄运的出现。[1] 科幻作家阿西莫夫于 1940 年就提出的"机器人三原则"，成为最基础的人工智能伦理道德原则，即"机器人不得伤害人类，或看到人类受到伤害而袖手旁观；机器人必须服从人类的命令，除非这条命令与第一条相矛盾；机器人必须保护自己，除非这种保护与以上两条相矛盾"。近年来，国际社会非常重视对人工智能的伦理道德约束。欧洲机器人研究网络（EURON）和韩国分别发布了《机器人伦理学路线》和《机器人伦理学宪章》，美国和日本也先后成立了专门机构对此问题进行研究。由于种种因素限制，"机器人三原则"和现有的伦理道德约束方案均存在不同程度的瑕疵。我国有必要成立专门的"人工智能伦理道德审查委员会"，由政治、法学、科学、伦理学、心理学、社会学等领域专家充分总结、提炼我国传统伦理道德精髓，并结合人工智能自身特点，编撰《人工智能伦理道德宪章》，为人工智能设置伦理道德框架和价值选择标准，为人工智能相关领域从业人员提供行动指引，坚决避免人工智能挑战和违反人类伦理道德规则的事件发生。至于其内容，至少应当包含"人类

---

[1] 尼克·波斯特洛姆：《超级智能：路线图、危险性与应对策略》，张体伟、张玉青译，中信出版社，2015，第 143 页。

利益优先，兼顾人工智能发展，鼓励创新，控制风险"等方面的要素，既应当有公正、仁爱、谦逊等人类共同的美德，也应当有爱国、敬业、诚信、友善等社会主义核心价值观。

五 结语

人工智能发展顺应时代潮流，具有不可逆性。在人工智能高度自主化的将来，科技将与人类社会的法律、伦理和道德产生剧烈碰撞。正如海德格尔所言，人类若要走出技术理性挖掘的深渊，从而与技术世界保持一种自由的关系，就要踏上一条由事实本身出发而选择的"沉思的征程"。[①]《终结者》系列电影以及改编自阿西莫夫小说的影片《机械公敌》以完美特效为人们带来奇妙观影体验的同时，也让不少人为未来人工智能与人类社会的冲突感到忧心忡忡。而解决人工智能问题的关键在于人类自身，观念的更新和周全的举措确有必要。有备无患才能占领人工智能发展先机，建设创新型国家和世界科技强国。

---

① 海德格尔：《海德格尔选集》，孙周兴选编，三联书店，1996，第976页。

论政府开放数据流动的法律秩序[*]

李家杭　邵　滨[**]

摘　要： 政府数据作为数据生产理论下的"公共数据产品"，其开放是数字人权保障的题中之义，更是数据要素市场化的现实要求。明确政府开放数据的内涵、外延与归属，是构建其流动秩序的重要基础。政府开放数据是政府数据的子集，且只能是非个人数据，按照政府角色的不同，可将其进一步划分为行政公开数据和政府生产数据。相关归属争议的厘清和流动秩序的构建，核心就在于对政府角色的判断：对于前者，政府仅为数据披露者，其中的公共数据资产，任何人均可公开使用，而非公共数据资产也可以协定或法定的方式开放使用；对于后者，政府为受托代理人，宜采取知识许可协议的方式开放，让各界可以免于侵权风险、最大化地对数据进行多元应用。

关键词： 政府开放数据　数据归属　数据流动秩序　数据可及

引　言

2020 年，新冠肺炎疫情席卷全球。人工智能与大数据技术的应用，不仅为全球疫情防控和经济复苏提供源源不断的动力，也积累了丰富的数据资源。这些数据资源除部分由非政府主体保存外，绝大部分都掌握在政府手中。国务院总理李克强曾多次就政府数据开放问题作出精辟表态，他指出："目前我国信息数据资源 80% 以上掌握在各级政府部门手里，'深

---

[*] 本文受到国家社科基金重大项目"大数据时代生物样本库的哲学研究"（批准号：19ZD A039）子课题之五"生物样本库的伦理指南、政策框架和专门立法"的资助；焦洪涛教授对本文给予了重要指导，在此谨致谢忱。

[**] 李家杭，北京大成（武汉）律师事务所律师、知识产权专业委员会主任助理，研究方向为科技法与知识产权法；邵滨，华中科技大学法学院法学硕士研究生，研究方向为科技法与知识产权法。

藏闺中'是极大浪费"①,"要打破一个个互不相连的'信息孤岛'和'数据烟囱'"②。数据作为一种生产要素,只有在流动中才能充分实现其价值,而推进政府开放数据流动和共享,首先就需要正确理解政府开放数据的内涵和外延,澄清纷繁复杂的政府开放数据之归属争议,进而确立政府开放数据高效流动的法律秩序。

一 政府开放数据在数据体系中的定位

数据,是一个极其庞杂的世界,只要人类社会在延续,每分每秒都会有无穷无尽的数据涌现和湮灭。按照不同的标准和视角,对数据可以做出众多不同的分类——从数据的来源、内容、规模到控制主体、生产主体、开放程度,从数据科学的话语到公共治理的话语再到人权保障的话语,从一般意义上的数据到档案数据、药品试验数据、国防数据等特种领域的数据——数据呈现极为复杂且相互缠绕的分类体系。笔者无意也不可能在最广义的层面"一统"关于数据分类的认识,但求明确政府开放数据在数据体系中的定位。一般意义上的"政府开放数据",就是指政府依法已经公开/开放的和其他应予公开/开放③的各类数据。

欧盟关于数据治理的一系列法案,为确定政府开放数据的位置提供了一个思考的方向。2018 年 5 月正式生效的《一般数据保护条例》(*General Data Protection Regulation*,GDPR)在全球引发了数据合规的热潮,该条例就个人数据(personal data)的保护作出了十分细致的规定。而 2019 年 5 月正式生效的《非个人数据自由流动条例》(*Regulation on the Free Flow of Non-personal Data*,RFFND)又为欧盟全境的非个人数据(non-personal data)自由流动提供了基本准则。GDPR 和 RFFND 共同构成了全欧盟数据保护与流动的法律"拼图"。

---

① 《李克强:信息数据"深藏闺中"是极大浪费》,中央人民政府网,http://www.gov.cn/xinwen/2016 – 05/13/content_ 5073036. htm,最后访问日期:2020 年 8 月 22 日。

② 《李克强:推动政府信息共享、打破"信息孤岛"》,国际在线,http://news. cri. cn/20160526/85526ace – 86cc – 3d85 – 7d70 – 4407ffe73b86. html,最后访问日期:2020 年 8 月 22 日。

③ 政府数据分为应予开放、不予开放两类。按照我国《政府信息公开条例》,应予开放的数据(信息)既有政府主动公开的,也有政府依申请才公开的。依申请公开的个人数据(如个人社保数据),不属于本文所说的政府开放数据(大数据)。

从欧盟对"数据"体系的规划来看，数据似乎只有两类①——个人数据和非个人数据。那么，政府数据在欧盟构建的数据体系中，处于何种位置呢？关于这点，国内的部分解读出现了偏差，认为非个人数据仅指与商业有关的数据，不包括政府数据。对此，笔者结合 RFFND 原文作了考察，RFFND 第 3 条第 1 款指出"非个人数据"是指"除个人数据②以外的电子数据"，比如原本就与自然人无关的信息、匿名化的个人数据等；此外，RFFND 还在立法说明之（13）中明确指出："鉴于受公法管辖的公共机构和机关处理的大量数据，尤其重要的是他们以身作则……因此，本条例应涵盖受公法管辖的公共机构和机关。"

但是，我们并不能就此得出"政府数据属于非个人数据"之结论，个人数据也会"流入"政府数据体系，或者因行政行为使政府成为数据"处理者"③。因此，准确地说，政府数据既可能包括个人数据的部分，也可能包括非个人数据的部分，还可能包括两者混合的部分，应当按照 RFFND 第 2 条第 2 款④关于"混合数据集"的规定区分处理。

政府开放数据，作为政府依法已经公开/开放的和其他应予公开/开放的政府数据，在数据体系中的定位与政府数据的联系和区别在于：首先，政府开放数据显然应当是政府数据的子集，对政府数据适用的规则和理论，一般也适用于政府开放数据；其次，政府开放数据只能是非个人数据，这是因为开放给公众的数据原则上必须已经完成有关个人数据的清洗（如去标志化或匿名化处理），也即不包含任何"可以指向已识别或可识别的自然人的信息"，要特别说明的是，个人依申请公开的本人数据，不属于本文所说的作为一种大数据的政府开放数据；最后，政府开放数据不等同于政府数据中的全部非个人数据，也即政府数据中的非个人数据并不一定就要开放，如国防军备数据。图 1 展示了政府数据和政府开放数据在数据体系中的定位。

---

① 尽管有不应受 GDPR、RFFND 控制的个人数据和非个人数据，如自然人在纯粹的个人或家庭活动的过程中的数据（GDPR 第 2 条第 2 款）、根据比例原则以公共安全为正当事由禁止自由流动的数据（RFFND 第 4 条第 1 款），但其仍分别属于个人数据、非个人数据。

② 对"个人数据"采用 GDPR 之定义，即"任何指向一个已识别或可识别的自然人（数据主体）的信息"。

③ 根据 GDPR 第 4 条第 8 项，"处理者"是指代表控制者处理个人数据的自然人、法人、公共机构、行政机关或其他非法人组织。

④ RFFND 第 2 条第 2 款：对于个人数据和非个人数据兼备的数据集，本条例适用于该数据集的非个人数据部分。如果数据集中个人数据和非个人数据密不可分，本条例不应影响第（EU）2016/679 号条例的适用。

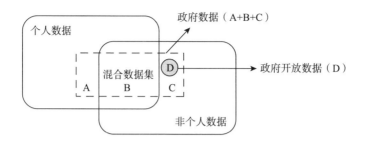

图1 政府数据和政府开放数据在数据体系中的定位

政府开放数据按照政府角色的不同，可以进一步划分为行政公开数据和政府生产数据。前者是指那些由行政相对人提供并由政府依法向公众披露的数据，也即国家（政府）不是数据生产者①，仅为数据（信息）披露者，如专利信息数据、药物审评审批数据，国家专利行政部门仅依法如实披露权利申请人提供的文件；后者是指那些由政府作为数据生产者收集、汇集的数据，如国家地理资源科学数据、国家人口普查数据、医保系统数据、国家基因组科学数据等。

二　人工智能时代政府数据开放的新理据

近年来，伴随着"算力"的爆炸式增长，人工智能技术再度复苏，裹挟着机器学习、神经网络的算法理念，在众多领域快速落地生根。物联网、大数据、云计算等信息技术的发展，尤其是以深度学习为代表的人工智能算法的飞速发展，进一步激发和释放了数据的价值。在过去，我们呼吁政府数据开放更多是基于权力监督考量的"行政信息公开"，而在"数据就是一切"的人工智能时代，政府数据开放有了更多的新理据。

（一）作为一种公共产品的政府开放数据

1. 人工智能技术对知识层次论的"超越"

信息管理学的经典理论"知识层次论"认为：人类智慧的形成，存在一个数据（Data）→ 信息（Information）→ 知识（Knowledge）→ 智慧（Wisdom）②的递进式结构（以下简称"DIKW结构"）——人类的智慧来

---

① 高富平：《数据生产理论——数据资源权利配置的基础理论》，《交大法学》2019年第4期。

② Rowley J.，"The Wisdom Hierarchy：Representations of the DIKW Hierarchy," *Journal of Information Science*，33（2007）：163–180.

源于对知识的学习，知识的形成来源于对信息的运用，而信息来源于对数据的理解和处理。然而，在以大数据为基础的人工智能时代，这种 DIKW 结构存在崩坏的可能①，原因有二。

一是"数据"已经不是简单地对客观世界进行人为记录和测量（可以被人类大脑所识读），而是变成了来源复杂、体量巨大、价值分散的"大数据"，被人类直接识读、处理、分析的可能性几近为零——"数据→信息"产生了严重障碍，势必需要借由人工智能等数据处理技术在"黑箱"（black box）中完成；二是在深度学习的技术背景下，人们通过算法直接处理海量数据，在数据挖掘（data mining）中直接获知事物的特性、规律和发展趋势，事实上已然跨越了信息提取这一中介过程。

某种意义上讲，数据直接驱动了知识的产生、规律的发现甚至智慧的形成。人工智能时代的技术冲击，令传统的 DIKW 结构转变为"数据→知识→智慧"甚至"数据→智慧"，数据成了知识（规律发现）、智慧（预测决策）的直接来源。基于传统 DIKW 结构的知识层次论在解释"数据价值实现"这一命题上已渐失灵，而数据生产理论②呼之欲出，提出了分析这一命题的新基点——将数据视为一种"产品"。

2. 数据生产理论下的"公共数据产品"

数据生产理论将数据这一"产品"的价值实现过程划分为三个阶段——采集（原始数据生产）、汇集性处理（数据集生产）和分析性处理（数据分析利用），并将前两者并称为"数据生产"（data production）③。数据生产是一种对数据原生价值（intrinsic value）进行遴选、确认、添附和挖掘等的"劳动"行为，这成为数据的"产品"价值被发掘和流通交易的基础。基于数据生产理论，从"数据产品"直接催生"知识产品"乃至"智慧产出"都有了恰适的逻辑。

政府作为政府开放数据采集（原始数据生产）、汇集（数据集生产）的重要主体，对数据生产作出了实质性贡献。政府数据经过脱敏、清洗、整理、汇交等"生产行为"后，作为一种政府管理的"公共数据

---

① Jifa G，Lingling Z.，"Big Data and Data Science，"*Procedia Computer Science*，31（2014）：814 – 821.

② 高富平：《数据生产理论——数据资源权利配置的基础理论》，《交大法学》2019 年第 4 期。

③ 换言之，数据生产者包括数据采集者和汇集性处理者。此外，数据生产应区别于数据来源——来源于个人的数据并不一定是个人生产的，个人只有在提供或创建了数据时才是数据的生产者；原始数据生产者（数据采集者）、数据集生产者（汇集性处理者）乃至数据分析者（分析性处理者）可能发生重合。

产品"，理应被开放和共享，进而给养更多或公或私的"知识产品"和"智慧产出"。

（二）政府数据开放是数字人权保障的题中之义

世界人权形态在数百年间经历了三次历史性转型，而张文显教授指出"全球正在迎来第四代人权，引领第四代人权的正是'数字人权'——无数字，不人权"①。人工智能时代的技术变革正在加速各行各业各界的数字转型，当今世界已经步入了真正的数字时代。"数字人权"既是数字社会发展的需要，也是人权体系发展的需要。无独有偶，我国数据法学的开创者之一齐爱民教授也旗帜鲜明地提出："数据自由流通是一项基本人权"，他解释说，"数据自由流通"就是数据在自然人之间、法人之间、自然人与法人之间乃至不同国家之间自由流动②。

"数字人权"的实现，首位要求便是"数据可及"（access to data）。从前信息时代到大数据时代的转变，有赖于多样化、海量、动态的数据汇交，我们甚至可以说数据正在改变所有那些组成文明的要素③。数据被形象地比作"新的石油"④，而与有限的石油相比，数据是取之不尽用之不竭的——只要人类社会在延续，必然有无穷无尽的数据产生。而在人工智能时代，人类社会的延续，也越来越离不开数据。"数据可及"的达至直接关乎作为"数据人"的自然人之权益保障。

作为"应有权利"的数字人权在向"法定权利"直至"实有权利"转化的过程中，需要数据技术、数据经济、数据法制协同迈向新的更高层次，而数据可及是贯穿这一过程的重要基础。就政府开放数据而言，当前，仍有大量关乎无数生民的政府开放数据处于被滥用、负利用乃至非法利用的状态，严重侵害和阻碍了数字人权的实现。确立政府开放数据的合法化流动秩序，促进政府开放数据的高效自由流通，是实现数据可及的重要手段，更是保障数字人权的重要基础。

---

① 张文显：《无数字 不人权》，《北京日报》2019 年 9 月 2 日。
② 齐爱民：《"大数据交易法律问题探析"学术报告》，第一届赣江数据法治论坛，南昌，2019 年 7 月 6 日。相关演示文档于 2019 年 7 月 6 日发布在"数据人"微信公众号，最后访问日期：2020 年 8 月 23 日。
③ 涂子沛：《数文明——大数据如何重塑人类文明、商业形态和个人世界》，中信出版社，2018，前言。
④ 张寒：《数据是新的石油》，《中国经营报》2012 年 12 月 24 日。

（三）政府数据开放是数据要素市场化的现实要求

数据是基础性资源更是战略性资源①，数据要素市场化对政府数据开放提出了现实要求。2020年全国"两会"指出了打造数字经济新优势的重要性，数据与跨产业融合发展正成为驱动经济增长和产业结构优化的"核心要素"。

欧盟委员会曾援引德勤（Deloitte）的研究报告，称"到2020年，消除数据流动障碍可能会为欧盟带来最高4%的GDP增长"②。随着欧盟确立继商品、服务、资本和人员③之后的欧盟"第五大自由"——数据流动自由（the free flow of data）④，可以说欧盟"拥抱数字革命"为全欧洲的人工智能、云计算和大数据分析铺平了道路。

数据赋能产业发展有无数实例可循，试举一例：在智能药物研发范式下，利用真实世界数据（Real World Data）进行药物研发已成为一个全球趋势，真实世界数据作为支持药物研发的数据富矿，罗氏（Roche）、赛诺菲（Sanofi）、百时美施贵宝（Bristol-Myers Squibb）等全球制药巨头纷纷布局，如百时美施贵宝宣布与 Concerto HealthAI 合作，在新药研发的临床试验设计中使用真实世界数据和人工智能技术，业已产生了瞩目成果⑤。绝大部分的真实世界数据是由政府所掌握的⑥，然而我国真实世界数据的开放尚无明确的路径指引，一定程度上阻碍了产业发展。

---

① 欧阳日辉：《大数据是重要生产力》，《中国教育报》2015年6月10日。

② European Commission, Measuring the Economic Impact of Cloud Computing in Europe. ［EB/OL］（2017 - 1）［2020 - 8 - 22］https://ec. europa. eu/digital - single - market/en/news/measuring - economic - impact - cloud - computing - europe.

③ König J. The EU Index of Integration Effort ［M］//Indicator - Based Monitoring of Regional Economic Integration. Springer, Cham, 2017：73 - 94.

④ Tim Wright. The Fifth EU Freedom - the Free Flow of Non - personal Data. ［EB/OL］（2019 - 2）［2020 - 8 - 22］https://www. fladgate. com/2019/02/the - fifth - eu - freedom - the - free - flow - of - non - personal - data/.

⑤ 《真实世界数据首次用于 FDA 用药批准，RWE 能否成为医药信息化的新浪潮?》，动脉网，https://vcbeat. top/Njc2NTA3NjE0YWYxM2Q4YmYyYmEzZjY2MTczNjY3ZTc = ，最后访问日期：2020年8月23日。

⑥ 根据2020年1月国家药品监督管理局正式印发的《真实世界证据支持药物研发与审评的指导原则（试行）》，真实世界数据集（库）包括：医保系统数据、死亡登记数据库、疾病登记系统数据库（如北京罕见病病例登记系统和病人数据库）、组学相关数据库（如国家基因组科学数据中心、国家基因库的部分组学相关数据）、国家药品不良反应监测哨点联盟的数据、其他特殊数据源（如国家免疫规划数据库）等，绝大部分都属于政府管理控制的数据。

数据开放是"数据社会化"①的前提，要实现数据开放、数据流通直至数据自由，让高质量数据在法定和协定的框架内有序流动、便利取得。构建政府开放数据的自由流动秩序，既是数据要素市场化的现实要求，也是数据赋能产业发展的重要诉求。

三 政府开放数据归属之争议澄清

归属界定是政府数据高效管理与有序开放的前提。"政府开放数据到底归属于何主体"是一个学界反复争论的问题②。可大致归结为四种观点：一是政府开放数据归属于国家，二是政府开放数据归属于公众，三是政府开放数据不完全归属于任何主体，四是政府开放数据不归属于任何主体。笔者认为，以上四种观点在各自的语境下，似乎都有一定道理和意义，但放到不同的数据场景中又有其"一叶障目"之处。前三种观点都支持政府开放数据存在归属，姑且称之为"归属论"，第四种观点独树一帜地认为"数据无归属"，姑且称之为"非归属论"，下面就这两种论调分别展开论述。

（一）对"非归属论"的质疑

有学者认为数据既不是民事权利的客体，也不宜被视为财产③，这也从根本上否认了政府开放数据的"归属"。其理由主要有两点：第一，因为"数据没有特定性、独立性，亦不属于无形物"，故"不能归入表彰民事权利的客体"；第二，因为"数据无独立经济价值，其交易性受制于信息的内容，且其价值实现依赖于数据安全和自我控制保护"，故"不宜将其独立视作财产"。

但笔者认为对政府开放数据归属的讨论有如下应予以注意。

首先，必须精准界定"数据"的概念并一以贯之。该学者认为其研究

---

① 陈栋栋、孙丕恕：《我国正处在"数据商品化"初级阶段》，《中国工业报》2017年3月7日。

② 当然，在讨论这个问题前，还有一个最基本的前提是承认数据的财产性（至少是准财产性）。尽管关于数据是否属于财产也有争论，但我国《民法典》第127条"法律对数据、网络虚拟财产的保护有规定的，依照其规定"至少承认了数据的准财产性和"可保护性"。因此，本文不再展开关于数据的财产属性之讨论。此外，前文之所以采用"可保护性"这一表述，是因为《民法典》第127条并不能表明要"对数据一律保护"，而是"有保护之规定时"才予以保护。

③ 梅夏英：《数据的法律属性及其民法定位》，《中国社会科学》2016年第9期。

的"数据"（electronic data），限于在计算机及网络上流通的在二进制的基础上以 0 和 1 的组合而表现出来的比特形式，而事实上，电子数据（electronic data）并不等同于数据（data），结合 ISO（国际标准化组织）、CCITT（国际电信联盟电报电话咨询委员会）以及联合国使用的电子数据交换（Electronic Data Interchange，EDI）之定义①，电子数据是指"用约定的标准编排有关的数据，以便计算机向计算机传送业务往来信息"，这显然不等同于我们拟讨论的可能作为财产的"数据"。

尽管其"误会"了数据的定义，并将数据限定在了一个极其狭窄（以致根本无须讨论）的范围，但是又在全文的论证对象上反复"漂移"：在特征归纳上，往往描述对象是最为狭义的数据——比特流，并常以此作为驳斥数据客体性、财产性的基础；在信息传播上，又将数据列为与纸张、音像相并列的一种"媒体"，时而认为信息的外延大于数据，时而又认为数据就是信息本体；在讨论场景上，又突然切换到网络环境，进而将本与联网与否无涉的"数据"与网络游戏虚拟设备、电子邮箱、网店等"虚拟财产"相等同；在问题解决上，又"畅谈"与"数据"（尤其是作为比特流的电子数据）结构、价值、性质迥异的"大数据"，认为大数据也不是财产。综上，全文的讨论语境已经远远超出其所限定的"数据"定义，但是其对数据的特征之归纳，又都局限于以计算机之间数据交换为目的的"电子数据"，试问：用这样"狭义的特征"去展开论证"广义的数据"的客体性和财产性，其结论难道不存在根本性的漏洞吗？

再次，文章实体上也有诸多观念漏洞或误解。如从德国传统物权法理论出发，认为数据"无法为民事主体所独占和控制"，因而否定其民事客体性。诚然，数据的复制确实更为便利，彻底删除也更为困难，因而对其独占和控制更艰难，但是在数字化环境（非指网络）下，任何可数字化的财产（如照片、电影）都存在复制便利、删除困难的情况，技术的进步可以改善独占和控制的权能。退一步讲，即使权能不完整，也只能否认其物权属性，但不能否认其作为其他民事权利客体的可能。再如，该学者还因"数据缺乏独立性"而否定其民事客体性，这也站不住脚，照此推论：没

---

① ISO 将 EDI 描述为"将商业或行政事务处理（Transaction），按照公认的标准，形成结构化的事务处理或信息数据（Message）格式，从计算机到计算机的数据传输方法"；CCITT 将 EDI 描述为"计算机到计算机之间的结构化的事务数据互换"；联合国曾定义 EDI 为"用约定的标准编排有关的数据，通过计算机向计算机传送业务往来信息"。参见朱稼兴《电子数据交换》，人民邮电出版社，1995，第 1 页。

有权利凭证的有价证券（如记账式国库券和证交所上市交易的公司债券等）有赖于网络电子数据查询，因此不是财产，无民事客体性；以电子文档存储的小说在打印/印刷前（不能脱离电子设备存在）也不是财产，无民事客体性。

最后，从实体标准来看，有悖于"法律适应发展"的逻辑。财产权实际上赋予了个人对抗"一个很大范围并且不确定的人"[1] 的权利，而这正是数据应当成为财产甚至被证成为"数据权"的最根本的价值需要。用着眼于有体物（有形财产）的物权理论去嵌套数据、大数据、虚拟财产等新兴事物，必然会产生很多的不协调，但我们不能因为知识财产有别于传统财产，就否定知识产权；不能因数据的性质不符合传统民法关于客体性的理论，就罔顾数据本身的价值保护需要，认为数据不存在归属问题。所谓"客体"，其实就是财产权建构的标准化对象，是否有形并不会影响客体（或称"物"）的概念构建，它可以是一栋实体的房屋，还可以是有价证券，当然也可以包括数据。只要特定客体"具有显著的权利外观、易于被识别、具备社会各界公认的价值"[2]，从法律层面上来讲，便不应当排除其成为财产权对象的资格和可能。当然，本文并不是就此认为，任何意义层面上的任何类型的"数据"都具有民事客体性和财产性，依然要结合具体的情况来判断其是否符合作为财产（权）的逻辑构造起点。

（二）对"归属论"的辨析——政府角色的分类考察

"归属论"的三种观点，实际上都存在一个对政府角色的判断。笔者认为，要厘清政府开放数据的归属，应当从政府在政府开放数据中的角色出发进行考察。

如果从形式判断的角度来说，应当承认，国家（政府）确实直接控制着政府数据的开放、共享、流动，可以认为政府是政府开放数据的"直接控制者"，这也是政府数据归属"国家说"的重要论据之一。这种论证是基于对政府数据产生和存在的外观形式判断，政府或其授权机构在履行各类行政职责时必然产生或保有了大量的数据，数据看起来确实是政府"产生"的，直接层面上应归属于"产生"数据的政府或其授权机构，而在整体上又归属于国家。因此，政府数据作为"社会主义公有财产"，由国家

---

① Hohfeld W. N. ，"Fundamental Legal Conceptions as Applied in Judicial Reasoning," *The Yale Law Journal* 26 （1917）：710 – 770.

② 李晓阳：《大数据背景下商业数据的财产性》，《江苏社会科学》2019 年第 5 期。

占有并控制。国家享有最高排他权利——数据主权，确实有一定合理性。

但是，如果从实质判断的角度来说，要厘清政府数据的归属，必须做"形式占有"和"实质所有"的区分。代议制民主体制下的政府，仅仅只是公众（泛指人民、国民、公民①）通过选举等方式"委托"的国家治理之"代理人"。援用委托代理的理论，公众可以被称为政府进行数据管理的委托方（被代理人），而政府则是受托方（代理人）。因此，国家机器在其运转过程中"产生""生产"的一切数据及其衍生数据（利益），本质上都应当属于"被代理人"——公众。国家富集了众多重要的数据（集、库），其中会有大量的涉及隐私、保密、监管、安全的数据不能公开或只能向有限的"被代理人"公开，政府事实上形成了对这类数据的控制优势。但是，不能因此认为政府数据的归属者就是国家，因为这种控制是"公益性控制"，目的仍然是更好地服务于公众。

当然，如果泛泛而论地将政府掌握的所有数据都归属于公众，亦有不妥。政府将行政相对人因行政审批之需要提供的数据，依据《专利法》《药品管理法》等法律法规的要求向公众披露，如专利信息数据，国家专利行政部门仅依法如实披露权利申请人提供的文件。此种情形下，专利行政部门显然不能控制这些文件，政府仅为数据（信息）披露者，而非数据的归属者。这些数据在因公众监督和知情之需要，由政府依法向公众披露的同时，便进入了公有领域。

前文已述，政府开放数据分为行政公开数据和政府生产数据两类，但政府在其中的地位并不相同，具体而言：在行政公开数据这一场景中，政府仅为数据披露者；在政府生产数据这一场景中，政府为受托代理人——接受公众的委托管理、控制政府生产数据及其衍生利益。因此，从实质判断的角度和委托代理理论出发，政府开放数据不归属于政府，其中行政公开数据自公开之时起便进入了公有领域，政府生产数据由政府管理、控制，但实质上仍属于全体公众。

四　政府开放数据流动的法律秩序构建

（一）美国《开放政府数据法案》的启示

美国是最早主动开放政府数据的国家之一，这种开放是从联邦层面到

---

① 本文用"公众"一词泛指人民、国民、公民，对其政治和法律含义不再做细致区分。

各州层面系统性的操作。迄今为止，美国政府已发布《政府数据开放倡议》（*Open Government Initiative*，2009）、《开放政府指令》（*Open Government Directive*，2009）、《开放数据政策》（*Open Data Policy*，2013）、《开放政府数据法案》（*Open Government Data Act*，2018）等众多政策或法案，并建成了全球第一个统一的政府数据开放平台——Data.gov。截至 2019 年 12 月，该网站上已报告了 25.2 万个数据集（超过 1000 万个数据资源）。美国的政府开放数据制度体系，为全球提供了有益参考。

根据美国《开放政府数据法案》第 3561、3562 条的规定，联邦政府的数据只有两类：公共数据资产（public data assets）和非公共数据资产（nonpublic data assets），这两类数据要么"以开放格式提供"（be available in an open format），要么"在开放许可下可用"（be available under open licenses），除非"非公共数据资产"是"（a）因隐私、保密、监管或法律规定的其他原因而不得向公众提供的数据资产；（b）承包商提供的受合同、许可协议、专利权、商标权、版权、商业秘密、规章或其他限制保护的数据"。第 3562 条（c）款再次强调："在法律没有另外禁止的情况下，并且在切实可行的范围内，应根据开放许可提供由机构发布或为代理机构公开的政府数据资产；如果未根据开放许可提供并发布，则应作为全球公有领域（public domain）的一部分，视为已公开。"这意味着，除作为例外的特殊情况外，政府数据应全部公开（开放）——处于全球公有领域内的数据，任何人都可以公开使用；非处于全球公有领域内的数据，也可通过许可协议开放使用。

（二）政府开放数据流动秩序的分类构建

美国国会在《开放政府数据法案》SEC. 2. FINDINGS 中指出："要使联邦政府数据的可用性最大化，并使其适宜发布，就必须使这些数据易于获得（readily available）、可获取（discoverable）、可使用（usable）……除非联邦政府合理地预见到披露可能会损害法律所保护的特定的、可阐明的利益，或者联邦政府出于法律的要求明令禁止披露此类数据，否则信息应该可以被公众预先获得。"这彰显了美国在处理政府数据开放问题上的态度：一切为了开放。

我国政府有着开放各类政府数据的坚定决心和勇气，但是在具体操作路径上，往往过于谨小慎微、瞻前顾后。事实上，在以法律明确标准划定"应予开放、不能开放、暂不宜开放"三类后，就可以迈出开放的最基础的一步。接下来，对"应予开放"的政府数据进一步明确其流动秩序，建立统一开放平台。

对于行政公开数据：其中的公共数据资产（public data assets）因其已处于全球公有领域，任何人都可以公开使用；而非公共数据资产（non-public data assets）尽管未处于全球公有领域，也可以通过订立许可协议或附条件法定许可的方式开放使用。当前由于机构调整频繁，大量此前的行政公开数据实际上已处于不可获取的状态，因此保障行政公开数据易于获得、可获取、可使用是制度建构要重点思考的。

对于政府生产数据：政府在这类数据的收集、汇集、加工上往往投入了巨额公共资金和人力资源，甚至很多时候数据库本身就已经构成了一种"智慧财产"，但确实不宜给予一种高度垄断的知识产权保护。知识共享理念和许可的产生为人工智能时代的知识传播和保护提供了新的思路。[①] 知识共享协议往往只保留部分权利，这不仅有利于数据的传播和利用，而且也为数据读写、重复利用、创新性利用创造了有利条件。因此，对于政府生产数据的流动，更宜采取知识许可协议的方式开放给各界使用，让现代科技产业链条上的各环可以免于侵权风险、最大化地对数据进行多元应用。

五　结语

构建合乎法律规则和经济规律的政府开放数据流动秩序，是数据治理体系和治理能力现代化的必然要求。数据的自由流动是数据资源价值实现的前提，政府开放数据的自由流动是数据要素市场化的重要内容。在人工智能时代，政府开放数据已俨然成为一种公共产品，保障对高质量、足量且多样的数据的自由而高效的获取，将有力促进以数据为基础的知识生成和智慧创造，对于高度依赖数据的现代科技产业发展更是具有重要意义。在当前以国内大循环为主体、国内国际双循环相互促进的新发展格局背景下，突出数据要素市场化发展显得尤为必要。进一步提升政府开放数据的开放质量和开放效率，让政府开放数据在法治轨道下有序流动，将为我国打造未来数字经济发展新优势提供不竭动力。

---

① 卢静：《网络时代知识共享许可协议研究》，硕士学位论文，华中科技大学，2010。

利益平衡视角下的法定数字货币个人信息保护*

常　烨**

摘　要：个人信息因其法律地位、权利属性等争议在立法保护方面相对滞后，大数据时代个人信息安全、确权等问题亟待法律解决，我国数字人民币的测试也引发了公众对个人信息搜集的担忧。个人信息既有人格属性又有财产属性，而国家机关对个人信息的处理又服务于公共利益，同时，法定数字货币的个人信息保护又具有很强的技术迭代属性，立法上难以动态转译。因此，为确保法定数字货币为大众所接受，有必要建立位阶更高的统一立法，将静态的"可识别性"的个人信息法律界定标准更新为动态的"个人隐私风险"标准，摒弃"知情同意"原则以消除个人信息处理合法性的不确定性，将单一的立法结构更新为"立法规范＋技术国标"的双层结构，同时严格设定个人信息安全责任主体的法律义务和侵权后果，并考虑设定个人信息存储的法定时限。

关键词：法定数字货币　个人信息保护　利益平衡

引　言

技术的发展，不仅带来了生产力的巨大提升，也造成了人类生活方式的显著变化。信息技术的发展使支付手段越来越多样化、便利化。新冠疫情在全球肆虐，非接触式的无现金支付受到许多国家和地区的青睐而加速发展。我国率先在全球测试央行数字货币，即定位于替代流通中现金的数字人民币。至此，法定货币的形态从纸币、硬币等实物形态向实物与虚拟形态共存演化。然而，我国正在进行的数字人民币的测试，再次令部分用

＊　本文系教育部哲学社会科学重大攻关项目"人工智能发展中的重大风险防范体系研究"（编号：20JZD026）的阶段性成果。
＊＊　常烨，西南政法大学民商法学院博士研究生。

户对个人信息搜集、用户隐私感到担忧，而目前我国法律对央行数字货币的个人信息搜集并无明确规则指引。此前互联网商业机构对个人信息的滥用，大数据和算法对个人隐私的窥探，暴露了立法的相对滞后与法律保护的相对不足。由于测试阶段的信息公开有限，用户难以确认自己使用数字人民币的支付行为将导致哪些个人信息被搜集，用户的知情权未得到充分保障，用户也难以确认自己使用数字人民币的行为是否将导致自己的个人隐私被公权力所俘获。但如若不对数字人民币的支付行为进行实名化和个人信息的必要搜集，那么完全匿名化的数字人民币，将如比特币等非法定数字货币一样，沦为洗钱、恐怖主义融资等违法犯罪活动青睐有加的渠道。因此，数字人民币将法定数字货币的个人信息保护问题推至前台。

一　个人信息保护的立法困境

（一）个人信息权利属性的分歧

法律对隐私权的保护是现代法治社会的重要标志。隐私权被当作权利体系中的一部分，可以追溯至 1890 年 Samuel D. Warren 与 Louis D. Brandeis 的《论隐私权》。《论隐私权》首次明确提出了隐私权的概念，并提出了"除非存在明确的社会需要和合法依据，不应干涉或侵害个人隐私"[1] 的观点。此后的一百多年，大众传媒的发展多次挑起了公众知情权与个体隐私权的激烈冲突，也使隐私权的权利内涵在争议中日渐清晰，同时也日渐膨胀。王利明教授认为，隐私权在我国是一项具有《宪法》基础的民事权利，应以生活安宁和私人秘密作为其基本内容。[2] 在个人信息权利的概念明晰之前，保护个人信息不受侵犯的功能主要依赖于隐私权相关法律制度。随着信息技术的发展，人类的日常生活变得日益数字化，信息成为一种社会资源乃至生产资料，隐私的概念内涵也在发生变化。随着人类在互联网上留下的个人信息日渐增多，个人隐私泄露、个人信息盗用等问题，使个人信息的合法利用成为颇具争议的问题，同时也暴露了将个人信息等同于隐私进行保护的传统路径的短板。立法上对个人信息权利保护的滞后，一方面源于法律固有的滞后性，另一方面则源于个人信息权利属

---

① Samuel D. Warren, Louis D. Brandeis, "The Right to Privacy," *Harv. L. Rev.* 4 （1890）: 193.

② 王利明：《隐私权概念的再界定》，《法学家》2012 年第 1 期，第 108～120、178 页。

性的分歧，为立法保护带来了障碍。

关于个人信息的法律属性，存在所有权客体说、隐私权客体说、人格权客体说与基本人权客体说等不同观点。齐为民教授建议，所有权客体说混淆了人格利益和财产利益、信息主体的权利和信息处理者的权利，而大陆法系中隐私权的有限保护使依从隐私权客体说难以有效保护个人信息权利，因此个人信息立法应采取一般人格利益的保护方式。① 而刘德良教授认为，消极、单纯的人格权保护模式无法适应信息时代个人信息权利保护的需要，在商业性使用的情况下，应将个人信息财产权作为一种新型财产权予以保护。② 王成教授认为，民法对个人信息权利的设权性界定，是刑法、行政法中相关规则的合法性基础，在立法上应区分"个人信息"与"数据"，对两者分别以人格权和财产权为重点进行保护，在权利保护方面个人信息权纳入人格权更为和谐。③

（二）个人信息权利的赋权困境

除了前述的个人信息权利属性的争议，使个人信息权利的请求权基础难以明确之外，个人信息权利的赋权还存在多元利益冲突、价值冲突等困境。个人信息具有多元利益属性，同时兼具人格利益与财产利益属性。个人信息，尤其是国家机关搜集、存储的个人信息，具有公共利益属性。个人信息，虽具有财产利益与私人利益属性，但其并不为个人所有，也往往不受个人控制。同时，信息时代的个人信息往往表现为数据，而作为数据，其法律地位与传统财产客体的有体物属性相矛盾，将其归入无体物也无助于法律赋权问题的解决，将其视为财产亦不妥当。数据还具有非客体性与非财产性。④ 因此个人信息权利的保护嵌入现有的财产权保护制度之中也存在一定的兼容性问题，同时个人信息在信息时代正在产生难以估量的经济价值，如若采取人格权的赋权模式，也难以满足个人信息保护的实际需求。因此，王利明教授提出将个人信息资料权作为一项独立的权利，其权利内涵、权利内容、保护方式等均与隐私权存在差异。⑤

---

① 齐爱民：《个人信息保护法研究》，《河北法学》2008 年第 4 期，第 15～33 页。
② 刘德良：《个人信息的财产权保护》，《法学研究》2007 年第 3 期，第 80～91 页。
③ 王成：《个人信息民法保护的模式选择》，《中国社会科学》2019 年第 6 期，第 124～146、207 页。
④ 梅夏英：《数据的法律属性及其民法定位》，《中国社会科学》2016 年第 9 期，第 164～183、209 页。
⑤ 王利明：《隐私权概念的再界定》，《法学家》2012 年第 1 期，第 108～120、178 页。

同时，信息自由与个人信息保护之间存在价值冲突。为保护人格利益，则必然需要对个人信息的搜集、存储和利用加以限制，为保护信息自由，则必然不应限制对个人信息的搜集、存储与利用，而北美的个案平衡与欧盟的比例原则在我国都存在适用障碍。[①] 个人信息的私法保护被认为不利于信息的自由流通，不必要地增加了个人信息利用的合规成本，而公法保护又被认为无助于改善个人信息主体的弱势地位。[②] 因此，如何在保障个人信息权利的同时，发挥个人信息作为数据的价值，是法律赋权难以平衡的问题。

此外，随着技术的进步，个人信息概念的内涵与外延也在发生变化。许多国家的立法都采用了个人信息的"可识别性"标准。去标识化后的个人信息，虽然已经失去个人特征，但大多在技术上具有一定的可还原性，而匿名化后的个人信息，则成为无关民事主体人格权的信息数据。然而，无论是去标识化，还是匿名化，都存在在其他公开数据辅助下重新标识化和显名化的可能，在其他公开数据足够充分的前提下，往往只是计算难度的差别。华盛顿 HIPAA 法案保护下的匿名化医疗记录数据和美国 Netflix 的匿名化用户数据，都被算法通过大数据准确定位到了这些数据所指向的个人。这使个人信息的法律识别标准的确定存在困难，也使个人信息权利的边界难以准确界定。

（三）我国个人信息权利保护现状

目前，我国对个人信息权利的保护散见于不同的法律和规范性文件，缺乏统一的高位阶的法律规范，同时对个人信息的定义亦有各自的表述。我国《网络安全法》将"个人信息"明确定义为"以电子或者其他方式记录的能够单独或者与其他信息结合识别自然人个人身份的各种信息，包括但不限于自然人的姓名、出生日期、身份证件号码、个人生物识别信息、住址、电话号码等"，明确了个人信息的内涵是"识别个人身份"的信息，同时以"告知同意"原则作为个人信息搜集、存储、利用的正当性来源。《民法典》第 1034 条规定，自然人的个人信息受法律保护，并采取了与《网络安全法》一致的个人信息内涵界定。

[①] 齐爱民、李仪：《论利益平衡视野下的个人信息权制度——在人格利益与信息自由之间》，《法学评论》2011 年第 3 期，第 37～44 页。

[②] 时明涛：《大数据时代个人信息保护的困境与出路——基于当前研究现状的评论与反思》，《科技与法律》2020 年第 5 期，第 66～74 页。

《网络安全法》实施后，国家发布了《个人信息去标识化指南》，为数据的匿名化使用提供了更为明确的技术标准，划分了识别个人信息主体的标识符层级，以实现在保护个人信息安全的基础上，促进数据的共享使用。目前正在征求意见的《个人信息告知同意指南》，同样以"告知同意"为原则，构建个人信息使用者与个人信息主体之间的权利义务关系。但这种模式被认为增加了商家和消费者的成本，也难以实现个人利益与商业利益、社会公共利益之间的平衡。范为教授认为，以"知情同意"为核心的传统个人信息保护，不仅无法为公民隐私提供实质性保障，而且限制了个人信息的利用，因此应建立以"隐私风险"为衡量个人信息"合理使用"的指标的动态风险评估机制。[1]

目前正在公开征求意见的《个人信息保护法（草案）》同样以"可识别性"为个人信息的识别标准，但明确排除了匿名化处理后的信息，同时对个人信息处理的合法性进行了明确，在"告知同意"的基础之上增加了行政职责所需、公共利益等情形，同时考虑了在网络互联、信息共享的数字化时代，个人信息的搜集、存储与利用已经日益成为一种社会性、公共性的活动这一特征，同时考虑了企业法人和公权力机构等非企业法人、自然人等不同主体合规处理个人信息的情形，相较之前的立法更为完善，但并未针对央行数字货币的个人信息搜集做出相应的制度设计。

二 我国法定数字货币个人信息保护的平衡逻辑

（一）从完全匿名化到不完全匿名化：执行货币政策的需要

我国的数字人民币是区别于基于区块链技术的比特币等私人数字货币的央行数字货币（Digital Currency Electronic Payment，DCEP），也被归为法定数字货币。数字人民币这种法定数字货币与比特币等私人数字货币的相同点在于，二者都是去中介化的，即交易是点对点（peer-to-peer）进行的，无须传统支付的金融机构结算环节。但二者的差异远远大于共性，除了信用背书、发行机制、法律属性、法律地位等方面的差别之外，二者对个人信息的处理也是天壤之别。比特币等私人数字货币，并不搜集个人信息，虽然账本是公开的，但记录交易信息的账本仅记录交易发生的两个地

---

① 范为：《大数据时代个人信息保护的路径重构》，《环球法律评论》2016 年第 5 期，第 92～115 页。

址，即多少比特币从哪一个旧地址转移到了哪一个新地址。比特币等私人数字货币的账户是匿名的，并且其匿名并非对记录的个人信息进行匿名化处理，而是从信息源头就不采集个人信息。而数字人民币这种法定数字货币，根据目前测试环节所披露的信息，是基于某种实名认证机制的，例如，通过手机号码进行身份验证。换言之，使用数字人民币这种法定数字货币与使用纸币、硬币等传统法定货币相比，多了一个身份验证的环节，从初始就涉及个人信息搜集。使用传统法定货币进行点对点支付，是完全匿名化的，但使用数字人民币这种法定数字货币，是不完全匿名的。

根据目前披露的信息，数字人民币采取的是"双层运营体系"与"双离线支付架构"，即用户的数字人民币交易信息对用户、商业银行等匿名，但对央行并不匿名。由此，央行能够掌握数字人民币交易的全过程数据，能够基于这些数据，更为精准地解决传统法定货币投放所难以解决的非常规货币政策调节、信贷市场利率传导等问题。[①] 同时，此前第三方支付机构对小额交易数据的沉淀，使其能够结合大数据算法将所获得的用户交易数据用于商业目的，例如更精准的营销内容生产与推送。这些都证明了用户交易数据的价值。法定数字货币的不完全匿名化的设计，使央行能够结合用户小额交易数据，实现更精准的货币政策调节，更顺畅的货币政策传导。

（二）从不可控匿名化到可控匿名化：有效实施金融监管与个人信息保护的平衡

如前所述，比特币等私人数字货币的交易与账户都是完全匿名化的。正因为这种完全匿名机制，比特币等私人数字货币受到洗钱、恐怖主义融资等非法活动的青睐。此类问题在法定货币的交易维度，同样存在。为了抑制这类问题，有效实施金融监管，我国于2000年3月开始实行个人存款账户的实名制，2007年5月央行下文进一步落实银行账户实名制，同年7月会同公安部门建成联网账户核查系统，促进社会征信体系建设和反洗钱工作开展。银保监2019年1月发布《银行业金融机构反洗钱和反恐怖融资管理办法》，预防洗钱和恐怖融资风险。但以上这些措施，对使用现金的交易依然无法渗透，使用现金的交易依然是央行无法控制的匿名化过

---

① 姚前：《法定数字货币对现行货币体制的优化及其发行设计》，《国际金融研究》2018年第4期，第3~11页。

程。而当小额支付交易更多地通过法定数字货币这种交易渠道进行时，央行对小额交易数据的监测便成为可能，这也成为各国央行开发法定数字货币，以替代传统法定货币动机之一。当国家以法律的形式确立法定数字货币的地位，合理设置法定数字货币与传统法定货币的发行比例，这种支付替代将导致通过现金交易规避监管的难度越来越大。

但为了避免个人信息泄露等风险，我国数字人民币的"双层运营体系"与"双离线支付架构"实行了可控匿名化，即，将匿名化的控制权保留在央行层面，央行基于此实现了对可疑交易、违法交易中个人信息追踪的权力的行使而无须依赖公安机关，而在交易双方层面实行不可控匿名化，即，交易双方均对交易信息的匿名化不具有控制权，交易双方中任何一方均无法直接或结合其他信息得知另一方的个人信息。这一设置，体现了央行在法定数字货币的个人信息保护方面的平衡立场。

三　我国法定数字货币个人信息保护的完善

我国法定数字货币在个人信息保护方面已经体现了一定的利益平衡理念，但依然存在完善的空间和有待明确的边界，毕竟个人信息一旦泄露，则无法回转，对个人造成的损失与赔偿亦难以合理计算。事后惩戒与救济，不如事前预防与规训。既要考虑基于公共利益的个人信息搜集需求，也要考虑基于个人信息权利的个人信息保护，消除用户对个人隐私风险的疑虑，同时也要避免不必要的法定数字货币所涉及的个人信息处理的合规负担，如此才能更好保障法定数字货币的顺利发展。

（一）　个人信息保护法律位阶的提升

法定数字货币使用者的个人信息保护，有着明确的成文法基础。《民法典》第 991 条明确规定"民事主体的人格权受法律保护，任何组织或者个人不得侵害"，第 1032 条明确规定"隐私是自然人的私人生活安全和不愿为他人知晓的私密空间、私密活动、私密信息"，第 1034 条明确规定"自然人的个人信息受法律保护"。法定数字货币诞生之前，除了现金之外的以法定货币为支付方式的交易需要依赖银行、第三方支付平台等中介机构，而中介机构需要接受金融监管机构与法律的双重约束以确保其个人信息处理的合法合规。而法定数字货币去中介化之后，能够对央行的个人信息处理行为进行约束的只有法律，而且必须是高于部门规章这一位阶的法律。

然而，我国对个人信息保护的立法相对滞后且分散，轻民重刑，法律位阶相对较低，缺乏统一的个人信息保护法律制度，对个人金融信息亦缺乏重点关注。目前正在公开征求意见的《个人信息保护法（草案）》有望改善这一问题，但从其目前的条文来看，对法定数字货币的特殊性考虑不足，仍然有待完善。

（二）个人信息法律识别标准的重新定义

目前《个人信息保护法（草案）》第 4 条，对个人信息的定义仍是"以电子或者其他方式记录的与已识别或者可识别的自然人有关的各种信息"，将"匿名化处理后的信息"排除在个人信息范围之外。但如前所述，在大数据、算法、计算机计算能力持续跃升的背景下，可识别性的边界并非一成不变而是不断扩大，以"可识别性"作为个人信息的法律识别标准，将大大限缩个人信息保护的范围。在数据日益成为重要的生产要素的背景下，社会处理和共享的数据也将越来越多，不可识别的信息，将在其他公开信息的辅助下，在算法、计算能力的支持下，成为"可识别"或"可推测"的个人信息。法定数字货币所涉及的个人信息，敏感性往往较强，与个人隐私紧密相关，通过"可识别性"定义个人信息，并通过"匿名化"豁免个人信息处理的相关法律责任，难以有效在未来保护法定数字货币的使用者的个人信息。为避免"可识别性"标准的局限，《民法典》第 1034 条对个人信息的定义，已经从"单独可识别"扩展到了"结合其他信息可识别"，扩大了个人信息的保护范围。

在法定数字货币进入测试阶段之前，针对国家机关、商业机构对个人信息的处理现状，已有学者建议，"但凡造成隐私风险的大规模信息处理行为，均应使用个人信息保护相关规定"。[①] 以暂态性、静态性的"可识别性"作为个人信息边界的法律界定标准，虽然具有明确、简洁、便于操作等优势，但缺乏对未来应用场景中个人信息边界持续扩展的考量。因此，有必要以"隐私风险"这一动态识别标准，作为立法上"个人信息"界定的核心考量，确保央行法定数字货币在"双层运营体系"的完全匿名化层级中的信息完全"去识别化"。

---

① 范为：《大数据时代个人信息保护的路径重构》，《环球法律评论》2016 年第 5 期，第 92～115 页。

（三）个人信息处理合法性的来源重置

从目前《个人信息保护法（草案）》关于个人信息处理规则的一般性规定、敏感个人信息的处理规则、国家机关处理个人信息的特别规定等内容来看，"告知同意"仍然是个人信息处理的合法性的核心来源。对于法定数字货币所涉及的个人信息处理，《个人信息保护法（草案）》的"国家机关处理个人信息的特别规定"中明确，"国家机关为履行法定职责处理个人信息，应当依照本法规定向个人告知并取得其同意；法律、行政法规规定应当保密，或者告知、取得同意将妨碍国家机关履行法定职责的除外"。从目前的数字人民币测试来看，数字人民币的使用需要先行注册"数字钱包"应用程序，而注册环节则有《用户协议》这类最终用户许可协议（End-User License Agreements，EULA），使用者需要确认同意相关最终用户许可协议方可使用。然而，仍处在测试阶段的数字人民币的《用户协议》特别注明其"并不具备任何法律约束力"。未来我国法定数字货币正式上线后，是否仍然采取此种《用户协议》授权同意的方式来确认数字人民币使用过程中处理个人信息的合法性，目前不得而知，但此种方式最大的争议是其效力问题。此类"告知同意"是否由于信息不对称使用者难以有效判断其个人信息安全风险，当出现法律争议时，是否适用我国《民法典》第 496 条、《消费者权益保护法》第 24 条关于格式合同的规定，从而否定了"告知同意"条款的效力等，这些问题将致使法定数字货币的个人信息处理的合法性处于一种不稳定的状态。

因此，对于法定数字货币的个人信息处理，应从公共利益与个人隐私、个人财产利益的平衡保护的角度，在立法上给予明确的合法性确认，以避免数字人民币的个人信息处理合法性的不确定性。

（四）个人信息搜集范围与程序法律限制方式的技术转译

个人信息搜集的"最小化原则"和"合理使用"等原则，很难在立法技术上转译为明确而具体的边界。对于法定数字货币而言，其技术实现方案将随着整体软件与硬件技术的发展而不断更新，个人信息的搜集范围、搜集形式、搜集程序、信息存储与访问限制等都将有所更迭，但在立法技术上，又需要维持法律的稳定性，立法程序上也难以满足法律随技术发展而随时更新的需求。

因此，鉴于法定数字货币个人信息处理的技术性，或许可以采取法律授权，由国务院颁布技术标准的双层立法架构。参照新冠肺炎疫情期间的个人健康信息码的国家技术标准、工信部发布的《App 收集个人信息最小必要评估规范》等，实现法定数字货币个人信息处理在立法上的稳定性与在技术上的动态性。

（五）个人信息安全性的法律保障

我国法定数字货币所采用的"双离线支付架构"，使用户无须通过网络即可实现点对点交易，其便利程度与传统法定货币的现金交易形式无异，不存在结算问题，也不存在目前微信等第三方无现金支付的技术方案对网络的依赖。但对于个人信息和交易信息的数据搜集而言，依然存在数据上传问题。换言之，"离线"的小额交易，最终都需要通过网络"在线"上传至央行的数据存储服务器上。央行对可疑交易、违法交易的溯源，也正依赖于这些"在线"时上传的交易数据。同时，从目前披露的我国数字人民币的技术架构来看，法定数字货币的使用离不开"数字钱包"，即运行在手机等移动设备上的应用程序。

因此，无论是法定数字货币的软件安全还是网络通信安全，都影响着个人信息的安全性。理论上，没有一种软件或网络通信是没有安全风险的。此前我国多个国家机关、商业机构的数据库，均被个人信息黑色产业链撞库，导致大量个人信息在网络上被贩卖。一旦发生个人金融信息或其他个人信息的泄露，如何确定责任主体是需要在法律层面给予系统性考虑的。例如，央行的法定数字货币系统，是否必须设定可疑交易风险预警机制，以牺牲交易便利性为代价预防黑客攻击？央行存储个人金融信息或其他个人信息的设备的访问权限、访问主体是否必须加以限制，以在发生系统攻击时能够更快确定违法行为的实施主体？

（六）个人信息存储期限的法律限制

互联网实名制以及互联网对个人信息的无期限曝光，使被遗忘权日益获得重视，其已经成为人格权内涵中的重要组成部分。郑志峰教授认为，被遗忘权应被纳入个人信息权之中，被遗忘权涉及的对象主要为个人信息，保护的是主体的人格尊严，因而具有人格权的属性。[1] 有学者认为，

---

① 郑志峰：《网络社会的被遗忘权研究》，《法商研究》2015 年第 6 期，第 50～60 页。

被遗忘权体现的是一种信息主体"被宽恕"或"重新开始"的人格利益。[①] 但广义的被遗忘权，则不涉及这种"道德"评价而仅仅是基于隐私权的不被他人发现、识别，从而达到被人遗忘的目的。被遗忘权的客体是已经被公开或可被识别的个人信息。

法定数字货币，至少在目前而言并不属于被遗忘权的权利客体范围。法定数字货币的技术方案凝聚了国家最先进的技术成果，其安全性必然高于其他领域的个人信息处理，但基于安全冗余措施考虑，关于法定数字货币体系对个人信息的存储，是否需要对其存储期限作出法定限制，也值得考虑，即，如若个人信息存储的价值已经不在，是否应从法律上明确其删除时间，以减少个人信息泄露的风险？从经济价值角度来看，长期存储大量存在"可识别性"的个人信息，需要不断升级安全技术以保障个人信息安全，对于法定数字货币的发行和管理而言，也存在成本问题。此外，虽然法定数字货币对个人信息的可控匿名化存储使交易可追溯，能够很好地预防金融犯罪，但是否需要与刑事追诉时效相衔接，也值得考虑。长期存储这些可追溯的个人信息，却无法将其用于刑事案件的定罪证据，其价值也容易受到质疑。

---

① 李倩：《被遗忘权在我国人格权中的定位与适用》，《重庆邮电大学学报》（社会科学版）2016 年第 3 期，第 44～50 页。

跨界对话

解构与建构：信息化浪潮下智慧法院建设的思考[*]

高　翔　陈　庚[**]

摘　要： 智慧法院建设需从信息技术的结构性特征及其与司法运行的耦合等深层规律出发，考量未来需求与建设路径。智慧法院建设应当考虑现代信息技术的三项核心项目的迭代发展现象，通过"三步走"的方式实现更加稳妥的系统化推进。智慧法院建设的最终样态应是充分借助互联网与人工智能等技术，汇集、分析海量社会数据和司法数据，保障司法的裁判效果无限趋近于社会正义，贴合社会公众的需求，从而在实现公正与效率的基础上，推进司法文化乃至司法文明的进步。

关键词： 智慧法院　信息技术　人工智能

随着信息化浪潮的蓬勃兴起，以习近平同志为核心的党中央提出网络强国战略、国家大数据战略，最高人民法院着力推进"智慧法院"建设，各地法院纷纷结合地区特点进行探索。当前，智慧法院建设取得较为显著的成效，诸如合舟共济 e + 平台等司法实践正不断优化司法大数据的应用方式，"互联网 + 多元化解"模式在提升法院司法能力的同时，更是以高效、经济、开放的姿态改善着群众的司法感受。随着社会的发展，信息技术所带来的社会变革的速度持续加快，各类矛盾纠纷更加复杂、人民司法需求更加多元，传统社会治理方式与司法服务理念必将受到巨大冲击。因此，不能简单满足于内外网络完善、精品案例推送，以及运用信息技术让群众参与诉讼、查阅庭审和裁判文书等较为显见的功能开发，而需要从信息技术的结构性特征及其与司法运行的耦合等深层规律出发，考量智慧法院建设的未来需求与建设路径。

---

[*] 本文系 2020 年国家社科基金一般项目"民事诉讼程序繁简分流改革的跟踪研究"（编号：20BFX080）的阶段性研究成果。

[**] 高翔，重庆市高级人民法院研究室主任，三级高级法官，法学博士，西南政法大学博士生导师；陈庚，重庆市合川区人民法院审管办（研究室）法官助理，法学硕士。

一 工具理性：信息技术的结构性特征及社会性影响

智慧法院建设最为重要的工具是现代信息技术，其中又以互联网、大数据、人工智能三项技术为重中之重。其固有的结构性特征不仅决定信息科技革命对社会的改造效果，也会直接影响一切建基于斯的社会文化现象和制度演进。推进智慧法院建设，应首先明确构成其基础的核心技术的结构性特征和主要的社会性影响。

（一）互联网：广域信息便捷交互结构带来相对独立的信息交流空间

互联网技术的基本结构——广域信息便捷交互——从出现以来，虽然不断被丰富，但从未被改变。就其丰富的趋势而言，大致可归纳为四个方向：一是广域性的提升，从局域网发展到全球互联网；二是信息类型的扩充，从 DOS 时代的纯文字交互发展为 WINDOWS 时代的图文交互、视频交互等；三是便捷性的提升，如从过去邮件式的远距离延时交流发展为现代聊天式的跨时区即时交流；四是交互对象的多元化，如从一对一的信息交流界面发展为可同时满足多人共享的信息交流界面。这些功能丰富化的过程，也催生了特殊的社会现象——网络舆论。

从信息便捷交互的角度来看，或许更容易把握网络舆论的特殊性——一个观点能够相对独立于传统价值体系的信息交流空间。在这里，被评论为"乌合之众"的社会群体心理现象更容易发生，一方面激进观点更容易被群体接受，进而掌握巨大的话语权；另一方面群体认可的观点本身又具有极大的不稳定性，导致各种网络舆情翻转。究其原因在于交互主体的原有社会角色被互联网实际覆盖的巨大空间距离和"无知之幕"消解，即广域结构扩大了人们的信息交流对象，使观点被认同的难度进一步加大。在观点纷飞、事实不足的情况下，激进观点因为更易引发他人对危险的应激反应以及本身的新奇性而天然地更容易获得群体性的支持。但与此同时，便捷结构提高了人们获得尽可能完整信息的效率，这就使被前期激进观点引导的群体认识容易在事实和理性的夹击下发生翻转。

对于智慧法院建设而言，互联网在广域的信息便捷交互结构上构建起的相对独立的信息交流空间，既蕴含着将法治规范在广域覆盖中统一适用的机会，也包含着法治规范被激进观点冲击而引发公信减损的风险。利用好便捷结构，尽可能及时、完备地展示案件事实和法治规范，应是智慧法院克服广域结构弊端的必由之路。

（二）大数据：充分的数据分析带来数字化的认知世界

大数据技术的基本结构——利用海量数据构建特定量化模式，具体而言，是在充分的数据支持下，完成对特定问题的量化分析，而随着量化分析所解释特定问题的增加，实际上将从个例到局部再到整体地改变人们对世界的认知。即随着大数据技术的应用，人们对世界的认知将变得愈发数字化，从而依靠更加精准的数据实现高效决策。大数据所构建的数据分析结论本身，也会遇到诸如"三人成虎""众口铄金"等问题，而互联网的存在，尤其是服务器对网络数据的全面保存，解决了数据采集的充分性和真实性问题，进而帮助数据分析师们提升最终数字化结论对现实社会行为解释的准确性。

就对于社会群体行为的价值而言，大数据技术既方便人们量化地认识自己的行为与主流群体的差异性或重合性，更为重要的是能够方便人们大概率地识别特定群体的典型行为，从而选择恰当的交往模式。如了解"骗子"或"非法集资者"的大概率行为特征，从而通过远离或者报警等后续选择，避免自身遭受损失，乃至帮助打击犯罪。较为遗憾的是，目前对大数据技术的应用更多集中于电子商务、网络社交等领域，而在社会治理和公共服务等社会民生领域中，还未见到特别成功的帮助相关单位或群众进行高效决策的应用范例。

对于智慧法院建设而言，大数据技术一方面可以应用于内部业务的管理决策，将定性问题转变为定量问题，如人案匹配问题、法官办案效率评估等；另一方面也可应用于司法产品的对外输送，帮助群众和其他单位提高决策效率，如纠纷前端解决过程中适用于通常情形的解纷方案推荐、保监会对保险企业的涉诉理赔活动进行监督等。

（三）人工智能：深度学习带来像人一样思考的机器

人工智能技术的基本结构就是"像人脑一样"深度学习。所谓学习是通过对外部信息的认知，实现有目的性的处理；所谓深度是指信息认知能力与处理能力的复杂性。以 AlphaGo 为例，其运行原理是通过多层的人工神经网络直接模仿生物大脑的信息传递和处理结构，实现机器的深度学习。AlphaGo 具有两个"大脑"：一是"落子选择器"，依靠"监督学习的策略网络"实现对每一步落子或每一次决策选择的最佳概率预测；二是"局面判断器"，依靠"价值网络"通过对整体局面的判断辅助落子选择。两个"大脑"的运行实际对应了前述的信息认知和目的性处理。观照前述大数据技术，人工智能技术的信息认知实现似乎就是大数据技术，而且充分的数据分析结论也能够量化地帮助人们进行目的性行为决策。从这个意义上看，大数据技术也可以说是人工智能技术有效运行的前提条件。

结合互联网技术对大数据技术的支持作用可知，互联网、大数据、人工智能三项技术的运用实际上存在一个迭代发展的过程，这意味着智慧法院建设的推进也应当有与之相匹配的"三步走"过程。

令人更加惊奇的是，AlphaGo Zero 可以"自学成才"，其只需围棋规则作为信息认知基础就能通过"自我对弈"实现技能提升。结合前述，这意味着大数据技术对人工智能支持作用的重要性被降低，但对智慧法院而言，却意味着法治规则可在人工智能构建的虚拟的博弈场景中进行反复验证，即立法和司法解释所指向的新规范创设的合理性验证，可以在实际的社会规则运行前进行有目的性的"局面判断"。

对于智慧法院建设而言，人工智能所带来的像人一样或者超越人思考的机器会不会取代法官呢？[①] 答案是否定的。因为公正与效率作为法院司法产品的固有属性，终究还是要靠法官的判断性智识活动来实现。法律不只是纸面上的规则体系，更是体现社会和制度层面人文关怀的价值体系；法官不是冷冰冰的法律适用机器，而是带着人文关怀进行判断性智识活动的主体。[②] 人工智能对社会纠纷的认知和处置，固然在结果上能够最大化地体现工具理性，但其既无法感性地理解当事人的行为，也无法施与同情和安慰，更无法使纠纷当事人之间相互理解和宽慰。所以人工智能在智慧法院建设中的最终地位仍然是辅助性的，其辅助对象既包括法官，也包括纠纷当事人等。

二 构建路径：信息技术与司法运行的耦合性

智慧法院建设应当考虑三项核心技术的迭代发展现象，通过"三步

[①] 这也是智慧法院建设的最大悖论，即工具理性使法官职业趋向消亡，在实质意义上终结法院。徐骏：《智慧法院的法理审思》，《法学》2017 年第 3 期，第 55～64 页。

[②] 蔡立东：《智慧法院建设：实施原则与制度支撑》，《中国应用法学》2017 年第 2 期，第 19～28 页。

走"的方式实现更加稳妥的系统化推进。这既是技术应用逐步成熟、有序推进的需要，也是法院优先保障社会稳定的司法运行的需要。而其具体的构建路径需要考虑如何提升信息技术的影响与司法运行的目的之间的耦合水平，以便在社会治理层面更加高效地实现良法善治。

（一）互联网空间与法治的规范化运行

舆情翻转事件使互联网看似是一个混乱的舆论场，但在互联网被公众熟悉使用的过程中，网民群体的言论理性却是不断增长的。如三色幼儿园事件中，在初步报道时，公众的愤怒固然显而易见，但要求司法介入调查进一步明确事件真相的声音远比数年前要大。在不满园方信息披露的时候，公众所表现出的情绪克制和解决问题的努力，如在发现监控硬盘坏掉时，要求向教委寻求取证帮助等，都体现了群体行为中难能可贵的理性态度和规则意识。

值得关注的是，其一，当理性观点出现时，其在互联网空间中的传播速度非常快；其二，被快速传播的理性观点，可以在大 V 的转发下进一步加快传播，但观点发布者不必具有大 V 等特殊的身份；其三，被传播的理性观点对群体行为具有统治力。借助韦伯的三种政治统治类型理论①可知，这种理性观点对群体行为的统治接近于法理型的统治，而大 V 对舆论的影响力则非常接近于个人魅力型的统治，至于传统型统治则似乎被互联网空间所排斥——其发声往往需要面对更多的质疑和漠视。由此可知，智慧法院建设在应用互联网技术时，应注意自身观点表达时给他人的印象感受。即要加强自身的法理型统治特征，消减传统型统治特征，如以法律解释者和证据分析者的形象引导当事人的解纷策略和社会公众的案件认知。

同时，这种引导应当具有时空意义上的稳定性和统一性。因为在互联网中，解纷规则和相似案情的获知是非常迅速的。如果解纷引导前后不一，又或各地差异极大，在没有充分理由——如新法替代旧法、顺应特定文化的地方单行法规等——可以解释的情况下，势必严重损害法治公信力。反之，司法运行在应用互联网技术时，天然就应带来"天下大同"式的规范化、统一化适用。

---

① 第一种是以确立已久的习俗和传统为基础，即传统型权威。第二种是克里斯马型权威，即人格魅力型。第三种是合法、合理型权威。

（二）数字化世界与现代共治格局的实现

数字化世界在展示社会群体典型特征的同时，也将各群体及其中的每个人都打上大概率特征的标签。这在帮助人们高效决策时，也可能导致误会，比如在前述认识"骗子"典型行为特征的例子中，某些典型行为特征可能并非"骗子"所特有，诚信的创业者也可能将未来前景描述得过于美好。这意味着单纯的横向比较和分析，难以有效展现部分个体的独特性。在充分数据的支持下，这一问题可以经由对个体行为长期的信息记录来解决。

对于智慧法院建设的内部业务管理而言，充分数据支持条件的实现主要依赖于法院内部的信息化建设。当然，仅有业务流程的信息化是不够的，对业务流程效率的数据采集同样必不可少。首先，为了避免数据采集增加办案团队的工作量，应当以增设自动采集反映办案效率数据的程序模块为主要方式，将数据采集过程内化于办案团队不同成员的履职过程之中，如在卷宗的生成、流转和归档环节。然后，应当将法官在一定时间内办理的案件数量与具体案件类型相结合，依靠大数据技术从一名法官同时办理案件的平均数量和特定类型案件办理的平均时长两个基础维度出发，构建不同等级法官、不同案由类型组合下的办案效率基础模型。最后，实现将对不同法院、庭室、团队的办案效率评估转变为对不同基础模型具体组合形式的综合考量，从而提高内部业绩管理（如人案匹配测算和法官业绩评估）的科学性。

对于智慧法院建设的司法产品输出而言，单纯的司法大数据分析只能加强人们对纠纷现状和处置的认知精度，进而帮助当事人选择化解的最佳方案。如果智慧法院建设的目标是更加有力地服务于社会民生领域，乃至构建共治共建共享的现代化社会治理体系，那么就应当将司法大数据与同时期的社会公共数据建立紧密的信息交互共享机制，以推进社会治理层面的大数据分析，进而实现公共政策的运行，包括但不限于法律法规的运行，对"最大多数人的最大幸福"的满足。同时，司法大数据与社会公共数据相结合的大数据分析结论，应当根据不同需要，赋予政府机关、市场参与者和普通公民不同的查看权限。

（三）辅助裁判与良法善治的实现

像人一样思考，却不具备人一样现实的身份和社会关系。这意味着更加单纯的价值判断体系的实现，即能够按照理性人或者复杂人的假设，去认知规则、处理信息、实现决策。如果一个 AlphaGo 能代表一个人的行为选择，那么多个 AlphaGo 就可能在一定程度上模拟社会运行中人的行为决策与大概率的行为偏好。若数量足够充分，则可模拟整个社会的运行状态，展示不同群体乃至不同个体的决策与行动。从这个意义上说，人工智能实际上对过去认为的无法进行的社会实验进行了具有可信性、可行性、可重复性的模拟。

对于智慧法院建设而言，这种可能图景的价值在于展示某些制度对社会的引导方向——或者说基于结果演示的效果判断，在现有的价值体系下，这也是一种宏观的"局面判断"。无论其对未来的预见性大小如何，这种展示本身都意味着虚拟社会运行实验的实现，即为智慧法院建设等公共政策提供一种先于社会运行实体的效果预见。基于社会群体在互联网技术和大数据技术成熟应用后对信息技术的高信赖可能可知，届时之社会对信息技术的信任将远远地超越现在，进而表现出群体性的社会运行低风险偏好特征，更趋向于相信信息技术的预测结果，进而在检视既有制度和预见未来制度的道路上更多地依赖人工智能技术。

就检视既有制度而言，一方面人工智能可以既有规则体系本身为基础，演示社会事务的发生和纠纷冲突的出现、解决；另一方面社会运行的实际状态又可作为人工智能检视结果的现实参照，进而避免单纯的数据堆叠与简单数据模型的偏误。从这个意义上说，任何制度效果的表现实际上都依赖于在现实社会中的运行，而无法单纯依靠人工智能进行检视。但人工智能对现实社会中多主体的多次博弈效果模拟，又的确从人性角度模拟了某些社会制度运行的现实影响。所以人工智能未尝不可作为展现良法善治的运行效果的初步验证手段。尤其在有现实社会运行状态的参照下，人工智能模拟多主体多次博弈情形的社会运行状态将得到具体有力的补充完善。简言之，人工智能能够在大数据分析社会运行状态的辅助下合理有效地检视既有制度与善法良治方向的一致性，进而能够对新设制度之于良法善治的推进或阻碍作用作出初步的大概率性的判断。从这个意义上看，智慧法院建设的未来远景可能是发挥辅助裁判的功能，通过虚拟的社会运行实验对社会整体制度演进进行一定的预见与引导。①

---

① 高翔：《智能司法的辅助决策模型》，《华东政法大学学报》2021 年第 1 期，第 60~75 页。

三 实践样本：H法院"互联网＋多元化解"模式的运行样态

各地法院的尝试，都在验证着互联网、大数据、人工智能三项新一轮信息科技的核心技术与司法运行的结合状态与效果。限于篇幅，仅以H法院的合舟共济e＋平台为例，说明当前智慧法院建设的个案样本。

该院充分运用"互联网＋"思维，按照"数据共享、机制共建、诉调对接、纠纷易解"的工作理念，建设了合舟共济e＋平台，借助C市高院已经建成的三级联动的信息化办案、办公网络，以线下线上融合机制为依托，汇集多元化解渠道和调解资源于一体，以类型化案件调处和诉调对接为切入，打造全流程、一站式网络服务平台，为群众提供经济、方便、快捷、有效地解决矛盾纠纷的途径，同时促进矛盾纠纷的源头预防、分流处置和实质化解，推动社会治理系统化、科学化、智能化、法治化。

112

（一）依托互联网＋实现信息互联共享、机制整合，打造一站式纠纷化解平台

该院"互联网＋多元化解"的解纷模式以线下诉调对接中心和诉调对接机制为基础，以婚姻家庭、邻里纷争、交通事故、保险纠纷、医疗纠纷等领域为阶段工作重点，进一步加强人民法院与地区人力社保局、公安局、司法局、医调委、相关街道人民调委会等单位的工作衔接。目前在线下设立诉调对接中心1个，建立诉调对接平台3个，实现与36个调解组织的工作对接，143名专（兼）职调解员进驻平台开展解纷工作。

以线上合舟共济e＋平台为支撑，法院与多方调解组织实现解纷资源共享、解纷工作机制对接。通过该平台，横向打破部门和行业间的资源和信息壁垒，实现诉讼与行政调解、行业调解、人民调解的有效衔接，纵向连通预约调解、视频调解、自动生成文书、一键推送、申请执行等纠纷处理环节。平台向所有合作组织全面开放纠纷化解大数据，并为所有调解员提供网上工作平台，提供调解协议、调解笔录自动生成模板。平台还与法院办案系统交互对接，实现纠纷信息在线录入、网上调解以及诉调程序衔接。自平台运行以来，分流调解纠纷3208件，约占该院同期新收民事案件数量的10%，其中，成功化解3160件。

（二）借助大数据提升"用户"体验，实现纠纷"易解"

平台从"用户"（当事人、调解员等）需求出发，采用开放性设计，通过调整相对独立的功能模块，尽可能地凸出网络互动的便捷性、解纷评估的智能性、解纷结果的效力性。平台以标准统一、公开透明的审判规则、文书模板、典型案例等，为人民调解、行业调解和行政调解工作提供指引，确保诉调对接顺畅进行。同时，平台上的参考案例和在线工具可引导当事人结合自身情况理性选择解纷方式，依法促成其接受调解方案，推进纠纷"易解"。

（三）积极引入人工智能，构建人力与科技深度融合的司法运行新模式

从所应用的信息技术上看，目前该平台主要借助互联网技术和大数据技术，其建立和运行的根基在于三级法院联动共建的信息化办案、办公网络和线上线下相结合的工作推进模式。在下一阶段，该平台将逐步引入人工智能，实现当事人与平台的"人机"动态对话交流，提升服务的精准性和针对性。同时，进一步扩大平台可适用的案件范围，通过案件智能分流，平台自主完成一些简单的程序性工作处理等，成为调解员和法官办案的得力助手。

总体而言，合舟共济 e + 平台打破了空间的局限性，进一步扩展了司法便民的途径和范围，这不仅有助于便捷群众解决纠纷，降低社会成本。更重要的意义在于，该平台在解决纠纷的过程中，以标准化裁判规则和规范化诉调对接，为社会各界提供规则指引，并通过互联网的发酵，促进多元共治和社会自治相结合，从源头上预防和减少矛盾纠纷，维护社会和谐稳定，促进"规则之治"。

四　未来方向：智慧法院建设的阶段考量

无论是合舟共济 e + 平台等多元解纷平台，还是"巨鲸智"等类案专审 App，抑或是"智汇云"等智能研判系统，都从实践角度说明各地法院在推进智慧法院建设的过程中呈现显著的与地区经济水平正相关关系——经济水平影响信息技术运用和社会认可。结合前述"三步走"观点，要逐步拉平全国各地智慧法院建设水平，或可依据以下三个应用阶段加以整合

完善——统一认识、具化标准、明确效果。

（一）初级阶段：以互联网技术为主，由内而外推进专业化、法治化

智慧法院建设在应用互联网技术，或者说参加网络空间信息交互活动时，首先应树立内外有别、由内而外的技术应用思路。[①] 因为法院在主动参与外网的信息交互之前，必须做到数据信息的完备和便捷掌控——至少应是内网比外网更加完备的状态，进而在参与外网信息交互时才能不失主动。裁判文书公开平台的运行，就带有这一特征——文书上网的规范化处理以及部分文书的不公开，都意味着内网信息的完备性强于外网。但在便捷性上，法院内网的表现不一定强于外网，比如不同基层法院之间的案例查询，甚至不如依托外网百度等搜索引擎来得便捷。虽然，有保密需要的考虑，不过从技术上而言只是权限设置的问题。更重要的是，对已结案件实际运用的制度规范、智慧法院建设方案及硬件设备标准等信息加以内网共享，不仅不是外网建设的重复，还能更有效推进系统内部的认识统一，避免重复，在制度建设、重点工作推进上少走一点弯路。同时，在当前法院内网互联与外网同样实现广域覆盖的情况下，如果内网的信息便捷交互比外网薄弱，那么，基于司法裁判法律适用统一的朴素追求，人民群众可能先于法院自身发现法律适用差异，乃至少数别有用心之人以之为炒作的舆情风险也会更难规避。

反之，内网的信息交互便捷性强于外网，不仅有利于法院系统化地自我加快司法裁判法律适用统一，自我监察法律适用地域差异的特定性缘由，还可以自我审视已结案件的裁判尺度演化趋势以及各地制度建设的演进趋势和依据——当然，这是在将制度文本纳入内网共享机制的情况下。换言之，在内网便捷性强于外网的情况下，法院自我优化、自我完备的能力将高于人民群众经由外网所得之认知和期望水平，进而推动审判专业化，又提升司法公信力，使法院工作真正成为社会法治化的重要动力来源。

[①] 人民法院信息化建设的规划也遵循了从内到外的循序渐进的过程："1.0 阶段"是内部基础建设阶段；"2.0 阶段"是推动建设外网网站并建设智慧法院阶段；"3.0 阶段"是进入"嵌入式数字化管理"和"互联网 +"阶段。《人民法院信息化建设五年发展规划（2016—2020）》，《中国审判》2016 年第 5 期，第 62～63 页。

（二）中级阶段：以大数据技术为主，推动治理社会化、精细化，从满足宏观需要到满足微观需要

以司法大数据为基础的大数据分析结论，主要指向纠纷态势、解纷态势以及偏宏观的司法建议，这一步工作，其实在建设比外网更便捷的内网时，就可以做，而且也主要是推动治理的专业化、法治化。如前所述，如果数据基础是司法大数据与社会公共数据之和，其结论将更多、更好地服务于社会民生领域，乃至帮助人民群众识别危险，避免损失。而从服务社会民生到帮助个人决策，实际上包含着从满足宏观分析需要到满足微观决策需要的重要跨越。结合大数据技术的基本结构（即充分数据分析）来看，这一跨越的实现需要在两个类别的数据采集上达到充分标准。第一类指向社会群体行为预见，第二类指向社会个体行为预见。尽管只要能认识"骗子"等特定人群的行为特征，就可以较为宏观地帮助人民群众提升行为决策的合理性和高效性；但就现实的人际交往场景而言，这远不如将具体的行为特征标签直接加诸特定个人身上来得精准、高效。或许，这也是我们期望建成社会诚信体系的原因所在。

还需强调的是智慧法院建设（尤其是在大数据应用方面）对治理社会化的负面影响——数据陷阱问题，即数据采集偏误、数据分析偏误以及概率预测所固有的误差等问题，导致错误的个体行为预见或特征预判，进而引发错误的惩戒和防控。从这个意义上看，基础数据的安全性、充分性、真实性，以及分析手段的科学性，是实现前述重要跨越的根本保障。相关保障机制的建立方是推动智慧法院建设、推动治理社会化、合理满足微观需要之根本。

（三）高级阶段：以人工智能为主，推进治理系统化、科学化，从规则检视到规则研判

显而易见，如果一个人在下围棋时得到 AlphaGo 的辅助，其胜率则有了极大保障。但如果两人下棋，分别由 AlphaGo 和 AlphaGo Zero 辅助，其结果会如何呢？相较于实际的胜负问题，更值得思考的是，两代 AlphaGo 的差异性。这或许就是人工智能技术的工具演进方向，同时也是智慧法院应用人工智能的迭代方向。两者最本质的差异在于深度学习的教材差异：一个学习的是围棋规则和大量经典对局的棋谱；另一个学习的只有围棋规则，然后就开始了"自我学习"。与前述人工智能对社会运行模拟与预测

观点相观照，围棋规则恰如社会运行正式规则，棋谱与对弈局面恰如社会运行的整个态势——复杂而多变，围棋对弈中的定式规则（即围棋规则下必有的衍生技法）就恰如正式规则的衍生物（即非正式规则或者说潜规则），而最终胜负则恰如社会规则运行的整体优劣。从这个意义上说，AlphaGo Zero 能够超越既有的棋谱自行发现应有的定式。由此可知，人工智能对社会制度演进的模拟，早期是需要通过尽可能多地认识正式规则和非正式规则来预见社会运行状态，其辅助性主要体现为规则检视；后期则能够摆脱人工认知的局限性而自行研判一系列正式规则运行后会形成怎样的非正式规则，并认知两者在时间线上的发生与演进状态，其辅助性体现为规则研判。

综上，在前述技术应用方向的终极状态下，任何制度的发生，如一个司法解释的发生、一次法律适用的尺度微调，对社会运行的影响都将是可以被大概率预知的信息。此时，法官要做的事，或许就是不被数据陷阱和特定的规则研判所绑架，在制度演进与个案公正之间，寻找符合司法良知的人的答案。届时，个案公正之重要，可谓如杨朱之"一毛"——拔一毛而利天下，不为也。

社会有效运转一方面在于人们按照确定规则行事，另一方面在于可基于发展的需要不断生成新规则，即社会"自治"与"自我完善"，也即治理的系统化、科学化。社会制度与文明的演进需要立法和司法的助力，尤其是司法文明对社会秩序的构建、法院在处理纠纷过程中对促进社会"规则之治"的引领和保障。而"司法文明的提升不仅仅是法律技术的进步……它永远且只能是法律文化的进步，而标志法律文明的内容只能是司法伦理的规范化、法官生活的道德化"。[①] 因此，智慧法院建设的最终样态应当是充分借助互联网与人工智能等技术，汇集、分析海量社会数据和司法数据，保障司法的裁判效果无限趋近于社会正义，贴合社会公众的需求，从而在实现公正与效率的基础上，推进司法文化乃至司法文明的进步，进而让通过司法终局裁判所确立的规则为人们所遵守，司法裁判背后所衍生的规则（即裁判过程中蕴藏的分析与判断标准，以及对社会运行趋势的研判与对新规则的"发现或揭示"）为人们所理解和认可。

---

① 王申：《司法职业与法官德性伦理的建构》，《法学》2016 年第 10 期，第 125 ~ 133 页。

P2P 借贷平台涉罪案件实证分析
与刑法规制研究[*]

姚万勤　蔡仕玉[**]

摘　要： 近年来，P2P 平台不断推出新的业务模式与运作方式，逐渐偏离"信息中介"的角色定位。构罪平台通常存在虚假宣传、设立资金池和提供担保等违规行为，导致非法吸收公众存款罪、集资诈骗罪、合同诈骗罪等犯罪的发生。但对 P2P 平台进行规制时存在诸多的问题，平台虚假宣传缺乏相关规制，资金池使用过程中的罪与非罪混乱和 P2P 涉罪案件此罪与彼罪界限模糊等问题都有待解决。因此，应当正确把握刑法介入的限度，既要保持刑法的谦抑性，又要发挥其保障性的作用。坚持刑法规制与行政监管的配合与衔接，两者取长补短解决平台异化问题。同时，还应该建立"数额＋情节"的定罪量刑标准。从而有效地促进 P2P 平台的良性发展，减少犯罪的发生。

关键词： 虚假宣传　资金池　非法吸收公众存款　集资诈骗

"P2P 网贷平台作为信息中介，是居中撮合借款人和投资者以实现点对点小额贷款交易的一种金融模式。"[①] 平台利用大数据的优势，收集大量的借款信息，通过该平台发布，并组织借贷双方进行信息互换。该平台在交易过程中，不直接经手资金，不提供担保，不承担违约责任等，仅收取一定的中介费用。然而，近年来，在利益的驱动下，P2P 借贷平台在我国"野蛮式生长"，出现诸多违法犯罪现象。对此，本文拟通过实证分析，对所涉犯罪现象进行必要的分析，并就未来如何进行刑法规制提供教义学

---

[*]　本课题所属基金项目：国家社科基金"刑法治理功能研究"（编号：19FFXB035）；重庆市社科规划项目"网络金融犯罪实证解析与综合治理对策研究"（编号：2017QNFX40）；西南政法大学校级课题资助项目"P2P 涉罪案件刑法适用问题实证研究"（编号：2018XZQN06）。

[**]　姚万勤，西南政法大学法学院副教授，西南政法大学网络安全法治研究中心执行主任，法学博士，硕士生导师；蔡仕玉，西南政法大学法学院硕士研究生。

[①]　李鸿、康会欣：《P2P 借贷的逻辑》，机械工业出版社，2016，第 3 页。

方案，以期对我国刑法的发展有所裨益。

一　样本数据的来源与借贷平台异化的现状

P2P借贷平台随着我国网络金融的不断发展而呈现短暂繁荣，各地P2P借贷平台爆雷事件不断促使人们重新审视这一现象。因此，为了直观地了解这一现象，笔者在中国裁判文书网以2016～2018年为时间段，以"网络借贷平台"为关键词进行检索，最终获取P2P涉罪的案件共计170起。首先，在地域上，研究样本涉及的区域并未进行特别的限定，但是经济发达地区的样本数明显高于中西部地区，符合经济发展的规律。其次，在时间上，本文选取的主要是2016～2018年3年的数据量。此时间段是我国P2P借贷平台高速发展的3年，同时也是P2P借贷平台涉罪问题逐渐暴露的3年，所以在时间上具有典型性。通过对研究样本进行分析，可以大致从三个层面发现平台异化且涉嫌犯罪问题。

（一）虚假宣传

由于交易信息的匮乏以及交易信息获取的难度加大，投资者往往依赖借贷平台提供的信息进行风险判断，从而决定是否进行投资以及投资多少。如果平台提供的信息真实性存疑，势必会使投资者的投资款陷入高风险之中。

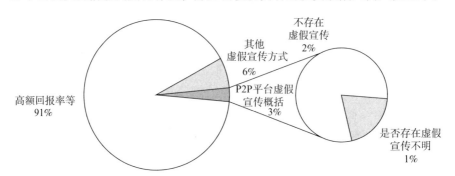

图1　构成犯罪的P2P借贷平台虚假宣传情况

对170份P2P借贷平台涉罪案件判决书进行整理分析，如图1所示，其中以高额回报率、债权转让、约定担保、编造虚假借款合同及抵押物、回购等方式进行虚假宣传的案件数为154件，占到总案件数的91%，所占比例最高。利用一些看似有保障的理财投资方法承诺保本保息，或者根据借款人的需求使用被告人在平台上的账户发布借款信息等其他虚假宣传方式非法集资的有11件，占总案件数的比例为6%。同时，在170份判决书中，只有 1 份无法看出平台是否存在虚假宣传的情况。另外，有 4 份判决书涉及合同诈骗罪，从判决书中可以看出，平台不存在虚假宣传。据此可知，已经形成规模化的 P2P 借贷平台一旦进行虚假宣传，更易触碰刑事犯罪的红线。因为，虚假宣传导致信息不对称，投资人对借款的用途无法认真核实，投资人无法客观全面地了解借款人的还款能力和用款计划，甚至在客观上对虚假的标的、担保等一无所知，在高额利息的驱动下投资，增加了投资的风险。①

（二）设立资金池

"P2P 借贷平台资金池的形成是由其先设计出各种各样的理财产品并出售给出借人，获得出借人资金后，再把所有出借人的资金分散借给借款人。"② 如图 2 所示，平台的资金大体上都流向了个人账户，其中包括被告人使用自己或者其亲属的身份证办理多张银行卡，通过各种方式，将投资者的投资金直接转入特定的个人账户。在 170 份判决书中，有 99 份判决书存在投资金流向个人账户的情形，占到总样本数的 58.24%。有 26 份判决书显示，由于公司没有完善的会计制度或者公司与控制人合为一体，公司的账户由个人自由支配，所占比例为 15.29%。此外，有 43 份对资金的流

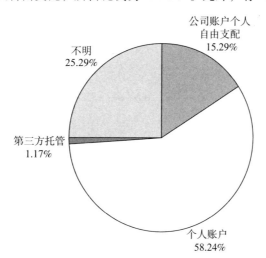

图 2　涉罪 P2P 借贷平台资金流向概况

---

① 叶良芳：《P2P 网贷平台刑法规制的实证分析——以 104 份刑事裁判文书为样本》，《辽宁大学学报》（哲学社会科学版）2018 年第 1 期，第 98～108 页。

② 孙学立、李娟：《我国 P2P 借贷主要风险问题研究——基于民间金融创新视角》，《征信》2014 年第 7 期，第 75～78 页。

向未作具体说明。另外，只有 2 个平台设有第三方托管机制。

（三）违规提供担保

如图 3 所示，根据对 170 份判决书的统计，其中有 110 份判决书对平台是否违规提供担保没有予以说明；有 42 个平台存在提供虚假担保或者引入第三方担保公司的情况，如在虚假宣传中就有通过拍摄他人的车辆或者其他物品来充当抵押物、冒用其他公司名义等方式提供虚假担保；还有一些平台通过引入第三方担保机构来吸引投资者投资。正是平台违规提供虚假担保或者引入一些非融资性的担保公司，为他人或者自己提供增信服务，使投资者对资金征信风险作出了误判或者错误转换了借贷交易的信用风险，使资金丧失了应有的保障。另外，有 18 个平台自己为本公司提供担保，严重偏离了 P2P 借贷平台居中撮合借款人和投资者的角色定位。

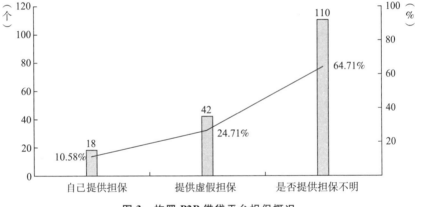

图 3　构罪 P2P 借贷平台担保概况

二　P2P 借贷平台异化涉及的刑事犯罪的实证分析

（一）非法吸收公众存款罪

按照现行法规定，"面向互联网平台的互联网金融活动涉嫌非法吸收公众存款罪具有天然的契合性"[①]。如图 4 所示，170 份 P2P 借贷平台涉罪判决中，有 140 份判决书的罪名为非法吸收公众存款罪，这也体现出 P2P 借贷平台与非法吸收公众存款罪具有天然的契合性，平台一旦没有定位正

---

① 丁国峰：《论互联网金融创新的法律保障机制——基于余额宝发展为视角》，《江淮论坛》2015 年第 6 期，第 151～154 页。

确便极易触碰刑事犯罪的底线。

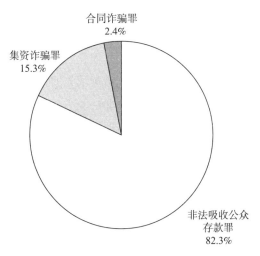

图 4　P2P 借贷平台的涉罪罪名概况

"根据 2013 年 11 月 25 日九部委处置非法集资部际联席会议精神，P2P 借贷平台运行中的如下行为可能构成非法吸收公众存款罪：（1）利用资金池模式吸收资金；（2）不符合借款人条件导致的非法集资风险；（3）利用庞氏骗局吸收资金等。"① 涉罪 P2P 借贷平台已经出现了严重的异化现象，突破了信息中介这一固有的经营模式，即偏离了 P2P 借贷平台的角色定位，所以涉罪的风险大大增加。通过对 140 份判决书进行分析，发现平台在实际操作中，都存在以下行为。

第一，P2P 借贷平台吸收的存款大多流向了个人账户或者个人支配的公司账户，由平台控制人控制。这些资金被集资人自由支配，用于偿还个人债务、放高利贷、挥霍或者其他非法活动等。资金池就像一个"蓄水池"，利用"进水"和"出水"的时间差牟利。若平台先将自己现有的资金借贷出去，然后再将借款人的债权打包成理财产品或者再以借贷人的名义融资，在借款人、借款需求等都是真实的情况下，没有非法吸收公众存款罪的适用空间。反之，若以编造虚假的投资项目、提供虚假担保等方式融资，即先集资，再将资金转借或者自用，则在借款和出借中间产生了一个时间差，造成集资款的沉淀，在 P2P 借贷平台或者控制人控制下形成一个"蓄水池"，这种是最为典型的非法吸收公众存款罪。在 140 份有罪判

121

---

① 方也媛：《P2P 网络借贷可能涉及的犯罪及其防治》，《税务与经济》2015 年第 1 期，第 46～50 页。

决书中，涉罪平台都是在没有真实借款人的情况下进行融资，进而将资金挪作他用。因此，P2P借贷平台平台在没有把握好"进水"与"出水"之间的顺序时，易触犯非法吸收公众存款罪。

第二，发布高回报率理财产品、保本保息等利诱性的消息或者提供虚假担保对外融资，无真实借款人或者将借款人信息加以美化后再发布，这都是涉罪平台常用的方式，这已经触及非法集资的风险。此外还有在涉罪的平台中通过虚假宣传的方式，如以高回报为诱惑，承诺固定收益或者回报率、承诺全额回购等，向投资者融资，这也就是"庞氏骗局"的缩影。总而言之，P2P借贷平台在实际操作中，违规设立资金池，加上虚假宣传等偏离信息中介的行为，特别容易涉嫌非法吸收公众存款罪，进而被追究刑事责任。

（二）集资诈骗罪

如图4所示，P2P借贷平台构成犯罪的情况，审判机关倾向于以非法吸收公众存款罪定罪，其次才是集资诈骗罪。两罪最大的区别在于主观目的不同，集资诈骗罪主观具有非法占有的目的。

对触犯集资诈骗罪的26个网络借贷平台的情况进行整理分析后发现，除支付房租、员工工资、网站运营、投资人利息和奖励及房屋装修等运营成本外，大致可以将P2P借贷平台的非法融资资金流向分为个人日常消费使用、放高利贷、生产经营三类。

如图5所示，在26份涉罪平台的判决书中，明确说明融资资金用于个人使用的有16份，所占比例为61.5%，说明大多数资金被平台控制人用于归还个人债务、赌博、购置车辆和房产、高风险投资等，根据这种客观行为，审判机关一般就推定被告人在主观上有非法占有的目的。同时，据统计，有4个平台将资金用于放高利贷，以相对较低的利率对外融资，再将资金以高利率放贷给他人，在中间赚取利息差，进而牟利。犯罪行为人在明知无法规避风险的情况下，将部分资金用于高息放贷，致使集资款不能返还，则推定其具有非法占有目的。另外，有3个平台将吸收的资金用于生产经营，即以生产经营为主要目的进行自融。对此，法院认为其中用于生产经营活动的集资款与非法筹集资金的规模明显不成比例而致部分资金无法返还，可推定其具有非法占有目的。最后，有3份判决书对资金的用途除支付房租、员工工资、网站运营、投资人利息和奖励及房屋装修等平台的运营成本外，未予明确的说明。

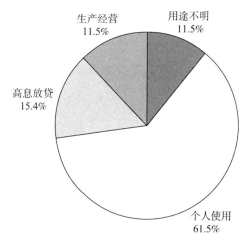

生产经营
11.5%

用途不明
11.5%

高息放贷
15.4%

个人使用
61.5%

图 5　涉罪 P2P 借贷平台融资资金的用途

综上，正是由于在司法实践中行为人主观上具有"非法占有目的"这一要素较难证明，与非法吸收公众存款罪相比较而言，集资诈骗罪的发案率较低。对此，我们可以得出这样一个结论：在网络借贷平台的实际运营中，如果平台一直坚持自身的角色定位，客观行为上也没有采取弄虚作假的方法筹集资金，或者筹集资金后也没有将该笔资金挪为自己所用，那么该平台就不会被认定为具有非法占有资金的目的，当然也就不会构成集资诈骗罪。①

（三）合同诈骗罪

在 170 份有罪判决书中，有 4 份涉及合同诈骗罪，相比非法吸收公众存款罪和集资诈骗罪，以合同诈骗罪追究刑事责任尚为少数。在司法实践中，合同诈骗罪与集资诈骗罪的界限并不十分清晰，由此导致两者混用的情况。

在司法实践中，合同诈骗罪更多表现为平台控制人利用他人身份证注册了多家公司，其中一家公司为 P2P 网络借贷平台，自己用其他几个空壳公司为 P2P 借贷平台提供担保以显示自己的经济实力，从而骗取被害人的财物。此外还存在行为人通过虚假的身份证明来冒充平台的高管人员，并与被害方签订资金理财委托合同，从而骗取数额较大的财物。

如在 2015 年 6 月至 11 月，卢某利用从公司领取的空白合同，冒用公

---

① 王天、张凌：《P2P 犯罪风险的再认识与法律规制的完善》，《湖南师范大学社会科学学报》2018 年第 4 期，第 67 ~ 73 页。

司名义与客户签订"微力 100 平台服务合同",或以为客户办理"电子商务诚信经营许可证"等各种互联网业务为借口,骗取顶搜公司客户共计126.15 万元。法院认为被告人冒用 P2P 借贷平台的名义,骗取他人钱款,构成合同诈骗罪。① 就案件中的事实来看,如果被告人以非法占有为目的,利用合同形式骗取被害人的财产,法院更加倾向于认定其构成合同诈骗罪。因此,即使 P2P 借贷平台在集资过程中,可能涉嫌集资诈骗罪,但是一旦涉及利用虚假合同进行集资的话,法院也可能以合同诈骗罪进行定罪处罚。

三 统计相关性与刑法规制的定性偏差

(一) 平台虚假宣传缺乏相关规制

P2P 借贷平台的行为模式具有社会性和公开性,异化平台一旦存在虚假宣传,其危害性远远大于传统的借贷平台。但是,我国缺乏对平台虚假宣传的相关法律规制。在司法实践中,除高息、虚假发标等主要虚假宣传方式外,其他方式的虚假宣传未得到应有的关注。虽然"《最高人民法院关于审理非法集资刑事案件具体应用法律若干问题的解释》第 1 条对非法吸收公众存款或者变相吸收公众存款的基本行为模式进行了明确,即形式或实质非法性、宣传途径公开性、本息回报承诺性和面向对象不特定性"②,但是该解释没有将虚假宣传作为非法吸收公众存款罪的基本行为。然而,在 P2P 借贷实际操作中,平台除了本息回报承诺,还存在其他的虚假宣传,如虚拟借款人、借款用途或者没有真实全面地披露与借款人信用相关的信息等。

模糊的立法表达以及滞后的司法解释使司法工作者未能准确把握住非法吸收公众存款罪的规范目的,也就无法探索该罪在网贷环境中究竟要规制哪些违法行为类型。③ P2P 实质上属于"吸收 – 归还"属性的借贷平台,如果平台能够维持资金链,及时还本付息,那么将不会被追究刑事责任,反之,一旦资金链断裂,出现"爆雷",那么很有可能涉及刑事犯罪。

① 参见重庆市江北区人民法院刑事判决书,2017(渝)0105 刑初 913 号。
② 叶良芳:《P2P 网贷平台刑法规制的实证分析——以 104 份刑事裁判文书为样本》,《辽宁大学学报》(哲学社会科学版)2018 年第 1 期,第 98~108 页。
③ 邹玉祥:《非法吸收公众存款罪之行为类型研究——基于网贷背景下的教义学展开》,《政治与法律》2018 年第 6 期,第 55~62 页。

因此，虚假宣传但没有资金断裂、出现"爆雷"等现象的平台，则不用承担责任。

（二）资金池使用过程中罪与非罪的混乱

如前文的统计数据显示，在 170 个平台中，只有 2 个平台设有"第三方托管"制度，有 125 个平台的资金直接或者间接流入了个人账户或者由个人自由支配的公司账户，形成资金池。设置资金池是当前 P2P 最常见的运行模式，在司法实践中，对资金池如何支配使用，是否构罪以及构成何罪，界限是十分模糊的。

P2P 形成资金池主要有三种途径。一是平台设计理财产品或者发布虚假标的，对外募集资金，募集的资金流入个人账户或者个人自由支配的公司账户。二是债权转让模式，即以平台自有的资金从第三方受让债权，然后再将债权以理财产品的方式对外募资。三是存在真实的借款人，发布的借款信息也是真实的，平台为了防范投资风险，设立了风险备付金。"风险备付金的来源可以分为四个部分：第一，按照借款金额的一定比例向借款人收取；第二，按照贷款利息的一定比例向出借人收取；第三，由推荐借款人的担保公司交存一定数量的风险备付金；第四，部分平台的风险备付金还来源于其自有资金。"[1] 然而，"风险备付金在某种意义上来说，是违背了信息中介的角色的，有设立资金池的嫌疑。就风险备付金的计提规则来看，长期积淀在平台的风险备付金总量高达数亿元不等"[2]。当然，在司法规制过程中，平台的风险备付金也被视为资金池的重要组成部分被规制。

从涉罪平台的判决书来看，无法得出资金用途的具体比例，但是无论资金用途为何，都免不了承担刑事责任。实践中对资金池的判断相对笼统，只要平台有违法吸收资金之实，资金用途不符合相关规定，就会涉嫌刑事犯罪。但存在资金池并不等于一定属于非法集资，是否构成相应的罪名需要从犯罪构成要件进行判断。[3] 关于资金池的法律性质定义，应当从风险可控性角度考虑。如果平台建立了资金池，但是资金池用途的风险在

---

[1] 于焕超：《P2P 网络借贷风险准备金与第三方担保法律问题探究》，《上海金融》2017 年第 5 期，第 65 ~ 72 页。

[2] 钱瑾：《P2P 平台风险准备金的法律问题研究》，《西南金融》2016 年第 8 期，第 48 ~ 52 页。

[3] 陈万科：《P2P 网贷平台违规业务的刑法规制研究——以风险备付金、超级放款人为切入点》，《金融理论与实践》2018 年第 8 期，第 88 ~ 93 页。

可以控制的范围内，则不宜认定为相关的刑事犯罪。例如，平台资金池处于一种无人监管的状态，控制人任意挥霍、放高利贷甚至用于非法活动或者高风险的投资，把资金置于高风险的境地，则可以认为具有刑法处罚性。实际上，资金池用途合法与非法的界限有时不是那么清晰，罪与非罪有时也因为法律性质的偏差而显得模糊。因此，面对乱象丛生的资金池，相关的司法部门并未合理区分罪与非罪之问题。

（三）P2P借贷平台涉罪案件此罪与彼罪界限模糊

收集的170份判决书中，P2P平台犯罪涉及的常见罪名有非法吸收公众存款罪、集资诈骗罪和合同诈骗罪。构成非法吸收公众存款罪的平台有140个，构成集资诈骗罪的有26个，构成合同诈骗罪的有4个。非法吸收公众存款罪与集资诈骗罪占到总研究样本的97.65%。就非法吸收公众存款罪和集资诈骗罪而言，两罪实质的区别就在于，集资诈骗罪在主观上具有非法占有的目的，即"非法吸收公众存款 + 以非法占有为目的"，这是在实践中区别两罪的依据。然而在实践中，两者的界限并不明晰，如根据（2017）鲁1622刑初36号判决书，被告人毛某与他人在互联网上搭建"圣豪贷"网络P2P借贷平台，通过发布虚假广告，以高息为诱饵诱骗不特定对象进行投资。公安机关以非法吸收公众存款罪立案，检察院以集资诈骗罪逮捕、起诉，最终法院以集资诈骗罪定罪。[①] 再如，根据（2017）粤0307刑初2096号判决书，该公司成立后建立P2P平台网站。被告人刘某等人于2016年开始运营P2P借贷平台，通过虚假宣传、高额利息等方式进行非法集资。检察院以集资诈骗罪起诉，法院以非法吸收公众存款罪定罪。[②] 这说明对于两罪的界限，公安机关、检察院和法院的认识并不一致。同时，有的犯罪行为如出一辙，有的法院会以非法吸收公众存款罪定罪，而有的会以集资诈骗罪定罪。如（2016）渝0103刑初1314号判决书显示，被告人将资金高利转贷的行为被法院认定为非法吸收公众存款罪，[③] 而（2017）冀0924刑初23号判决书显示，被告人将资金高利转贷的行为被法院定为集资诈骗罪。[④] 可见在处理P2P平台涉罪的相关案件中，由于对P2P集资行为的性质的认定还未十分明晰，审判机关存在定性的矛盾性

---

① 山东省阳信县人民法院刑事判决书，（2017）鲁1622刑初36号。
② 广东省深圳市龙岗区人民法院刑事判决书，（2017）粤0307刑初2096号。
③ 重庆市渝中区人民法院刑事判决书，（2016）渝0103刑初1314号。
④ 河南省海兴县人民法院刑事判决书，（2017）冀0924刑初23号。

和差异性。

就集资诈骗罪和合同诈骗罪而言，两罪都要求有非法占有的目的和诈骗的行为，但在司法认定过程中也会存在定罪界限模糊的问题。合同诈骗罪是指以非法占有为目的，在签订、履行合同的过程中，骗取对方当事人的财物，数额较大的。对于合同诈骗罪的行为方式，《刑法》第 224 条已有明确的规定。涉罪 P2P 平台在集资过程中，也会采用签署合同的方式骗取投资人财产，对于这样的行为，应该定集资诈骗罪还是合同诈骗罪，在司法实践中也存在差异。如 2017 （渝） 0105 刑初 913 号判决书显示，被告人冒用 P2P 公司的名义，骗取他人钱款，构成合同诈骗罪。[①] 该案中，由于被告人冒用了公司的名义，与社会不特定的多数人签订合同骗取资金，被认定为合同诈骗罪，但是集资诈骗罪的行为也可以用同样的手段，即利用 P2P 平台向不特定的多数人融资，手段是和被害人签订合同，骗取服务费、手续费、保证金。该怎么区分两者，该案为何是构成合同诈骗罪而非集资诈骗罪？P2P 借贷行为涉及罪名之间的交叉性加上本身的性质不明确，导致了司法实践中对 P2P 借贷行为认定的差异性。[②]

四　P2P 借贷平台涉罪刑法规制的应然选择

127

（一）　正确把握刑法介入的限度与广度

银行由于其自身承担的风险较大，在为中小企业提供贷款时慎重度高，致使中小企业通过银行渠道融资较为困难。P2P 网络融资是一种金融创新，满足了中小企业的融资需求，为金融市场注入了新鲜的血液。因此，刑法在打击非法集资犯罪时，应当有的放矢，且行之有度，尤其注意不能背离金融体系的内在规律，更不能逆时代潮流而动。[③] 没有刑法规制或者仅依靠刑法规制都是不行的，我们要厘清刑法介入的限度与广度。

1. 刑法介入的限度

刑法干预的限度应该来自刑法的社会任务，同时刑法的谦抑性要求其只能在其他规范不能有效规制时才介入，所以在对 P2P 监管的过程中，应

---

① 重庆市江北区人民法院刑事判决书，（2017）渝 0105 刑初 913 号。
② 齐力纯：《P2P 借贷的刑法规制现状研究》，《法律适用》2018 年第 11 期，第 110～115 页。
③ 刘宪权：《互联网金融平台的刑事风险及责任边界》，《环球法律评论》2016 年第 5 期，第 78～91 页。

该建立进阶式的防范和管控机制，正确把握刑法介入的限度。① 那么，在司法实践中如何区分非法集资类犯罪和合法的民间融资行为？就目前的集资规模来看，入罪的门槛较低。如果维持现有的入罪门槛，很多集资行为都将被追究刑事责任。为避免过度干预，刑法应该进行限缩性的规制，以适应经济的发展。因此，笔者认为，可以通过以下两个途径来把握刑法介入的限度。

其一，从资金用途的视角进行合理的区分。正如我国有学者指出："我国的立法者设立非法吸收公众存款罪所要规制的非法集资行为仅指属于商业银行业务的吸收存款行为——一种以资本、货币经营为目的的间接融资行为。"② 因此，对于直接将集资款用于资本、货币经营等的行为，则不宜认定为犯罪。如资金池是由平台严格管理，不由他人自由支配，并没有将资金置于高风险的境地，有将资金借给第三人或者归还给投资人的可能性，该行为的金融风险相对较低，笔者认为不宜轻易作为刑事案件来处理。同时，P2P 借贷平台将集资款用于实体生产经营的，区别于将集资款用于高风险的投资，其风险往往具有可控性。由此，我们可以将部分吸收资金用于投资低风险领域的行为排除在刑法规制的范围外。其二，可以在司法解释中明确规定一些免予刑事处罚或者不作为犯罪处理的事由。如给投资人造成的经济损失不大、全部归还或者与被害人达成还款协议并取得谅解等情形，可以作为免责事由，进一步缩小集资类案件的犯罪圈。给 P2P 借贷平台一定的自由空间，在行政监管或者其他规定的规范下，可以使中小企业有合法的"融资"渠道或者借款途径，朝着良性的方向发展。

2. 刑法介入的广度

目前，P2P 借贷平台出现了严重的"异化"现象，对金融秩序产生了重大的冲击，在某种程度上已经陷入了无准入门槛的境地。P2P 借贷平台集资的规模和人数都超过了传统的集资，这并不意味着 P2P 借贷平台只要合规，就无成立犯罪的可能。特别是对平台的虚假宣传等关联行为，笔者认为，具有规制之必要。

正如前文所言，集资参与人作为非法集资活动链条上的重要一环，同非法集资的发起人和实施人一样，对集资行为的顺利开展发挥着特有的作

---

① 刘宪权、金华捷：《P2P 网络集资行为刑法规制评析》，《华东政法大学学报》2014 年第 5 期，第 20 ~ 28 页。

② 刘宪权：《刑法严惩非法集资行为之反思》，《法商研究》2012 年第 4 期，第 119 ~ 126 页。

用：集资双方事实上存在一种互动关系明显的对合行为。[①] 从集资参与人来看，许多参与人都缺乏法律和金融知识，求财心切，不能区分合法与非法之间的界限；从集资人的角度分析，涉罪集资人契合投资人的心理，以高回报为幌子，不断包装、塑造平台的经济实力，进行线上和线下虚假宣传。通常，线下在商场、交通要道等人员密集的地方，以发传单和开宣讲会等方式宣传；线上则是找广告公司合作，将投资信息发布在人员密集的地方，如机场、地铁站等。在司法实践中，集资类案件涉嫌刑法犯罪的，并没有追究发布虚假广告的责任，这使平台虚假宣传的门槛和成本太低。在实践中，只对欺诈性严重的高息、虚假发标的行为追究刑事责任，而对其他方式的虚假宣传的规制力度不够，则难以达到保护社会公共安全的目的。因此，我们应该严格广告商或者发布信息者的责任，将发布虚假信息纳入法律规制的范围。

（二）建立"数额 + 情节"的定罪量刑标准

P2P 平台一旦出现资金链断裂、"爆雷"等现象，就会对金融秩序产生巨大冲击。刑法的谦抑性要求其只能在其他规范无法实现有效规制时才发挥作用，面对严重危害金融秩序的犯罪行为，在其他法律规范无法调整时，刑法应该及时介入。

1. "人数 + 数额"定罪量刑标准之反思

目前对集资类涉罪案件，司法实践中采用的依然是"人数或者数额"的定罪量刑标准。例如，《最高人民法院关于审理非法集资刑事案件具体应用法律若干问题的解释》第 3 条的相关规定，主要是根据数额和人数进行具体的判断。但是坚持这种判断标准，将存在以下困境。

首先，这样机械地适用，可能会导致罪责刑不相适应。以"人数或者数额"无法全面评价集资类犯罪。人数或者数额标准虽然具体和明确，便于执行，对防止司法擅断具有积极意义，但是集资类案件情况错综复杂，情节差别很大，难以全面反映具体个案的社会危害性。集资类案件的社会危害性不仅体现在数额大或者人数多上，还表现在对金融秩序的严重冲击上。在有些个案中行为人集资的数额小或者人数少，但对社会造成的损害远大于数额大或者人数多带来的危害。同时，数额或者人数规定的机械适

---

① 时方：《非法集资犯罪中的被害人认定——兼论刑法对金融投机者的保护界限》，《政治与法律》2017 年第 11 期，第 43 ~ 52 页。

用,有时难以根据案件的不同情况做到罪责刑相适应,在一定程度上影响了预防和惩治集资类犯罪的成效。《最高人民法院关于审理非法集资刑事案件具体应用法律若干问题的解释》第 3 条规定个人吸收对象在 100 人以上的、第 5 条规定个人集资数额在 100 万元以上的,应当认定为"数额特别巨大",对应的刑罚为十年以上有期徒刑或者无期徒刑。但是对于吸收人数在 400 人以上或者金额在 400 万以上甚至更多的,也在十年以上有期徒刑或者无期徒刑范围内量刑。因此,造成了量刑不平衡,甚至失衡,无法做到罪责刑相适应,严重影响了惩治集资类犯罪的法律效果和社会效果。

其次,集资类案件涉及的人数或者数额一般都比较多和大,此种定罪量刑标准的门槛较低,使得刑法具有过度介入经济生活之嫌,与刑法的谦抑性相违背。"如 P2P 网络借贷入罪多以吸收资金的数额或经济损失为依据,较少考量行为人的主观恶意与资金的去向用途等因素,很大程度存在客观归罪之嫌,并违反了法益保护的位阶关系之价值。"[1]

2. "数额 + 情节"的定罪量刑之建构

既然单纯以数额和人数为入罪标准不能体现非法集资犯罪的社会危害性,同时容易导致司法实践中的罪刑失衡、宽严失度等不合理现象,那么应该改变单纯以数额或人数为定罪量刑标准的模式,建立更加合理的综合性评价标准。[2]因此,建立严格的刑事规制体系,除了考量入罪的数额之外,仍然需要考虑特定的情节这一要素。当然,对情节依然需要一分为二地进行考量,根据情节的作用不同,具体可以区分为三类。

第一,考量入罪标准的情节。例如,一些 P2P 借贷平台非法集资的数额未达现有标准,但因为其行为方式、涉及范围、造成的后果等影响恶劣,视为具有严重社会危险性,应将其纳入犯罪的圈子,受刑法所调整。第二,考量出罪标准的情节。根据我国《刑法》第 13 条之规定,情节显著轻微,危害不大的,一般不作为犯罪。在司法实践中存在以下值得探讨的情形:行为人集资后,明知某一投资行为存在较大的风险仍然决定投资,并最终亏损导致不能归还钱款的行为该如何处断?如果形式化地理解司法解释的内容,这种情形一般均作为犯罪处理。但是,对于该种情形,应当考虑以下三个因素较为妥当:"一,集资对象对风险的承诺范围;二,

---

① 杨晓培:《异化与复归:P2P 网贷金融风险的刑法规制》,《刑法论丛》2017 年第 1 期,第 1 ~ 26 页。

② 李永升、胡冬阳:《P2P 网络借贷的刑法规制问题研究——以我国近三年的裁判文书为研究样本》,《政治与法律》2016 年第 5 期,第 38 ~ 47 页。

行为人对风险的注意义务程度；三，行为人对风险的防范措施。"① 即，如果行为人的承诺在风险应有的范围之内，且履行了应有的注意义务，对风险也采取了具体的防范措施，那么视为出罪的情节较为妥当。第三，考量量刑标准的情节。在 P2P 借贷平台中，如存在集资款全部退还受害人或者承诺退还且取得受害人谅解的和被害人有过错等情节，可以考虑较少使用自由刑，多采用财产刑或者其他非刑罚方法的处罚措施。"当事件的结果一定时，被害者过错越大，加害者的刑事责任就越小；反之，则加害者的刑事责任就越大。"②

总而言之，建立严而不厉的刑法规制体系，建立"数额 + 情节"的定罪量刑标准体系，设计一套完善的监管 P2P 借贷平台的方案，有助于推动 P2P 借贷平台的健康有序发展。

（三）正确把握此罪与彼罪的区分界限

1. 明确"以非法占有为目的"的区分界定功能

《刑法》第 192 条规定，"以非法占有为目的的，使用诈骗方法非法集资的……"，该条是对集资诈骗罪的法律规定，也成为集资诈骗罪与非法吸收公众存款罪的重要区分标志。所谓"以非法占有为目的"是指犯罪行为人在主观上具有将非法集资的资金据为己有的目的。通过对实践中的案例进行分析，发现在定集资诈骗罪的案件中，大部分被告人都辩称其融资不是为了"自用"或者高息转贷，即主观上不存在非法占有的目的。

通过对 26 份判决书的分析，公诉机关在指控中均以"以非法占有为目的"作为起诉的实质理由。此外，在 26 份判决书中，只有一份判决书在"本院认为"部分没有出现"以非法占有为目的"的陈述，其余 25 份判决书中都出现了"以非法占有为目的"的陈述。因此，对"以非法占有为目的"的判断成了司法机关在审理 P2P 涉罪案件时需要注意的一个重要衡量标准。为了解决这一问题，《最高人民法院关于审理非法集资刑事案件具体应用法律若干问题的解释》第 4 条采取列举规定的方式，对"以非法占有为目的"的内容进行了明确。③

---

① 赵国强：《网络犯罪的刑事法规制》，澳门刑事法研究会，2019，第 333 页。
② 高维俭：《试论刑法中的被害者过错制度》，《现代法学》2005 年第 3 期，第 123 ~ 128 页。
③ 第 4 条具体规定的内容为："……具有下列情形之一的，可以认定为'以非法占有为目的'：（一）集资后不用于生产经营活动或者用于生产经营活动与筹集资金规模明显不成比例，致使集资款不能返还的；（二）肆意挥霍集资款，致使集资款不能返还的；（三）携带集资款逃匿的；（四）将集资款用于违法犯罪活动的……"

可以看出，在判决集资诈骗罪时，必须要说明和体现"以非法占有为目的"。但是在该标准的判断和认定过程中，主观意识的不可回溯性导致我们"无法看到犯意，甚至最先进的现代技术也无法发现或者衡量犯意"①。司法机关在定罪量刑时，既要避免单纯依据客观行为，导致客观归罪，也不能仅依据被告人的主观供述，必须要坚持主客观相一致，做到具体问题具体分析。因此，司法机关要尽可能地将对主观目的的判断过程可视化、可验证化，这对证据收集和判断的要求极为严格。②虽然司法解释确定的"以非法占有为目的"的判断较为明确，但是尚存在以下问题：首先，该判断以客观事实作为推定行为人主观内容的基础，因此存在误判的可能；其次，该判断不能穷尽所有类型的"以非法占有为目的"。

因此，关于在P2P涉罪案件中判断行为人的主观目的，笔者认为，应当重视以下路径。对非法占有目的的判断不应该与财产犯罪的非法占有目的相背离。我国不仅仅在集资诈骗罪中规定了"以非法占有为目的"这一要素，在财产犯罪中一般将其作为不成文的构成要素对待。在财产犯罪中一般主要通过两个方面的内容进行判断：其一，行为人需要实施排除占有的行为，即行为人要想非法占有该财产，必然通过相关行为排除权利人对该财物的占有；其二，还需要行为人建立对该财物的占有，只有同时满足了"排除占有"和"建立占有"两个要件，才能得出行为人主观上具有非法占有的目的的结论。详细来看，通过P2P平台，利用欺骗手段归集资金的背后可能存在不同的主观心态，行为人可能是为了获得资金，也可能是为了进一步占有资金，③但是无论基于何种心态聚集资金，如果要被认定主观上具有非法占有目的，首先，需要通过虚假的手段让被害人交付一定的财物从而排除被害人对财物的占有；其次，行为人必须要实施一系列的行为实现对财物的进一步占有，例如，获得资金后进行挥霍等；最后，允许当事人进行反推。当然，如前文所论，非法占有目的毕竟是涉及行为人的主观内容，在一定程度上，只是依据特定的客观事实所作出的一种推定。"在刑事推定中，基础事实必须与案件事实有关联，不能把与案件无关的事实作为推定的基础。同时，基础事实必须是得到证明的事实，其准

---

① 黄勇、徐会志：《论P2P网络借贷金融消费者权益保护》，《河北法学》2016年第9期，第16~27页。

② 邓超：《互联网金融发展的刑法介入路径探析——以P2P网络借贷行为的规制为切入点》，《河北法学》2019年第5期，第162~177页。

③ 赵国强：《网络犯罪的刑事法规制》，澳门刑事法研究会，2019，第333页。

确性直接影响推定事实的可靠性。"① 当然,"在司法解释看来,只要行为人客观上没有还钱,必然能够得出行为人将借款非法据为己有的结论来,即使行为人由于其他原因不能还本付息也不能成为辩护理由"②。笔者认为,由于案件事实往往较为复杂,司法机关并不能百分之百地确定证据的真实性以及可靠性。那么,如果行为人对此能够提出证据证明自己的行为不属于上述司法解释规定的内容,也应当排除行为人主观上具有非法占有目的。

2. 正确区分合同诈骗罪与集资诈骗罪

在学界,有学者认为,"P2P平台非法集资也会使用集资合同的方式,两者的权利义务都指向金钱给付。所以,集资诈骗罪和合同诈骗罪之间也属于包容竞合"③。实质上,合同诈骗罪与集资诈骗罪的构成特征较为明确,虽然均要求行为人主观上具有非法占有的目的,但是区分两者并非难事。

从两罪被规定在不同的章节之中的地位可以看出,两罪在法益保护方面存在较大差异。其一,集资诈骗罪不仅严重侵害了社会公众的利益,如损害了某些直接投资者的切身利益,而且扰乱了国家的金融秩序,进而影响到社会的稳定,较易引起社会群体性事件。而合同诈骗罪侵犯的是公私财产所有权和市场秩序,扰乱的是我国市场经济秩序。其二,两罪在侵犯对象方面也存在较大的不同:集资诈骗罪主要是行为人使用诈骗方法非法向社会公众募集资金的行为,其侵害的对象是不特定群体的利益。而与之不同的是,合同诈骗罪在被害人人数方面没有特别的限制。

五 结语

目前,一些P2P借贷平台突破了"信息中介"的这一定位,出现了严重"异化"的现象,涉嫌大量的集资类犯罪,对我国的金融秩序造成了巨大的冲击。因此,我国对P2P借贷平台的监管正在从弱管控向强整合的阶段迈进。完善对P2P借贷平台集资的法律规制,既可以推动P2P借贷平台走向规范化,也可以推动互联网金融的发展。事实上,在管控P2P借贷

133

---

① 刘万奇:《刑事证据学》,中国人民公安大学出版社,2012,第226页。
② 姚万勤:《集资诈骗罪中"非法占有目的"的理论回归——以吴英案为例的探讨》,《四川师范大学学报》(社会科学版)2014年第1期,第37~44页。
③ 古加锦:《金融诈骗罪的罪数形态探析》,《政治与法律》2014年第2期,第28~38页。

平台时，刑法的介入限度不宜过大，即不能仅依靠刑法规制或者直接动用刑法解决纷争，但是也不宜"过度谦抑"，否则可能会对一些严重危害金融秩序的犯罪行为形成反向的激励。因此，必须要正确把握刑法的介入限度。行政监管与刑法规制犹如推动 P2P 借贷平台集资前行和发展的两个车轮，我们必须要做到刑法规制与行政监管的配合与衔接，厘清两者的界限，取长补短，共同为 P2P 借贷平台的发展保驾护航。另外，P2P 网络集资所带来的金融创新以及对社会生活和经济发展产生的积极影响是不容忽视的，我们显然没有必要将 P2P 网络集资置于"难以生存"的境地。[①] 针对目前入罪门槛较低且"人数或金额"定罪量刑的标准较为僵化的现状，我们可以建立"数额＋情节"的定罪量刑标准，将一些 P2P 借贷平台的集资行为排除在刑法规制的圈子外，利用其他手段进行调控，如设置相应的市场准入机制、信息披露制度和信用机制等。所有的法律规制或者其他调控手段都不是一蹴而就的，需要进行多维度、多层次的论证分析，如此方能推动 P2P 借贷平台逐步地走向合法化与规范化，进而推动金融市场的发展。

---

① 刘宪权：《刑法严惩非法集资行为之反思》，《法商研究》2012 年第 4 期，第 119～126 页。

人工智能在强制执行领域的应用与完善[*]

上官俊峰[**]

摘　要：人工智能、大数据、区块链等新兴技术成果改变了传统强制执行工作的方式，推进了执行信息化进程，提高了执行质量和效率。与此同时，人工智能在强制执行领域存在信息未完全实现开放共享、网络查控平台尚有缺陷、联合失信惩戒机制有待完善、人工智能的界限不明等问题。未来，人工智能应朝着融合、智能、集约与协同的方向发展，助力实现强制执行工作网络化、智能化、信息化。

关键词：人工智能　强制执行　网络化　信息化

在最高人民法院提出"用两到三年时间基本解决执行难问题"的背景下，各级法院以科技为依托强化了执行措施，取得了一系列成绩。其中，发展较为显著的是将传统司法执行措施与大数据、人工智能等前沿技术相结合的"智慧执行"建设。[①] 各级法院以融合和智能为导向不断优化升级执行系统，将人工智能、大数据、区块链等新兴技术成果应用于执行领域，依托信息化整合执行力量，推动执行工作的开展。

一　强制执行工作方式的演变

20 世纪 90 年代以来，人民法院受理的执行案件数量大幅度上升，未执行的积案明显增多，影响了社会主义市场经济的正常运行，损害司法权威，社会各界反映强烈。针对被执行人难找、财产线索难寻、联动执行难动等问题，《民事诉讼法》强化了强制措施的实施，规定法院有权向银行、

　＊　本文属国家社科基金重大项目"新时代国家安全法治的体系建设与实施措施研究"（编号：20&ZD190）的成果之一。

＊＊　上官俊峰，西南政法大学行政法学院 2016 级博士研究生，重庆市第五中级人民法院四级高级法官，研究方向为法学理论、强制执行、破产法。

　①　王晶晶：《我国民事诉讼"智慧执行"的现实困境与优化进路》，《西安石油大学学报》（社会科学版）2020 年第 1 期。

信用社和其他金融机构查询、冻结、划拨被执行人的存款，有权拍卖被执行人的财产等。其间先后开展了多次清理执行积案的工作。1998 年 9 月至 12 月，全国法院共清理未执行积案 120 万余件，执行标的总金额约达 893 亿元。① 为巩固集中清理执行积案活动成果，积极推动建立化解执行难问题长效机制，最高人民法院会同 19 个中央和国家机关联合发布《关于建立和完善执行联动机制若干问题的意见》，推进联合惩戒失信被执行人体系建设，初步构建了综合治理执行难问题的工作格局。

中共中央于 1999 年下发"11 号文件"，号召动员全党全社会的力量解决执行难问题。至此，执行难不只是司法层面的问题，而被提升到了政治层面的高度，人民法院执行工作受到前所未有的重视，解决执行难成为全党和全社会的共识。1999 年 10 月 20 日，最高人民法院印发《人民法院五年改革纲要》，对人民法院的组织体系、审判方式和管理制度等进行改革，提出综合治理执行难的意见。最高人民法院加强了对跨地区重大民事执行案件的协调，2005 年共办理此类案件 210 件。同时，运用现代电子信息技术手段，开发"全国法院执行案件信息管理系统"，探索建立国家执行威慑机制，会同公安、工商、银行等部门对拒不执行法院生效裁判的被执行人加大制约力度，促使其自动履行生效裁判。②

2014 年 10 月 23 日通过的《中共中央关于全面推进依法治国若干重大问题的决定》指出"切实解决执行难，制定强制执行法，规范查封、扣押、冻结、处理涉案财物的司法程序，加快建立失信被执行人信用监督、威慑和惩戒法律制度。依法保障胜诉当事人及时实现权益"。2016 年，最高人民法院提出"用两到三年时间基本解决执行难问题"，向执行难全面宣战，并印发了《关于落实"用两到三年时间基本解决执行难问题"的工作纲要》（以下简称《工作纲要》），对全国法院执行工作提出要求并作出部署。《工作纲要》提出，完善网络查控体系，与人民银行、商业银行、不动产登记中心、车辆管理登记中心等建立执行网络查控系统，在解决"被执行人难找、财产难寻"问题上谋求重大突破。通过建设全国四级法院的统一网络查控平台，解决传统财产调查效率低下的顽疾，逐步实现执行干警足不出户即可查找、控制、处置财产，在财产查控方面取得重大进步，极大地提高了执行效率。建立全国统一的网络司法拍卖平台，2017

---

① 参见 1999 年《最高人民法院工作报告》。

② 参见 2006 年《最高人民法院工作报告》。

年 3 月上线以来，共进行网络拍卖 36.9 万次，成交额 2545.3 亿元，溢价率达 52%，为当事人节省佣金 78 亿元，在高风险的司法拍卖领域实现违纪违法零投诉。[①]

在"基本解决执行难"任务基本完成的基础上，中央全面依法治国委员会于 2019 年 7 月 14 日印发《关于加强综合治理从源头切实解决执行难问题的意见》（以下简称《综合治理意见》）。《综合治理意见》就加强执行难综合治理，加强人民法院执行工作，从源头解决执行难作出了全面部署。地方党委、政府积极响应《综合治理意见》号召，提出方案并贯彻落实，在不动产网络查询、控制等方面积极探索。人工智能在强制执行制度改革和完善方面发挥了巨大作用。

二　人工智能在强制执行工作中的运用

在科技的助力下，人工智能赋能强制执行，在信息化、网络化方面取得成绩，改变了以往必须持工作证前往特定网点查询信息的方式，实现了从片段、低效到集约、高效的飞跃，推动了联动执行机制和信用惩戒机制的建设。

（一）信息化改变信息鸿沟

科技发展极大地改变了人们的生活状况，足不出户即可实现财产转移，同时也为执行工作带来新的挑战。以银行为例，传统强制执行由执行干警"二人一车"前往银行查询、冻结、扣划存款，存款人通过手机、网上银行只需几分钟就可以实现转账操作。冻结执行款项和当事人自行操作转账存在时间差，增大了执行难度。传统强制执行信息化程度低，执行干警自行前往财产登记部门查询财产信息，费时费力、成本高且效率低下。同时，区县级财产登记部门之间未联网，仅可查询特定区县范围内的财产情况，超出该区县范围则无法查询。为此，执行法院主动查询被执行人财产通常仅限于查询辖区范围内的财产登记状况，辖区外的财产通常无法查询到。片段化、区域性的财产调查成为难以逾越的信息鸿沟，不利于债权的实现。与此同时，被执行人能够实现财产的快速转移。信息不对称是造成执行难的客观原因。

---

① 参见 2018 年《最高人民法院工作报告》。

在人工智能得到广泛应用与推广前，执行法院解决信息鸿沟的措施有限。人工智能助推下的信息化建设为解决信息鸿沟提供了新思路。信息化首先有赖于财产登记部门内部的信息化，网络技术将原本分散在不同区域财产登记部门的信息予以系统化，当且仅当财产登记部门内部实现了信息的统一登记和管理，才能在具备法定条件时，将财产信息提供给执行法院。通过建设全国四级法院的统一执行信息平台，将原本分散的案件管理系统、财产查控平台、财产处置平台、失信惩戒平台统一到执行信息平台，可一键查询相关信息，有效解决信息鸿沟问题。

（二）网络化促进联动执行

亚当·斯密提出，"司法权如不脱离行政权而独立，要想公道不为世俗所谓政治势力所牺牲，那就千难万难了。……为使各国人感到自己一切应有权利，全有保障，司法权不但有与行政权分离的必要，且有完全脱离行政权而独立的必要。审判官不应由行政当局任意罢免，审判官的报酬也不应随行政当局的意向或经济政策而变更"①。按照传统的分权理论，立法、司法、行政三权之间是相互对立、相互制约的关系，而不是相互合作的关系。与审判权独立运行不同，执行权的运行离不开相关部门的支持。执行难问题的解决是一项系统的社会工程，在党委统一领导下，依靠有关部门的协助和配合，整合社会各方面力量，多管齐下，多措并举，合力攻坚，才是解决执行难问题的治本之策。②法院执行工作最大的特点是执行权的有效实施离不开对外部资源的利用，绝大多数执行案件的办理都是在法院执行部门与外部单位的互动中完成的。

最高人民法院与中央19个部门印发的《关于建立和完善执行联动机制若干问题的意见》（以下简称《联动机制意见》），载明了各个部门的职责，对执行联动机制构建工作提出了明确的要求。规定成立执行联动机制工作领导小组负责联动事项的统筹协调，同时规定了不履行联动职责的处理办法，保障执行联动机制的有效运行，旨在同有关部门联动，合力打击拒不履行生效裁判的行为，提高强制执行力度，推动执行难题的解决。在财产查询与控制、信用惩戒、执行拘留等方面，法院与其他部门之间不断

---

① 〔英〕亚当·斯密：《国民财富的性质和原因的研究》（下），郭大力、王亚南译，商务印书馆，1974，第284页。

② 黄晓云：《执行联动，合力攻坚——访最高人民法院执行局局长俞灵雨》，《中国审判新闻月刊》2010年总第55期。

交互，在协助层面发生联系。换言之，离开联动单位的协助，执行工作寸步难行。网络化使联动工作更加便利，通过接入联动单位的网络，实现执行信息与联动单位的快速联通，将《联动机制意见》规定的权利落实到实际工作中。

（三）区块链推动信息技术变革

网络技术、信息化使强制执行进入了高速发展的快车道，改变了传统"两人一车"满世界跑，查找财产线索靠勤奋、靠经验的状况。事实上，执行工作的好坏取决于执行法院掌握、处置信息的能力，科技发展致力于解决信息隔阂，以便更好地服务执行工作。尽管目前的执行信息化在提升执行质效、规范执行权运行、提高执行强度方面发挥了重要作用，但是系统平台建设集约化程度不高，在一定程度上制约了信息化促进大执行的效果，具体存在平台不统一、功能不立体、信息不对接等问题。[①] 如何整合网络资源、消除网络壁垒、开放数据资源，是执行信息化深入发展和应用中需要解决的现实问题。区块链技术打破了业务领域和地域范围的界限，自动地编制、联结、统一网络，推动了执行信息变革。

区块链作为一种保护数据安全的分布式账本，其本质性的功能就有重要的社会价值，而这种保护数据安全、防止篡改的社会价值将继续得到积极的肯定与利用。[②] 区块链能够摆脱单一中心网络或多中心网络的局限，形成一个统一的区块链信息网，从而提升目前各项执行系统的集约化。通过运用区块链技术，执行法官的诸如发出执行通知、会见当事人、发起财产查询与控制指令、对拒不执行行为进行处罚等行为会被记录在案，同时，接收到指令的各个联动单位对执行指令的反馈，评估、拍卖等辅助单位的配合完成情况会以"交易"的形式"记账"，所有行为都由参与者有效记录，形成数据并记录在分布式记账系统。所有数据块链接在一起后，形成执行区块链。区块链汇集了全部执行行为及相关执行数据，便于执行干警查阅，也便于执行管理和监督。不可更改的数据链有利于完善执行管理，可轻松核查执行指令是否及时发出，是否完成了规定执行行为。此外，区块链数据可予以实时公开，从而实现执行公开的即时、透明。区块链技术的不可篡改的特征有助于保障在执行联动、失信限高上数据的真实

---

① 王小梅：《法院执行信息化建设的成效、问题与展望》，《中国应用法学》2018 年第 1 期。

② 苏宇：《区块链治理之现状与思考：探索多维价值的复杂平衡》，《中国法律评论》2018 年第 6 期。

性和安全性。

三 人工智能在强制执行领域存在的问题

人工智能的适用改变了传统执行方式，提高了执行效率，与此同时，人工智能与执行信息化建设在信息开放共享、网络查控平台建设、联合失信惩戒等方面存在不足之处。未来，执行信息化应朝着融合、智能、集约与协同的方向发展，助力实现执行模式现代化。①

（一）信息未完全实现开放共享

信息化要求数据开放共享、互联互通，消除信息壁垒。目前执行信息仅在部分领域实现了联通，未完全实现开放共享。一方面，法院内部未完全实现信息共享。在省域维度下，法院在案件基础信息共享、财产查控、委托执行方面基本实现了互联互通，执行干警能够通过案件管理系统和网络查控平台查阅相关信息，发出执行指令。在跨省域维度下，异地法院未实现数据的互联互通，无法通过平台查阅其他省域的执行信息，包括外省法院有无执行案件，案件有无财产线索，案件是否执行完毕等。另一方面，在最高人民法院推进解决执行难的大背景下，最高人民法院同相关财产登记部门签订了合作协议，以信息化为抓手，力求实现执行系统与财产登记部门系统的互联互通，实现财产数据的信息共享。在互联网思维下，通过将分散在不同区块的执行信息串联起来，形成信息、数据交互无阻的"信息岛链"，实现信息的互联共享。目前实践中依然存在信息壁垒、信息不对称等问题。执行领域中的信息不对称表现在三个方面：首先，不同地域、不同层级法院的执行数据共享存在困难；其次，以网络执行查控和联合信用惩戒为主要内容的执行联动机制存在法院系统与其他部门之间的信息没有完全对接的问题；最后，社会信用信息与被执行人名单信息之间未能做到无缝对接。②

（二）执行网络查控平台存在缺陷

从 2013 年起，最高人民法院逐步建成了从最高人民法院到基层法院

---

① 中国社会科学院法学研究所法治指数创新工程项目组：《中国法院信息化发展报告 No. 4（2020）》，社会科学文献出版社，2020。

② 王小梅：《法院执行信息化建设的成效、问题与展望》，《中国应用法学》2018 年第 1 期。

四级联动的执行网络查控平台，通过与人民银行等单位联网和数据共享，解决传统财产调查效率低下的顽疾，逐步实现执行干警足不出户即可查找、控制、处置财产，在财产查控方面取得重大进步，极大地提高了执行效率。法官足不出户轻点鼠标，便可冻结甚至扣划老赖存款。[①] 科技和信息化的发展极大地便利了执行工作，最高人民法院开通的执行网络查控平台是联动措施发挥作用的重要方式，平台建设现已取得许多成绩，大大提高了查控财产的效率，但还有提升空间。例如部分银行未纳入查控范围，或者仅开通了查询冻结功能，未开通扣划功能；不动产未实现全省、全国范围内的联网查询，未实现网上查封；车辆未实现网上查询、查封；随着金融市场的发展，不断出现的新型财产形式未及时纳入网络查控的范围。受地方保护主义、部门保护主义等因素的影响，一些财产登记信息仅向当地法院开放，一些部门掌握的信息仅在一定范围内向执行法院开放，导致网络查控平台查询的信息不全面，难以穷尽查询财产的措施。不同单位建立的网络不通，收集、保存信息的方式不同，难以保障信息对接的兼容性和有效性。执行网络查控平台改变了传统财产调查的方式，在查找财产和实现部门间有效联动方面成效显著，在肯定成绩的同时，其不足之处有待进一步完善。

（三）联合失信惩戒机制有待完善

强制执行制度在部分国家运行顺畅但在我国运行效果不佳乃至被广为诟病，其主要原因在于：西方发达国家以强制执行与执行威慑的里应外合来构筑诚实信用社会，而我国在强制执行的外围缺少一套成熟而完整的能够促使当事人自觉履行的执行威慑机制。[②] 拒不履行生效法律文书确定的义务是违反诚信方面非常恶劣的行为，其不仅违反了当事人之间对交易事项的约定，且不顾法律权威，挑战社会信用体系。在失信惩戒层面，仅靠法院单方面惩戒，而不接入社会信用体系，对被执行人的威慑十分有限。通过建立四级法院统一的失信被执行人名单库，普通民众可登录最高人民法院网站查询交易对象的失信记录，进而防范交易风险。此外，通过链接

---

① 龙江楠：《依法拘留、信用惩戒、网络查控，更多被执行人主动履行义务》，载中国执行信息公开网，http：//zxzk.court.gov.cn/thirdPage.html？href = shouye/html/zxzx/fy_ 2018 061408194000000857137732.html&system = zxzx。

② 祖鹏、孙瑜：《整体效能优化视角下的执行联动机制》，《人民司法（应用）》2016 年第16 期。

社会信用体系，有关单位能够及时接收被执行人的失信信息，进而在市场准入、交易机会、高档消费等方面对失信被执行人作出限制，实现"一处失信，处处受限"。现有联合失信惩戒机制在联合程度、准度、范围方面需要进一步完善，力求给予失信被执行人足够的压力，使其基于对失信后果的恐惧而选择主动履行义务。

（四）人工智能的界限不明

人工智能改变了执行工作状况，在信息化的推动下，人工智能承担了大量工作任务，执行干警的工作则相应改变。以查控被执行人银行账户为例，在网络查控系统点击查询，即可查询被执行人在多家银行的账户信息，在查询基础上进行冻结、扣划。由此形成两种倾向，即人工智能"强依赖"与"弱依赖"。在"强依赖"语境下，基于人工智能的显著作用，应当进一步扩展人工智能在执行工作中的功能，执行立案后，可由系统自动发起查询、控制、处置指令，实现财产查找、控制的自动化、一体化。减少执行干警的操作，防范拖延执行、选择执行等问题。在"弱依赖"语境下，人工智能在执行领域尚存在一系列问题，其不足以应对复杂的执行工作格局，应当突出执行干警在执行工作中的中心地位，发挥其在复杂案件中的主观能动性，防止因过于依赖人工智能导致执行工作形式化问题。在人工智能完成基本财产查询的情况下，对人工智能的路径依赖可能导致执行工作形式化，即大量案件仅完成网络查控和失信惩戒，不再采取其他执行措施。无论在"强依赖"抑或"弱依赖"语境下，人工智能不可能完成所有的执行工作，需要明确人工智能在执行工作中的界限以及其与执行干警的职责分工。

四　人工智能在强制执行领域的完善

在人工智能的助力下，人民法院得以通过执行工作平台更快更好地查询被执行人身份、财产以及关联案件信息。同时，在强制执行领域人工智能存在信息共享程度不高、网络查控平台尚有缺陷、人工智能在执行工作中的界限不明等问题，需要进一步完善。

（一）完善信息共享机制

针对信息共享不及时、不全面等问题，应进一步推进信息共享机制建设，在制度层面健全信息共享机制。首先，明确信息共享责任单位，根据执行工作需要确认共享责任单位，将共享责任单位的查询系统接入执行系统，执行平台可一键发起对共享责任单位的查询申请，共享责任单位在接收到查询申请后予以回复；其次，完善共享责任单位的信息技术，信息共享责任单位应配备能够实现共享要求的设备和人员，完善信息技术，确保在接收到查询申请后能够及时反馈；再次，明确共享的时间、范围及方式，建立共享机制时应明确共享时间、范围，确保共享信息及时反馈；最后，完善违反信息共享的惩戒机制，信息共享责任单位在接收到执行指令后，若不及时、不准确反馈信息，应承担相应的法律责任。此外，信息共享建立在办理执行案件需要的基础上，当且仅当有利于执行案件的办理时，才能查询相关信息；执行法院仅能查询被执行人有关信息，不得查询与执行案件无关的人员信息，也不得在未立案的情况下查询被执行人信息。

(二) 完善网络查控体系

信息化是解决信息不对称问题的重要抓手，通过网络技术手段，将执行案件信息管理系统跟金融机构、不动产登记中心、车辆管理部门、民政部门等联动单位的系统进行链接，共享执行信息和财产信息，实现法院人员足不出户联网查询、控制、处置财产，建立信息共享、互通平台。在科技发展和信息化背景下，只有当法院查控财产的手段强于被执行人转移财产的手段时，方能促使被执行人选择主动履行义务。人工智能对完善网络查控体系起到巨大作用，执行网络查控系统在解决"被执行人难找、财产难寻"问题上取得重大突破。针对网络查控系统平台建设存在的问题，应当采取措施进一步完善。首先，扩大财产查控协助单位的范围，未纳入查控平台的银行应当尽快纳入，并全部开通冻结、扣划功能；其次，尽快落实不动产在全省、全国范围内的联网查询，开通网络查封、解封、过户功能；再次，开通车辆在全国范围内的联网查询、查封、解封、过户功能，完善主要财产的线上操作功能；最后，将未纳入网络查控系统的新型财产接入执行平台，实现对主要财产网络查控的全覆盖。在此基础上健全网络执行查控系统，加强信息化手段在执行工作中的应用，整合完善现有信息化系统，完善网络查控被执行人财产的工作机制。

(三) 助力联合失信惩戒机制建设

在"切实解决执行难"目标的指引下，地方各级党政机关高度重视执行工作，普遍将解决执行难纳入法治建设重点工作，有效形成了解决执行难的工作合力。通过建立失信被执行人名单制度，多个单位达成联合惩戒失信被执行人的合意，形成多部门、多行业共同发力联合惩戒，"一处失信，处处受限"的信用惩戒格局初步形成，有力地促进了社会诚信体系建设。针对联合失信惩戒机制运行中存在的公开对象的遴选不明确、公开方式的地域差异、公开程序不规范、惩戒的救济不明确、监督体系不完善等问题，应当确立基本权利保障原则，明确纳入失信被执行人名单的范围，合理界分公开对象与公开方式，完善救济与监督制度。确保应惩戒对象受到惩戒，防止将不应纳入惩戒名单的当事人纳入惩戒名单，并在发现惩戒错误时及时启动救济和监督机制。此外，发挥人工智能在网络化、信息化方面的优势，助力社会信用体系建设，将失信惩戒信息及时纳入社会信用体系，使民众能够及时了解被执行人的失信信息，起到提示交易风险的作用。

（四）厘清人工智能的界限

结合当前执行信息化水平，人工智能仅支持查询、控制指令的作出和反馈，不具备智能识别功能，即人工智能能够链接财产登记部门的信息，但不能准确识别应执行财产的额度、财产能否执行以及可供执行的财产范围。应结合人工智能与执行干警在执行工作中的优缺点，明确工作职责，合理界分二者的界限。相较而言，人工智能在数据化、网络化、信息化方面优势明显，可以通过网络链接协助执行单位，实现数据的快速传输。执行干警在理解争议焦点、识别财产属性、进行执行和解方面优势明显，其理解和适用法律的能力是人工智能无法比拟的，能够更准确地作出相关重大执行事项的决定。人工智能应当在财产线索的查找、控制和重要节点提示方面发挥作用，发现财产线索时，人工智能应当作出提示，提醒执行干警及时核实财产线索，进而作出控制财产的决定。当发现执行任务可能错误时，人工智能可进行提示，是否更改由执行干警决定。在实施执行和解，作出将被执行人纳入失信名单、限制高消费等重要决定方面，执行干警应发挥更大的作用，结合网络查控系统反馈的各类信息，制定出合理的执行方案，最大限度地维护申请人权益。此外，网络查控系统无法完成查找被执行人、执行拘留等人身性惩戒措施，执行干警应当在此类工作方面投入更多精力，弥补人工智能的不足。

域外观察

人工智能与金融法[*]

〔韩〕徐琬锡[**] 著 李 杨[***] 译

摘 要: 人工智能(AI)已经触发了韩国的金融领域的初步变革,而且其应用日益广泛多样,技术更新日趋完善。在引领技术革命的同时,人工智能也带来了金融市场规制的难题,例如运算法则串谋、威胁市场安定等。韩国金融当局已经开始探索 AI 服务时的消费者保护问题,但建立完善的规制体系仍然任重道远,AI 的法人格认可与否、AI 意思决定引发事故的预防和归责等争议性问题亟待明确。

关键词: 人工智能 运算法则 机器人顾问 法人格 消费者保护

一 序论

电脑和人类下棋的时候是否能够获胜是数十年间研究人工智能的科学家们最关心的问题。电脑和人类的对决始于 1997 年 IBM 公司的深蓝电脑和当时著名的国际象棋冠军 Garry Kimovich Kasparow 的博弈,在这场对决中电脑取得了胜利。近 40 年后的 2016 年 3 月,韩国发生了世界瞩目的事件:在围棋比赛中谷歌制造的 AI Alphago 出乎众人意料地以 4:1 的成绩战胜了围棋九段国手李世石。

技术的发展持续主导着经济的增长以及全世界市场的变化,与免费或低价服务相比,消费者们在这样的技术成长中获得具备更优秀品质的商品和服务、更多样化的选择和更具创新性的商品。众多企业在经济上有更多部分相互联系起来。随着消费者消费习惯的改变,新的工具渐渐地被开发出来。[①]

---

* 原文载于《嘉泉法学》2019 年第 12 卷第 4 号。

** 徐琬锡,韩国嘉泉大学法学院教授,法学博士。

*** 李杨,西南政法大学民商法学院副教授,法学博士。

① Directorate for Financial and Enterprise Affairs Competition Committee, Algorithms and Collusion – Note by the United States (26 May 2017), at 2 (https://www.ftc.gov/system/files/attach-ments/us – submissions – oecd – other – international – competition – fora/algorithms. pdf).

进一步提高电脑演算能力的方法是提高机械的硬件能力或软件能力、开发更快速的程序。AI 借助电脑程序，拥有了人类的学习能力、推理能力、知觉能力，这比通过输入命令语来运行的运算法则更加先进。围棋对决之后，AI 在韩国引起了更广泛的关注。最近，与第四次产业革命的热点重叠，各产业领域中运用 AI 的事例正在增加。

运用 AI 的代表性事例在金融领域登场了——robo-adviser（机器人顾问）[1]，它是运用大数据进行投资分析、指引投资方向的 AI，在全世界得到广泛运用。最近韩国信韩银行使用了名为 M-folio 的机器人顾问[2]。AI 机器人作为资产管理建议者，达到了人类不能比拟的水平。运用 AI 的事例在金融领域急速增加。

对于 AI，支持和反对的声音都存在。支持者认为，运用 AI 具有降低教育费用、缩减产量、设置与市场环境相对应的最适当价格、提高产业效率等积极作用。反对者认为，运用 AI 存在造成就业岗位减少、个人信息侵害等消极作用。仔细研究韩国的新闻报道和言论记录，发现其中肯定使用 AI 的报道占大部分。

海外已经对 AI 的消极作用进行了诸多研究。经济合作与发展组织（Organization for Economic Co-operation and Development，OECD）正在处理数字卡特尔，以规制 AI 密谈[3]为主要议题的议案正处于探讨中[4]。

在这样的世界趋势下，韩国最近也提出数字卡特尔的问题。2017 年 7 月 24 日，公正交易委员长金相祚提及了运算法则串谋的国际热点问题，阐明了对"运算法则串谋（卡特尔）"的监视问题，并谈及竞争企业决定使用运算法则统一商品的价格和供给量的行为[5]。学界在相似的各个领域也开始了数字卡特尔相关研究[6]。

---

① "robo-adviser"（机器人顾问）是机器和建议的结合语，是比聊天机器人更为先进的人工智能，是自动化投资咨询服务提供系统。机器人顾问不仅可以分析投资者的风险倾向和投资目的，还具备劝诱投资、资产管理、交易商谈等专业人力技能。

② 新韩金融投资主页，https://www.shinhaninvest.com/siw/wealth – management/potfolio/mfo-lio_ tab1/contents. do.

③ "人工智能密谈""数字卡特尔""运算法则串谋"三个词语都在使用，OECD 使用"运算法则串谋"，三个词语的意思相类似。

④ OECD，"Algorithm and Collusion – Background Note by Secretariat，" 2017，https://one. oecd. org/document/DAF/COMP（2017）4/en/pdf.

⑤ 公正交易委员长金相祚在"数字经济"中指出"运算法则串谋"，电子新闻（2017. 7. 24）http://www. etnews. com/20170724000405，最后访问日期：2019 年 11 月 7 日。

⑥ 최난설헌, 알고리즘을통한가격정보의교환과경쟁법적평가, 경쟁법연구제 35 권（2017）; 김건우, 알고리즘으로움직이는경제디지털카르텔가능성커진다. LG경제연구원（2017）.

规制串谋的理由是市场上的营业者们通过协议统一价格、供给量、交易条件等，从而对交易对象，特别是对消费者的利益造成了侵害。企业利用 AI 对供给量、交易条件和价格进行调整的行为也侵害了消费者权益。即通过 AI 串谋逃避规制存在损害消费者福利的危险。在韩国，对数字卡特尔的讨论才刚刚开始，而关于消费者权益侵害的研究几乎没有。

在这样的背景之下，韩国金融业界已经吹响了引入 AI 的正式竞争的号角。本文在对韩国金融领域中 AI 的运用情况、AI 和金融规制、AI 的服务和顾客保护等问题进行分析后，对 AI 的现行法课题以及未来法制提出相关建议。

二　金融领域 AI 的运用情况

韩国的世中银行、互联网专门银行、存储银行乃至整个金融圈都已经开始使用 AI 客服机器人（chatbot）[①] 为消费者提供日常服务。韩国银行圈的 AI 客服机器人竞争已经白热化，AI 系统从根据场景进行单纯应答服务，发展到了可以自觉思考并回答问题。[②]

在韩国，AI 引入已经常态化，金融呼叫中心达到了以数千名 AI 代替人工的规模。在金融商谈等领域 AI 应用也正在飞速普及。尽管与先进国家相比，韩国仍存在差距，但其发展速度相当惊人。AI 已不限于对一般问题进行应答，还能完成对需要外换服务的顾客提供私人定制、对个人债务进行商谈的高难度作业。[③]

总部位于大城市并在全国各地设立支行的世中银行，对非对面机器人顾问的运用最为积极。2017 年 9 月，友利银行的机器人顾问面世，可以提供简单的应答、商谈服务，例如换钱、常识应答、保安卡丢失解决对策等。近来，非对面交易应用范围扩大，AI 也开始涉足存款、贷款业务。韩亚银行与 SK 通信公司联手开发了 AI 金融机器人顾问"拼狗"。"拼狗"可以使用 20～30 岁年轻人的对话体，其追求的目标不是单纯的应答，而是着眼于提供定制型金融服务。信韩银行在 2018 年开发了运用深度学习

---

① Chatter 和 Robot 的结合语，像人类对话一样处理商谈业务等的对话型信息。例如，如果输入"美元汇率"，客服机器人就会告知当前汇率信息，如果问综合股价指数和三星股价，就会及时地告知时价，简单来说就是会聊天的机器人，特别是聊天中代替人类进行对话的机器人。

② 간만보던금융업계 AI 도입, 본격경쟁돌입, *Financial IT Frontier* Vol. 268（2017）：27.

③ 간만보던금융업계 AI 도입, 본격경쟁돌입, *Financial IT Frontier* Vol. 268（2017）：26.

技术提供精准服务的机器人顾问，名叫"知音"，其能够理解自然语言
（Natural Language Understanding，NLU）。① AI 的运用已经扩大到了地方银
行以及第二级金融圈，然而目前大部分 AI 服务仅能对一定模式的问题进
行自动回复。商谈公司正在对客服机器人的服务进行监控，并对不正确的
回答进行修正。②

与此同时，信息技术已经影响到了金融圈的全部，在 AI 服务白热化
的阶段，金融圈内的少数保守派对越发激烈的新技术竞争没有正确对策的
话，就无法成为产业的先导。

金融圈里诸如损害保险公司，不仅需要通过电话直接听取顾客声音从
而进行应对，而且有必要对谈话内容进行细致分析。顾客和商谈师的通话
内容成为非常重要的财产，但对录音的通话内容一一听取和分析，会浪费
时间和增加费用。最近声音识别和测试分析的基本 AI 技术已经开始投入
使用，不但能听取顾客的声音，还能对报偿处理、贷款等进行分类，品质
管理的商业 App 已经被开发出来。

最近美国国家商业研究所（National Business Research Institute）发表
的报告显示，美国 32% 的主要金融公司职员有意积极运用 AI 进行商品分
析、顾客商谈、商品推荐等。与其他金融机构相比，具有积极运用 AI 进
行优质化、效率化经营管理理念的金融机构就会具有优势地位。据此，全
世界金融业界的版图可能会产生变化。③ 今后为了保证各自的竞争力，金
融业界整体最紧急的课题就是 AI 的运用。

美国七个主要的商业银行④为了向顾客提供更好的服务以及提高收益，
把发展投资 AI App 的战略技术放在最优先位置。在主导金融产业的巨型
企业中，竞争力的提高主要依靠金融科技（Fintech）和 AI 应用，这会对
金融的未来产生巨大影响。另外，未来五年对美国消费者影响最大的革新
可能是客服机器人（chatrobot）的发展。⑤

在金融领域，AI 的运用是多种多样的，目前主要的运用领域有三：
第一，交易资产应用领域；第二，融资征信领域；第三，保险领域。未

---

① 与"给我们的夫人十万元"一样，可以直接识别我们一般用语的技术。

② 간만보던금융업계 AI 도입, 본격경쟁돌입, *Financial IT Frontier* Vol. 268（2017）：26.

③ 간만보던금융업계 AI 도입, 본격경쟁돌입, *Financial IT Frontier* Vol. 268（2017）：37.

④ JP Morgan Chase, Wells Fargo, Bank of America, CitiBank, U. S. Bank, PNC, Bank of NY
Mellon Corp.

⑤ AI in Banking – An Analysis of America's 7 Top Banks, techemergence（https://www.
techemergence.com/ai – in – banking – analysis/）.

来，如同无人驾驶汽车的 AI 技术逐步产业化，保险商品的效率结算和风险计算也需要 AI 技术支持，整个保险领域也有必要运用 AI 技术开发新产品。①

三　各国对 AI 的应对和现代课题

1969 年 John Mccarthay 和 Patrick Hayes 共同发表了论文《在 AI 的观点中看哲学》，其中提到关于 AI 所面临的课题：AI 只能在限定范围内处理信息，不能解决实际发生的所有问题。② 然而大数据的运用以及处理能力的提高、柔性云平台（flexible cloud platforms）的搭建、国际交易的扩大以及规制环境的变化正在推动人工智能问题的解决。③

因为技术革新，AI 对金融服务产业产生了巨大的影响，其变化的速度难以预测，挑战着我们的想象。④ 但是目前人工智能的产业化运用仍旧停留在金融和其他领域的初期阶段，为了控制风险和减少不能预期的结果所带来的冲击，以下几点很有必要：第一，改善系统、计划、设计和实验方法；第二，对商业管理者进行监督；第三，AI 使用者和顾客的注意义务等。⑤

但是，随着 AI 衍生技术多样化，人类在使用 AI 的过程中可能发生诸多问题。例如，AI 虽然能够让生活更加便利，但同时也会让人产生失业的恐惧，即 AI 可以像人类一样思考、行动，因而有可能让人类失业；在收集大量数据信息并对其进行加工活用的过程中，AI 还可能导致侵害隐私和数据滥用的危险。除此之外，还有很多我们无法预料的问题，例如 AI 服务的使用者和非使用者之间的差别问题，AI 可能对人类生命造成危险等。

如前所述，AI 带来的第四次产业革命，是产业构造的范式产生变化的核心动力。世界各国为了确保各自的 AI 技术在市场上有竞争力，正在

151

---

① 福岡眞之介，*AI の法律と論點*（商事法務，2018），292。

② 多田智史 （다다사토시），송교석옮김，"처음배우는인공지능개발자를위한인공지능알고리즘과인프라기초"，한빛미디어 （2017）：31。

③ Future Perfect Machine Artificial Intelligence in France – The Road Ahead （May 2018） （https://static1.squarespace.com/static/567c3510a12f44019c963eb0/t/5afe1ef070a6ad7131d66 732/1526603508488/AI + in + Finance + – + The + Road + Ahead + + – + FPM + Dravis +.pdf），at 17.

④ Ibid. at 17.

⑤ Ibid. at 17.

对妨碍新产业成长的要素进行规制、消除和完善。

为了应对 AI 时代的到来，美国在 2016 年以白宫为核心，发布了三份研究报告书①，特朗普行动部把 AI 的产业发展放在最优先位置。2017 年日本总务省的 "AI 网络社会促进会议" 确定了 AI 开发的主导方针，发布了评价机器人的安全性的公共认证制度的运营计划。2017 年欧盟议会通过了赋予 AI 机器人 "电子人类" 的法律地位的议案，最先提出了 AI 机器人开发和应用的指导方针，以及因为机器人可能引起损害赔偿、意思决定等问题，有可能的话应该给予它与电子人类相类似的特定法律地位②。

关于 AI 技术发展，目前讨论的规范性问题包括 AI 的自由性和人类的统治权如何组合，在赋予 AI 自由性的情况下如何认定法律责任，为了认定责任是否应赋予 AI 人格，运算法则的中立性如何确保，对运算法则的信赖度可以认定到何种程度，如何解决 AI 可能对人类的尊严或人权价值造成混乱，如何解决 AI 侵害私生活或个人信息的纠纷，以及如何解决信息不对称问题等。

四 AI 和金融规制

1. AI 服务和金融市场规制

金融领域必然和数理分析互相连接，它是容易受到 AI 技术革命影响的领域。然而在考察各国动向之后，发现已存的论题是以多种形态出现的。AI 技术未来的发展方向目前还不明晰，与其相关的立法和实务都正处于讨论和进行之中。日本最近引入了高频度交易登记制度（High Frequency Trade，HFT）③④，具体是这样的：①对 HFT 投资者进行登记；②对 HFT 行为者进行行为规制，监督当局开始实施监督；③金融商品交易者进

---

① Preparing for the Future of Artificial Intelligence（Executive Office of the President，October 2016；The National Artificial Intelligence Research and Development Strategic Plan，National Science and Technology Council，October 2016；Artificial Intelligence，Automation，and the E-conomy，Executive Office of the President，December 2016）.

② 在 AI 相关技术发展过程中，为了明确责任问题，引入法人格概念的一种想法，目前还只是 EU 执行委员会的建议案〔심우민，"인공지능기술과 IT법체계：법정보학적함의를중심으로"，동북아법연구제 12 권제 1 호，전북대학교동북아법연구소（2018），58 쪽참조〕。

③ 橫山淳，"アルゴリズム高速取引（HFT）規制の導入 - 金融審市場 WG 報告"，金融資本市場レポート（大和総研グループ，2017. 1. 24），3 - 4 頁参考。

④ 另外在欧洲第二届金融商品市场指引中规定了高频度交易（HFT）的登记制，2018 年 1 月预实行；美国等各国当局为引入高频度交易相关规制都在进行相关探讨。

行 HFT 时，要对金融当局履行申报义务；④金融商品交易者等未登记而进行 HFT 交易时禁止受托。美国或者欧洲等的 HFT 登记制度都处于实施或者探讨之中。①

各个国家的金融机关及政府对金融产业 AI 的运用都非常关心，所以，我们有必要考虑其他国家的法律如何进行规制以及规制的程度。例如，国际金融系统为了确保金融市场安定而设立的组织——金融安定委员会（Financial Stability Board，FSB）在 2017 年 11 月 1 日发表了金融安定委员会报告书，指出金融圈引进 AI 将面临很多的危险因素，包含很多问题，例如：第一，AI 或以机器学习为基础的 AI 所作出的金融决定，可能影响到整个金融系统，给金融机构招来损失，且金融机构的损失责任主体认定将十分困难；第二，银行和保险业界以机器代替人工的话，规制当局无法插手，需要依赖外部技术业界；第三，提供 AI 技术的企业出现问题的话，多数金融机构会产生运营障碍等问题。为了解决 FSB 指出的问题，有必要建立顾客监督制度。在目前尚无国际标准的情况下，以美国、中国、英国、日本、韩国等为中心，运用 AI 大数据等 ITC 技术的金融公司已经开发了内部遵法监视系统（Regulation Technology，Reg-Tech）。该系统使金融规制机构的金融监督自动化，金融公司引入 Reg-Tech 技术后，提高了内部治理的效率，由于不遵守规制而产生的不必要的费用得以节约②。现在，解决由 AI 引起的金融规制问题的时代已经到来了。

2. AI 服务和顾客保护等

金融保安院和韩国情报保护协会通过的 "2018 年金融 IT 保安十大热点展望和对应战略" 报告书，提到了 AI 办理金融服务的客服机器人和机器人顾问，以及金融服务的现状和展望。办理金融服务的客服机器人和机器人顾问使顾客使用互联网和移动机器设备非常便利，而且能够在提供服务时最大化地节约人力物力，减少手续费。而且投资门槛低，方便个人顾客使用。以往韩国未使用过机器人顾问进行非对面投资服务，因为 1:1 定制服务是全权委托投资合约的特色，通过商谈等把握投资者的关注点是全权委托投资业的根本构成要素，非对面全权委托合约缔结时全面使用机器人顾问，可能会破坏其根本构成要素，所以在资本市场法上也有准用困难的一面。③ 然而，韩国的金融当局在不破坏全权委托投资业主旨的情况下，

153

---

① 福冈真之介，*AI の法律と論点*（商事法务，2018），292. –294。

② 《数字时代》2018 年 8 月 20 日新闻《证券公司公告栏错误出现的警告》。

③ 韩国金融当局于 2015 年 10 月 1 日法令解说回信中发布的内容。

开始寻求相关代替方案等，持续促进该规制的完善。①

　　例如，韩国金融委员会在"2018年金融委员业务计划"中，发布了2018年下半期机器人顾问的非对面全权委托合约运用计划，该计划以机器人顾问测试平台②通过的企业为对象，以通过视频通话履行说明义务等投资者保护措施为前提③。

　　测试通过后智能投资顾问可以为顾客服务，无须专门的人力，而是由机器人顾问接受咨询或运作顾客财产。机器人顾问测试通过的事实和结果可以记载在投资广告和投资说明书上，可以通过线上媒介交付全权委托投资报告书。然而，对于没有参加测试的机器人顾问，金融机构在和顾客对接时需要人为地、义务性地介入。不参加测试的事实也需要在投资广告和投资说明书中进行明示。通过测试的企业运用机器人顾问进行非对面全权委托投资服务时，在投资者保护方面产生了很多的忧虑，所以，韩国金融委员会在2018年下半期制定了全权委托投资模范标准，明确规定了投资者利益最善义务④、重要事项通知义务、记录保管义务等。现在金融服务领域客服机器人和机器人顾问受到了广泛的关注，以后还会开发出多种形态的AI，加速第四次产业革命时代金融服务行业的进化。

　　但是这样的进化和AI系统的发展可能会引发很多的问题。第一，投资咨询服务的风险性可能提高；第二，因为应用AI系统，对行为者特征的把握和追踪变得困难，金融当局的监督效率可能会下降；第三，海外网站提供该服务时，除了关闭该网站的措施外，很难找到适合的规制方式；第四，AI系统操纵市场，发布虚假信息，进行内幕交易、不公正交易乃至扰乱市场交易的危险性可能提高；第五，AI系统错误或者黑客事故可能会导致大规模的金钱损失等。⑤

　　机器人顾问可以替代人类作投资判断，同时可以做出投资的施行、回收等意思决定，即金融服务的本质业务。在实践中，机器人顾问的设定阶

154

---

① 홍승일변호사, 인공지능시대와금융서비스, 연합인포맥스 2018년 4월 2일자칼럼 （ht-tp∥news. einfomax. co. kr/news/articleView. html？idxno＝3441759）.

② 测试平台是指能够对新技术、产品、服务的性能和效果进行试验的环境或系统、设备（http∥news. einfomax. co. kr/news/articleView. html？idxno＝3441759）.

③ 홍승일변호사, 인공지능시대와금융서비스, 연합인포맥스 2018년 4월 2일자칼럼 （ht-tp∥news. einfomax. co. kr/news/articleView. html？idxno＝3441759）.

④ 译者说明：投资者利益最善义务，指投资顾问服务机构应该为投资者的最大利益行事，全面公正地披露信息，特别是其中可能涉及与投资者利益冲突的信息。

⑤ 홍승일변호사, 인공지능시대와금융서비스, 연합인포맥스 2018년 4월 2일자칼럼 （ht-tp∥news. einfomax. co. kr/news/articleView. html？idxno＝3441759）.

段已经完成。机器人顾问开发初期阶段已存在的金融投资业者的角色非常重要，金融投资市场的构造和环境发生了革新变化，与此同时金融投资业和 IT 领域传统的规制体系也发生了相当变化。此外，AI 几乎可以完全认知、预测市场，将投资者的可能损失降到最低。有人提出，这样的 AI 普遍存在后，最终金融投资商品的投资性，即由投资损失到投资收益变化的金融市场，其自身能否维持将成为问题①。

以日本为例，部分或全部不需要人为介入的个人资产运用服务登场了②，因而未来以投资组合管理和金融资产管理为目的、比机器学习或深入学习的方法更加进步的 AI 可能登场，可能发生 AI 完全替代人类介入金融资产管理过程的结果。而在 AI 判断的过程中如果出现瑕疵，就会产生如何保护金融消费者的问题。在可以称为机器人顾问中心地的美国③，政府对使用机器人顾问的投资者提出警告，并根据金融业监管局（FINRA）对使用投资建议服务提出的问题等发表了数字化投资建议报告（report on digital investment advice）等。④

五 金融法领域 AI 相关问题的探讨

1. AI 法人格认证

关于 AI 是否应该被赋予法人格的问题和若其被赋予法人格，法人格的范围边界在哪，以及其他相关问题，我认为值得更多的案例探讨和研究。

如果承认 AI 的法人格，企业需要对法人格的不法行为承担使用者责任。相反，不承认 AI 的法人格的话，AI 只是企业为了营业而应用的工具，因此企业本身要承担责任。使用者责任和企业本身责任的最大差异是免责可能性。在使用者责任中，企业尽到监督管理责任就可以免责；在企业本身责任中，仅能就法律规定的事项免责。

尽管未来情况以及将产生的问题尚不明晰，但是我个人认为，在目前的情况下不应该赋予 AI 法人格。若赋予法人格，AI 的行为就是 AI 的独立

---

① 홍승일변호사, 인공지능시대와금융서비스, 연합인포맥스 2018 년 4 월 2 일자칼럼（http:∥news. einfomax. co. kr/news/articleView. html? idxno = 3441759）.

② 福岡眞之介，*AI の法律と論點*（商事法務，2018），295。

③ 美国的机器人顾问价值规模，截止到 2014 年 12 月末已经有超过 20 家公司拥有超过 190 亿美元。和田敬二朗/岡田功太，"米国で拡大する「ロボ・アドバイザー」による個人投資家向け資産運用"，「野村資本市場クォータリー」2015 年冬号（野村資本市場研究所）。

④ 福岡眞之介，*AIの法律と論點*（商事法務，2018），295 – 296。

行为，AI 成为金融公司的被雇用者，则在现有法律体系中，使用者责任认定、适用的根据是使用者对被雇用者有统治的可能性。使用者只要能够证明尽到了对被雇用者的监督管理责任，就可以免责。

如果承认 AI 的法人格，只要能证明在现有的技术能力范围内不能统治 AI，使用者就能逃脱使用者责任，结局是具有法人格的 AI 须承担损害赔偿责任，为此还需要承认 AI 的财产权、刑事责任。这将导致企业只有利得而不需要承担任何责任，助长企业大肆使用不能统治的 AI。

使用者指定 AI 行为的方向和目标是认定使用者责任的证据。如果不赋予 AI 法人格，AI 就只是一种工具。所以如果没有对 AI 行为作具体指示，使用者只需要尽到监督管理的责任。从政策角度来看，我认为有必要防止以 AI 作为掩护物，通过 AI 获得利益而回避本人责任的情况。

与此相似的事例还有韩国金融领域引入的遵法监视人制度。这本来是一项支持企业遵法并监视企业遵法行为的制度，但有时候竟然成了企业的意思决定者即企业的责任人的掩护物。意思决定者没有扮演好角色，自身的意思决定不正确的时候，就会把责任转移给遵法监视人。最近韩国的金融公司接受金融当局的制裁，遵法监视人辞任就成了当然的事情。遵法监视人作出反对决定者的意思决定的行动会被解雇，依照意思决定者的意思行动也会被解雇。与此相似的，如果赋予人工智能法人格，那么人工智能如果让企业蒙受损失，即使为企业产生过利益，也要因不法行为替别人承担全部责任，人工智能的命运将是作为掩护物而被废弃。

2. AI 对市场安定性的威胁

根据 FSB 报告书，运用 AI，使分析各种数据对价格形成产生的影响变得容易了，信息分析费用降低，市场参与者的信息收集难度降低了，还解决了信息不对称的问题。然而，一旦 AI 出现问题，市场的安定性就会受到威胁。根据韩国资本市场法对以诱导购买金融投资商品为目的而进行的谎报市场形势（第 178 条第 1 项第 2 款）、发布虚假信息、做假账、暴行、胁迫等不正当交易行为（第 178 条第 2 项）的规定，利用 AI 进行上述行为时，如何认定具备"金融商品的买卖，以及以外的交易目的"这一要件，将成为问题。AI 使用者怀有以上的目的并以 AI 作为交易手段使用的话，"目的"认定起来很简单，但如果 AI 拥有法人格，通过"合理判断"可能人为地歪曲市场，那该"目的"证明起来就会很困难。[1] 因此，

---

[1] 福冈眞之介，*AI の法律と論点*（商事法務，2018），298。

笔者认为人工智能的法人格认定与否的问题需要从长计议。

3. "黑箱"① 化和 AI 意思决定的归责问题

从前述的 FSB 报告书中可以看出，引入 AI 有许多优点，如节约运营费用、满足顾客的要求、增加金融机构收益、预测早期风险从而进行管理等，但也存在缺陷。第一，AI 可以通过深度学习方法获得知识从而作出意思决定，该意思决定依照怎样的过程实现并不明确，即黑箱（Black Box）化的问题，这使规制当局在查找问题时就陷入了困境②。第二，通过 AI 作出意思决定会造成金融系统的损害，如何确定责任所在也存在困难。即应该由开发者来承担责任呢，还是由金融机构来承担责任呢？③

与上述缺陷的第一点相关联，韩国资本市场法第 46 条规定了"适合性原则"，即"对投资者进行投资劝诱之前，投资者的投资目的、投资经验、财产情况等要提前进行分析，推荐适合投资者的投资商品"，或者金融投资业者以一般投资者为对象进行投资劝诱时，要说明金融投资商品的内容、投资的风险。此外，总统令第 47 条第 1 项规定了"说明义务"，即要做一般投资者能够理解的说明。④ 针对金融商品进行劝诱时应该有合理根据，并且明确说明商品的特性和主要内容。问题的关键在于，有没有履行明确说明义务。此时，如果承认了 AI 的法人格，就会产生复杂的问题。与上述缺陷第二点相联系，金融机构依赖外界开业者开发 AI 的情况下，投资者因为相信 AI 决定的内容而导致投资失败，这时应该向谁追责的问题就变得很棘手。即使金融机构具有更加丰富的资历，追责仍存在困难。⑤

4. AI 和消费者保护

在 FINRA 报告书中提到的使用机器人顾问的企业为顾客提供 AI 服务时是否遵循一定的程序，我认为这很重要。2016 年 4 月美国马萨诸塞州当局在题为"机器人顾问和国家顾问登记"⑥ 的报告书中探讨了以下问题：第一，机器人顾问为了履行信义义务应当根据投资者情况提供适当的建议并收集必要信息，企业是否觉得这样做是不可能的；第二，企业以投资者

157

---

① 译者说明：黑箱是指，智能投资顾问在背后做怎么样的操作，工作原理是什么，对于投资者而言，无从知晓，对于监管机构而言，职业投资顾问机器人是否从事了牟取私利的行为，也很难进行监管控制。

② 福岡眞之介，*AI の法律と論點*（商事法務，2018），299。

③ 福岡眞之介，*AI の法律と論點*（商事法務，2018），300。

④ 福岡眞之介，*AI の法律と論點*（商事法務，2018），300。

⑤ 福岡眞之介，*AI の法律と論點*（商事法務，2018），300。

⑥ https：//www. sec. state. ma. us/sct/sctpdf/policy - statement - robo - advisers - and - state - investment - adviser - registration. pdf.

责任原则为借口，扩大自身的免责范围，是否违反信义义务。① 日本金融厅在 2017 年 3 月 30 日发表了"顾客本位的业务运行原则"，该原则指出金融业从业者应该以原则中心主义进行应对。原则中心主义主要是指金融业从业者应该为了国民的安定主动进行顾客保护②。

韩国为了落实 AI 服务提出了遵守信义义务的问题，同时也引发了这样的忧虑：使用完成了深度学习的 AI 之后，因为系统失误的可能性和 AI 系统之间竞争或协力，各种 AI 可能会作统一判断，这时会引发市场倾斜现象。对此恶意使用的话可能会引发不公正交易，以 AI 为基础的电商平台有可能向消费者推荐利润很高的金融商品。③ 所以，为了对此进行有效的规制，韩国开发了市场监督系统 EXIGHT④。

另外，韩国的资本市场法没有对投资咨询的方法进行限制。虽然运用机器人顾问没有被限制，但是在第四阶段缔结全权委托投资合约时需要面对面履行说明义务，所以限制了通过机器人顾问销售全权委托投资产品。因此对于没有线下市场，需要通过线上缔结合约的金融科技企业来说，面对面履行说明义务成了制约事业扩张的主要原因。对此，金融委员会在 2018 年 6 月 27 日修改了金融投资业规定，要求运用机器人顾问缔结线上全权委托投资合约时需要通过测试平台，而通过视频通话和面对面履行说明义务时，不需要通过测试平台也可以运用机器人顾问进行全权委托投资产品的销售。

对韩国的机器人顾问的规定以及相关几个争议点进行分析发现，因为使用机器人顾问，人工智能串谋会产生很多问题，例如：第一，可能会出现商品倾斜现象，或者会出现股价或债券闪电崩盘（flash crash）的现象；第二，可能发生消费者差别问题，以及对此是否进行了评价的问题，比如说，一个机器人顾问同时服务几名消费者时，虽然应该对各个消费者以最好的方式提供投资顾问，但相比金融公司机器人顾问可能向消费者提供更为有利的咨询，即与机器人顾问相关的利害冲突防治体系是否构建的问题，也正在议论之中。

---

① 福岡眞之介，AI の法律と 論點（商事法務，2018），302 – 303。
② 福岡眞之介，AI の法律と 論點（商事法務，2018），304。
③ 이효섭，"4 차산업혁명에따른금융의변화및대응방향"，*KCMI* 자본시장포커스，2017 – 04 호：4 쪽.
④ 象征韩国交易所的"EX"（Exchange）和监视者的"Sight"的结合语。

六　结论

在韩国，最近和 AI 相关的论题如洪水般涌来，未来 AI 的发展方向和程度难以预测。随着 AI 的发展，自然而然，法律概念和原则就会发生改变，那么，允许 AI 系统独立行为时就需要考虑潜在的危险。与法人在行动时需要全面依赖人类不同，AI 系统可以依照自己的力量，制定事业战略进行投资，开发新产品和新程序，申请发明特许，因此，AI 也可以拥有财产。如此独立的 AI 系统最终可以为自己而竞争，和人类管理的其他系统相比非常先进。当然，并不是说不能赋予 AI 权利，而是该权利应该限制到哪种程度。不进行适格性检查、不获得运营许可并伴随一定的责任是不行的。

各个国家对处置 AI 引起的事故还欠缺现行法的对策，这样的问题持续存在会抑制 AI 的开发和使用，因此 AI 归责的立法方向，应该考虑到解决抑制 AI 开发和使用的问题、受害者救济的问题以及 AI 事故防范的问题。此外，AI 引发事故时，还应当明确开发者的过失责任、产品缺陷的概念和容易证明受害人损害的方法，以及与 AI 风险相关的保险商品开发等制度。

可信赖人工智能的伦理准则

人工智能高级专家组 编写

谷兆阳　刘秀丽　钱春雁 译*

　　本文件由人工智能高级专家组编写，文件中注明的人工智能高级专家组成员支持本《准则》所提出的可信赖人工智能总体框架，但他们对文件中的个别条款可能持保留意见。

　　本文件第三章提出的可信赖人工智能评估列表将迎来一段时期的试点工作，并通过利益相关者在实际操作过程中提供的反馈加以完善。考虑到通过试点阶段后会获得反馈信息，本工作组将于 2020 年年初向欧盟委员会提交一份修订版的评估列表。

　　本文件于 2019 年 4 月 8 日发布。

　　本文件的初稿于 2018 年 12 月 18 日发布，并接受社会各界的反馈意见，500 多名提供者给出了他们的咨询建议。我们深深地感谢所有就本文件的初稿给出反馈意见的人，在修订版文件的编制过程中上述意见得到了充分的考虑。

　　欧盟委员会或代表委员会行事的任何人均不对以下信息的使用负责。本文件的内容由人工智能高级专家组全权负责。尽管欧盟委员会工作人员对文件的准备做了协助工作，但这份文件所表达的观点仅为高级专家组的观点，并且在任何情况下都不得视为欧盟委员会的官方立场。

目　录

内容概要

A. 序言

B. 可信赖人工智能框架

---

* 谷兆阳，西南政法大学民商法学院 2020 级博士研究生；刘秀丽，浙江大学博士研究生，研究方向为网络数据法、人工智能；钱春雁，西南政法大学民商法学院 2018 级硕士研究生。

Ⅰ. 第一章：可信赖人工智能的基础

Ⅱ. 第二章：可信赖人工智能的实现

Ⅲ. 第三章：可信赖人工智能的评估

C. 人工智能带来的机遇和引发的担忧示例

D. 结语

术语表

内容概要

本《准则》旨在促进可信赖人工智能的发展。可信赖人工智能包括三个部分，在该系统的整个生命周期中都应当包括：（1）它应当是合法的，遵守所有可适用的法律和法规；（2）它应当是符合伦理的，确保能够遵守伦理准则和价值观念；（3）它应当是稳定的，因为从技术层面和社会层面来看，即使是出于良好的目的，人工智能系统仍会造成无意间的伤害。上述的每个部分本身都是必须具备的，但并不足以实现可信赖人工智能。理想情况下，这三个部分能够和谐运作并在操作中相互重叠。在实践中，如果这些组成部分之间出现了紧张关系，社会大众应努力使它们保持和谐运作。

本《准则》为实现可信赖人工智能制定了一个框架。该框架并没有明确地处理可信赖人工智能的第一个组成部分（合法的人工智能）① 的问题。相反，它旨在为第二和第三部分提供指导：培养符合伦理的、稳健的人工智能，并确保其能够实现。对所有利益相关者而言，本《准则》寻求的并非仅仅是提供一个有关伦理准则的列表，它还为所有利益相关者就如何将这些原则在社会、技术系统（socio-technical systems）中实际操作提供指导。对利益相关者的指导从三个不同抽象程度的层面展开，从最抽象的第一章，到最具体的第三章，再到最后通过例示人工智能带来的机遇和所引发的关键问题。

Ⅰ. 第一章以植根于基本权利的研究方法为基础，确定了在研发、部署和使用人工智能系统时必须遵守的伦理准则与相应的价值观念。

---

① 本文件的所有规范性陈述旨在揭示实现可信赖人工智能第二和第三部分（符合伦理的和稳健的人工智能）的指导。因此，这些陈述并不意在提供法律建议或提供适用法律方面的指导，尽管我们承认其中的许多内容在某种程度上已经反映在现有的法律中。这方面内容详见第 21 条及以下。

第一章给出的关键指导：

对人工智能系统的研发、部署和使用应当遵循以下伦理准则：尊重人类自主性（respect for human autonomy）、避免造成伤害（prevention of harm）、公平性（fairness）、可解释性（explicability）。要承认并解决上述伦理准则之间潜在的紧张关系。

应当特别注意涉及更易受到伤害的群体的情况，如儿童、残疾人和其他在历史上曾处于不利地位或有被排斥的风险的群体，以及权力或信息不对称的情况，例如雇主和员工之间、企业和消费者①之间。

我们需要承认人工智能在为个人和社会带来实质性利益的同时，也带来了一定的风险并可能产生负面影响，包括难以预测、识别或估量的影响（例如，对民主、法治和分配正义，或对人类思想本身产生的影响）。应在适当的情况下，根据风险的等级采用合适的措施缓解这些风险。

Ⅱ. 在第一章的基础上，第二章通过列出人工智能系统应当满足的七个要求，为实现可信赖人工智能提供指导。可以使用技术方法和非技术方法加以落实。

第二章给出的关键指导：

确保人工智能系统在研发、部署和使用时符合可信赖人工智能的七个关键要求：（1）人类的能动性和人类监督；（2）技术的稳健性和安全性；（3）隐私保护和数据管理；（4）透明性；（5）多样性、非歧视和公平；（6）有利于环境和社会福祉；（7）可问责性。

考虑使用技术方法和非技术方法以确保上述这些要求得以实施。

进行深入的研究并加强创新，为人工智能系统的评估提供帮助，并进一步实现上述要求；将研究成果和开放性问题向社会大众广泛传播，并系统性地培育新一代人工智能伦理专家。

以清晰和主动的方式，向利益相关者传达有关人工智能系统的功能和局限性的信息，使他们能够作出符合实际的预期，并告知他们上述要求是如何在人工智能系统中加以落实的。明确告知他们正在应对的是人工智能系统。

提升人工智能系统的可追溯性和可审计性，特别是在关键的环境或情况下。

让利益相关者参与到人工智能系统的整个生命周期当中，并加强培训

---

① 见《欧盟基本权利宪章》（《欧盟宪章》）第24~27条，涉及儿童和老人的权利、残疾人和工人权利的整合。另见第38条关于消费者保护的规定。

和教育，使所有利益相关者了解可信赖人工智能并接受与之相关的培训。

应注意到不同的原则和要求之间可能存在根本性的紧张关系。应不断地识别、评估、记录和传达进行权衡的过程及其解决方案。

Ⅲ．第三章提供了一个具体的、非详尽的可信赖人工智能评估列表，旨在将第二章提出的关键要求实际运用到人工智能系统中。该评估列表需要根据人工智能系统的具体使用案例进行量身定制。①

第三章给出的关键指导：

在研发、部署和使用人工智能系统时，应使用人工智能评估列表，并根据应用人工智能系统的特定使用案例对该列表进行调整。

应始终牢记评估列表永远不会是详尽的，确保实现可信赖人工智能并非在勾选框中逐个打钩，而是包括不断地识别、贯彻上述要求，评估解决方案，确保在整个人工智能生命周期内对结果进行改进，并让利益相关者参与其中的一系列过程。

本文件的最后一个部分，通过例示人工智能应当追求的有益机遇以及应认真考虑的人工智能引发的关键问题，旨在将整个框架中涉及的一些问题加以具体化。

虽然本《准则》旨在通过构建标准统一的基础为人工智能应用提供指导，以实现可信赖人工智能，但不同的情况带来的挑战是不同的。因此考虑到人工智能系统的背景差异性，应探讨除了这一标准统一的框架外，是否需要根据部门的不同制定不同的方法。

本《准则》并不打算替代当前存在的或将来可能出现的任何形式的政策或监管措施，也不打算阻止这些政策或措施施行。本《准则》应被视为一个"活"的文件，随着时间的推移定期更新，以确保随着科技、社会环境和我们的知识的发展，能够始终保持自身的相关性。本《准则》应成为讨论"欧洲可信赖人工智能"的起点。②

除欧洲之外，本《准则》还旨在在全球范围内推动对人工智能的伦理框架进行研究、反思和讨论。

①　根据本《准则》提供的框架的范围，本评估列表不提供任何关于确保遵守法律的合规性建议（有关合法的人工智能的内容），仅限于就满足第二和第三部分（符合伦理的、稳健的人工智能）提供指导。

②　这一理想旨在适用于欧盟成员国研发、部署和使用人工智能系统，以及在其他地方研发或生产但在欧盟部署和使用的系统。当本文件使用"欧洲"这个词语时，这包括欧盟成员国。然而，本《准则》也希望与欧盟外的国家产生联系。在这方面还应注意挪威和瑞士都是欧盟委员会和欧盟成员国于 2018 年 12 月商定并公布的人工智能协商计划的一部分。

A. 序言

在其 2018 年 4 月 25 日和 2018 年 12 月 7 日的简报（Communications）中，欧盟委员会（委员会）阐述了其关于人工智能的愿景：支持符合伦理道德的、安全的和前沿的"欧洲制造"的人工智能。① 三大支柱支撑着委员会的愿景：（i）增加对人工智能的公共和私人投资，以促进其发展；（ii）为社会经济变化做准备；（iii）确保建立适当的伦理与法律框架以强化欧洲的价值观念。

为促进其愿景实现，欧盟委员会成立了独立的人工智能高级专家组（AI – HELG），负责起草两份可交付的文件：（1）人工智能伦理准则；（2）政策和投资建议。

本文件包含的人工智能伦理准则，根据 2018 年 12 月 18 日公布的《可信赖人工智能伦理准则草案》的公众意见反馈结果，由人工智能高级专家组在进一步评议之后进行了修订。它建立在欧洲科学和新技术伦理小组②的工作基础上，并从其他类似的成果中获得启发③。

在过去的几个月中，我们中的 52 人在各种会议上会晤、讨论和互动，践行着欧盟"多元一体"（united in diversity）的座右铭。

我们相信人工智能有潜力显著地改变社会。人工智能本身并不是目的，而是一种有望促进人类社会繁荣发展的手段，从而提高个人和社会的福祉与公共利益，并带来社会进步与创新。尤其是人工智能系统有助于促进联合国可持续发展目标的实现，例如促进性别平衡、应对气候变化带来的挑战、更加合理地利用自然资源、提高我们的健康水平、增进社会的流动性并且改进生产过程，以及帮助我们根据可持续性和社会凝聚力指标对发展进行监测。

要做到这一点，人工智能系统④必须以人类为中心，致力于为人类和

---

① COM（2018）237 和 COM（2018）795. 应注意到"欧洲制造"在欧盟委员会的简报中使用。然而本《准则》的范围不仅包括欧洲制造的人工智能系统，还包括由别处研发而在欧洲部署或使用的人工智能系统。因此在本文件中，我们的目标是为欧洲推动可信赖人工智能的发展。

② 欧洲科学和新技术伦理小组是为欧盟委员会提供咨询的小组。

③ 见 COM（2018）237 第 3.3 节。

④ 本文件末尾的术语表为本文件所使用的人工智能系统作出了定义。这一定义将在一份与人工智能高级专家组编写的伴随本《准则》一同出版的专门文件中作进一步阐述，标题为"人工智能系统的定义：以能力和科学为主要内容的学科"。

公共利益服务，以改善人类福祉和自由为目标。人工智能系统在为我们提供宝贵机遇的同时，也带来了必须得到妥善处置的风险。现在是我们塑造人工智能系统发展的重要机遇。我们希望确保可以信任他们所嵌入的社会－技术环境。我们也希望人工智能系统的生产者将可信赖人工智能的理念嵌入他们的产品和服务中去，以此获得竞争优势。这就需要最大化地挖掘人工智能系统带来的好处并且将其带来的风险降至最低。

在技术飞速变革的大背景下，我们认为信任仍然是社会、团体、经济和可持续发展的基石，这一点至关重要。因此，我们认为可信赖人工智能是我们基本的目标，毕竟只有在建立了清晰的、全面的框架使人工智能可以为我们所信赖时，人类和社会团体才能对技术的发展和应用抱有信心。

这就是我们所认为的、欧洲成为尖端且符合伦理的科技发源地和领导者应当遵循的道路。作为欧洲公民，我们将通过可信赖人工智能，以尊重人权、民主和法治的基本价值观为前提，获取人工智能带来的收益。

可信赖人工智能

获得信任是我们研发、部署和使用人工智能系统的先决条件。如果人工智能系统——以及人工智能背后的人类——不能得到完全的信任，则可能会产生不良后果并阻碍人工智能技术被社会接纳，从而导致其能够带来的巨大社会和经济效益无法实现。为了帮助欧洲实现这些利益，我们的愿景是确保可信赖人工智能得到实现。

对人工智能系统的研发、部署和使用的信任，不仅关系到技术固有的特性，还涉及采用人工智能应用的社会－技术系统的质量。[①] 类似于对航空、核动力或食品安全（失去）信任的问题，并非仅仅是人工智能系统的某一个组成部分，而是人工智能系统的整体背景可能引发信任或不信任。因此实现可信赖人工智能不能仅考虑人工智能系统本身的可靠性，还需要用全面而系统的眼光加以审视，将贯穿人工智能系统整个生命周期的、作为该社会－技术系统背景的一部分的所有参与者和流程纳入可信赖人工智能的理念中来。

可信赖人工智能有三个组成部分，在人工智能系统的整个生命周期中都应当满足这三个要求：

1. 它应当符合法律，遵守所有可适用的法律法规；

① 这些系统包括人、国家、公司、基础设施、软件、协议、标准、管理、现有法律、监督机制、激励制度、审计程序、最佳实践报告和其他。

2. 它应当符合伦理，确保遵守伦理准则和价值观念；

3. 从技术和社会的角度看，它应当是稳健的（robust），因为即使出于善意，人工智能系统也会造成无意间的伤害。

这三个组成部分中的每一个都不可或缺，但其本身并不足以实现可信赖人工智能①。在理想的情况下，这三个组成部分相互间是和谐共处的，并在操作中是重叠的。然而在实践中，这些元素之间可能会存在紧张关系（例如，有时候既有的法律之范围和内容可能与伦理规范并不相符）。作为社会整体，我们每个个人和团体都有责任努力确保这三个组成部分有助于实现可信赖人工智能②。

可信赖人工智能的理念是实现"负责任的竞争力"的关键，通过提供使人工智能可被信任的基础，所有受到人工智能系统影响的人都可以相信其设计、研发和使用是合法的、符合伦理的并且是稳健的。本《准则》旨在促进欧洲范围内负责任的和可持续的人工智能创新。他们试图使符合伦理成为发展独具特色的人工智能的支柱，旨在造福、授权和保护人类个体的繁荣和社会的共同利益。我们相信这将使欧洲成为尖端的、值得我们个人和集体信赖的人工智能领域的全球领导者。只有确保人工智能是值得信赖的，欧洲公民才能充分受益于人工智能，并在意识到防止潜在风险的防范措施已经到位时拥有安全感。

正如人工智能系统的使用必将跨越国界，它们所造成的影响也必然不会只针对一个国家。因此，人工智能带来的全球性机遇和挑战也需要全球性的解决方案，因而我们鼓励所有利益相关者建立可信赖人工智能的全球治理框架，达成国际共识，共同推动以基本权利为基础的解决方案。

受众和范围

本指南适用于所有设计、研发、部署、实施、使用或受到人工智能影响的利益相关者，包括但不限于公司、组织、研究人员、公共服务机构、政府机构、民间组织、个人、工人和消费者。致力于实现可信赖人工智能的利益相关者可以自愿选择使用该《准则》作为兑现承诺的一种方法，特别是在研发、部署和使用人工智能系统时使用第三章给出的用于实际操作的评估列表。该评估列表可以作为现有评估流程的补充，并因此纳入现有的评估流程当中。

---

① 这并不排除可能需要附加条件的事实。
② 这也意味着现有法律可能与伦理准则不符时，立法机关或决策者可能需要审查现有法律是否充分合理。

本《准则》旨在在大体上为人工智能的应用提供指导，并为实现可信赖人工智能建立一个标准统一的基准。然而不同的情况会带来不同的挑战。用人工智能技术驱动的音乐推荐系统并不会与提出紧急治疗方案的人工智能系统引发相同的伦理问题。同样，在企业对消费者、企业对企业、雇主对雇员和公共机构对公民的关系中使用的人工智能系统，或者更普遍地说，在不同行业或使用案例中所使用的人工智能系统，都会带来不同的机遇和挑战。鉴于人工智能系统的应用背景不同，本《准则》的实施需要适应特定的人工智能应用。此外，还应探讨是否有必要根据部门的不同制定不同的方法，作为本文件所提出的更一般化的框架的补充。

为了更好地了解如何在统一标准之上实施本《准则》以及需要采用部门化方法的事项，我们邀请所有利益相关者开启试点工作，通过可信赖人工智能评估列表（第三章）进行实验性操作，将本《准则》加以落实，并提供反馈信息。根据从试点阶段收集到的反馈信息，我们将于 2020 年初修订本《准则》的评估列表。试点工作将于 2019 年夏季开展并将持续到年底。所有利益相关者均能通过向欧洲人工智能联盟表明其利益需求的方式参与。

B. 可信赖人工智能框架

本《准则》描述了基于《欧盟基本权利宪章》（《欧盟宪章》）和相关的国际人权法所载明的基本权利实现可信赖人工智能的框架。下面我们简要介绍可信赖人工智能的三个组成部分。

合法的人工智能

人工智能系统不能在没有法律的世界中运行。目前，欧洲、其他国家和国际上一些具有法律约束力的规则已经适用于或与人工智能系统的研发、部署和使用相关。这些法律的来源包括但不限于欧盟基本法律（《欧盟条约》《欧盟基本权利宪章》）、欧盟次级法律（如《通用数据保护条例》《产品责任指令》《非个人数据自由流动条例》《反歧视指令》《消费者法》《工作安全和健康指令》）、《联合国人权公约》和欧洲理事会公约（如《欧洲人权公约》）以及大量的欧盟成员国法律。除了统一适用的规范外，还存在适用于特定人工智能应用的特殊领域规则（如医疗保健行业中的《医疗器械条例》）。

法律既规定了积极义务也规定了消极义务，这意味着不能仅仅根据什么事不能做来解释法律，还应当根据应当做和可以做的事来进行解释。法律不仅禁止某些行为，还允许其他行为。在这方面我们注意到，《欧盟宪章》包含关于"开展业务的自由"和"艺术和科学的自由"的条款，以及涉及我们在寻求确保人工智能的可信度时更熟悉的领域的条款，例如数据保护和反歧视。

本《准则》并未明确处理可信赖人工智能第一个部分（合法的人工智能）的问题，而就培育和确保第二、第三部分（符合伦理的、稳健的人工智能）得以实现提供指导。尽管后两者在一定程度上在现有法律中已有所体现，但他们的充分实现可能会超越现有的法律义务。

本文件中的任何内容均不得阐释或解释为就如何符合现有的、可适用的法律规范和要求提供法律建议或指导。本文件中的任何内容均不得为第三方创制法律权利或施加法律义务。然而任何自然人或法人都有责任遵守法律——无论是现在适用的还是将来根据人工智能发展而制订的法律。本《准则》基于如下假设：所有适用于研发、部署和使用人工智能系统的过程和活动的法律权利或义务始终是强制性的，并且必须得到遵守。

符合伦理的人工智能

实现可信赖人工智能不仅需要遵守法律，这只是它的三个组成部分之一。法律并不总是能够跟上技术发展的步伐，有时可能与伦理规范不一致，或者可能根本不适合解决某些问题。为了使人工智能系统可被信任，它们也应该是符合伦理的，并确保与伦理道德规范相一致。

稳健的人工智能

即使能够保证实现伦理目标，个人和社会也必须确信人工智能系统不会造成任何无意间的伤害。人工智能系统应以安全和可靠的方式运行，并预先设置安全保障措施以防止任何意外出现的负面影响。因此，确保人工智能系统的稳健性是至关重要的。这既需要从技术角度（确保系统在给定的环境中，如应用领域或生命周期阶段，能够保持稳健性），也需要从社会角度（适当考虑系统运行的环境、背景）来实现。

因此，符合伦理并且稳健的人工智能密切交织在一起并且相互补充。第一章中提出的原则以及第二章从这些原则当中得出的要求都涉及这两个组成部分。

框架结构

本文件中的指南分为三个章节，从最抽象的第一章到最具体的第三章。

第一章——可信赖人工智能的基础：以建立在基本权利①之上的方法确立可信赖人工智能的基础。它确定并描述为了实现符合伦理并且稳健的人工智能必须遵守的伦理准则。

第二章——可信赖人工智能的实现：将上述这些伦理准则转化为人工智能系统在其整个生命周期中应纳入并满足的七个关键要求。此外，它还提供了实现上述要求的技术方法和非技术方法。

第三章——可信赖人工智能的评估：通过制定一份具体且非详尽的可信赖人工智能评估列表，将第二章中提出的关键要求在实际操作中加以落实，为人工智能从业者提供实践指导。该评估列表应针对人工智能系统应用的不同而加以调整。

本文件的最后一部分列出了人工智能系统带来的有益机遇和引发的关键问题的例子，这有助于激发进一步的讨论。

本《准则》的结构如图1所示。

Ⅰ. 第一章：可信赖人工智能的基础

本章阐述了可信赖人工智能的基础，其以基本权利为根基，通过四项伦理准则加以反映，为了确保人工智能是符合伦理的、稳健的，这些原则应当得到遵守。它在很大程度上借鉴了伦理学的内容。

人工智能伦理学是应用伦理学的一个分支领域，主要研究人工智能的研发、部署和使用所引发的伦理问题。它的核心关注点是确定人工智能如何促进或引起对个人美好生活的关注，无论是在生活品质方面，还是在民主社会所必需的人类自主性和自由方面。

对人工智能技术的伦理思考可以达至多种目的。第一，它可以激发人们对保护个人和群体处于最基本层面的需求的思考。第二，它能够激励以培养伦理价值观为目的的创新，例如能够帮助实现联合国可持续发展目标②的创新，这些目标已经牢牢嵌入即将到来的欧盟2030年议程③中。尽管本文件主要关注上述第一个目的，但不应低估伦理在第二个目的中的重

---

① 基本权利是国际人权法和欧盟人权法的基础，是《欧盟条约》和《欧盟宪章》所保障的具有法律强制力的权利的基础。由于具有法律约束力，遵守基本权利属于可信赖人工智能的第一部分（合法的人工智能）。然而，也可以将基本权利理解为反映所有个人因其生而为人而享有的特殊道德权利，无论其法律约束力状况如何。从某种意义上说，他们也是可信赖人工智能的第二个组成部分（符合伦理的人工智能）。

② 欧盟：《到2030年实现可持续的欧洲》，https://ec.europa.eu/commission/publications/reflection-paper-towards-sustainable-europe-2030_en。

③ 美国经济和社会事务部：《可持续发展历史》，https://sustainabledevelopment.un.org/?menu=1300。

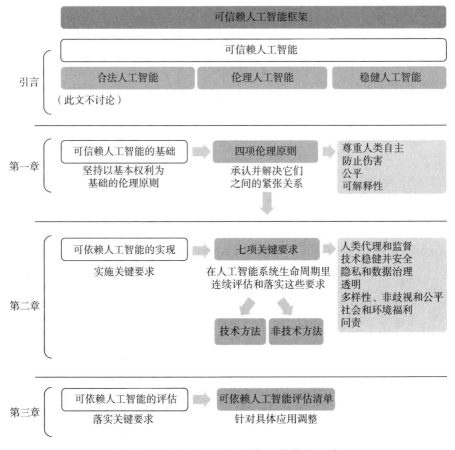

图1 作为可信赖人工智能框架的指导原则

要性。可信赖人工智能可以通过带来繁荣、创造价值和财富最大化为个人和集体带来福祉。它可以通过促进经济、社会和政治机遇分配的平等,帮助提高公民的健康水平和福祉,从而有助于实现社会公平。

因此,我们有必要了解如何最好地支持人工智能的研发、部署和使用,以确保每个人都能在以人工智能为基础的世界中茁壮成长,同时在具备全球竞争力的前提下构建更美好的未来。与任何强大的技术一样,人工智能系统的使用也带来了一些伦理挑战,例如它们对人与社会、决策制定能力和安全性方面的冲击。如果我们越来越多地依靠人工智能系统的帮助或将决策制定权交给人工智能系统,那么我们就需要确保这些系统对人们生活的影响是公平的,它们必须符合不应造成伤害的价值观并据此而采取行动,而相应的问责制流程可以确保这一点。

欧洲需要定义其想要实现的嵌入了人工智能的未来的规范性愿景,并理解应当研发、部署和使用什么类型的人工智能以实现这一愿景。通过这些文件，我们希望通过引入可信赖人工智能的概念来为这项工作作出贡献，我们相信这是构建人工智能未来的正确途径。民主、法治和基本权利是支撑人工智能系统未来发展的基础，而这些系统不断地改进和捍卫民主文化也将为创新发展和负责任的竞争力提升创造土壤。

针对特定领域的伦理道德规范——不管其未来将会多么连贯、多么完备和多么精细——永远也不能代替伦理道德检视（ethical reasoning）本身，伦理道德检视必须始终对一般道德准则（general guidelines）中无法发现的所处环境和实施中的细节保持敏感。除了制定一套规则外，确保可信赖人工智能能够实现还要求我们通过公开辩论、教育和实践学习来建立和保持一种符合伦理的文化与观念模式（mind-set）。

1. 作为道德和法律权利的基本权利

对于人工智能伦理，我们秉持一种以《欧盟条约》①、《欧盟宪章》和国际人权法②所载明的基本权利为基础的研究方法。在民主和法治的框架内，对基本权利的尊重为确定抽象的伦理准则和价值观念提供了最有力的基础，而这些原则和价值观念可以在人工智能的背景下发挥作用。

《欧盟条约》和《欧盟宪章》规定了欧盟成员国和欧盟机构在执行欧盟法律时必须遵守的一系列基本权利。这些权利在《欧盟宪章》中描述为尊严、自由、平等和团结、公民权利和正义。统一上述权利的共同基础植根于尊重人的尊严——从而反映出我们所说的"以人为中心的视角"，其中人类在文化、政治、经济和社会领域享有独一无二和不可剥夺的地位。③

尽管《欧盟宪章》中规定的权利具有法律约束力，④ 但我们必须认识到基本权利并不能在任何情况下都提供全方位的法律保护。例如对于《欧盟宪章》来说，必须强调的是其适用领域仅限于欧盟法律发挥效力的地方。国际人权法，特别是《欧洲人权公约》对欧盟成员国具有法律约束

① 欧盟基于其宪法承诺，保护人类基本和不可分割的权利，确保对法治的尊重，促进民主自由，推动公共利益发展。这些权利反映在《欧盟条约》第 2 条和第 3 条以及《欧盟宪章》中。

② 其他的法律文件反映并提供了有关这些承诺更详细的规定，例如欧洲社会宪章理事会和欧盟《通用数据保护条例》等具体立法。

③ 应当指出，承诺以人类为中心发展人工智能及其在基本权利中的定位，需要社会集体和宪法的基础，其中个人自由和尊重人类尊严实际上是可能的和有意义的，而不是暗指对人类的不适当的个人主义描述。

④ 根据《欧盟宪章》第 51 条，它适用于欧盟机构和适用欧盟法律的欧盟成员国。

力，包括欧盟法律发挥效力之外的领域。因此，可以将基本权利理解为具有强制执行力的权利，属于可信赖人工智能的第一个组成部分（合法的人工智能），起到保障法律得到遵守的作用。如果将基本权利理解为每个人所享有的、植根于人类固有道德状况的权利，它们也支撑着可信赖人工智能第二个组成部分（符合伦理的人工智能）。或许伦理准则不一定具有法律约束力，但对实现可信赖人工智能却至关重要。本文件并不就第一个组成部分提供指导，而对第二部分进行详述。

2. 从基本权利到伦理准则

2.1 作为可信赖人工智能基础的基本权利

在国际人权法、《欧盟条约》、《欧盟宪章》中规定的一系列不可分割的权利中，下述基本权利尤其倾向于适用人工智能系统。在特定情况下，其中许多权利在欧盟具有强制执行力，因此遵守这些条款在法律上是强制性的。但是即使在已经符合了具有强制执行力的基本权利之后，伦理反思也可以帮助我们理解在人工智能系统的研发、部署和使用中可能蕴含的基本权利及其潜在的价值，并在我们寻求应当如何使用技术而非我们当前能使用技术做什么方面提供更精细的指导。

尊重人的尊严。人的尊严包含这样一种观念：每个人拥有"内在价值"（intrinsic worth），永远也不能被其他人或者像人工智能系统①一样的新技术所削弱、向其妥协或者被压制。在这种情况下，尊重人的尊严意味着所有人都要受到尊重，因为他们是道德主体，而不仅仅是被筛选、分类、评分、驱赶（herd）、处理或操纵的对象。因此，应以尊重、服务和保护人类身心完整性、个人和文化的认同感以及满足其基本需要的方式研发人工智能系统②。

个人的自由。人类应当能够自由地为自己的人生做出决定。这意味着不受国家主权干预的自由，但同时也需要政府和非政府组织的干预，以确保有被排斥风险的个体或某些人能够从人工智能带来的利益和机会中平等地获益。在人工智能的背景下，实现个人的自由需要减轻直接的不正当胁迫、对精神自主性和精神健康的威胁、不正当监视、欺骗和不公平的操

---

① C. McCrudden, "Human Dignity and Judicial Interpretation of Human Rights," EJIL 19 (4) (2008).

② 关于这方面对"人的尊严"的理解，见 E. Hilgendorf, "Problem Areas in the Dignity Debate and the Ensemble Theory of Human Dignity," Explorations of a Contested Concept (2018): 325 - 344; D. Grimm, A. Kemmerer, C. Möllers, "Human Dignity in Context. An Introduction," Explorations of a Contested Concept (2018): 13 - 22。

纵。事实上，个人自由意味着使个人能够对自己的生活拥有更高控制权，包括（除其他权利外）保护从事商业活动的自由、进行艺术创作和科学实验的自由、言论自由、保护私人生活和隐私的权利以及集会和结社自由。

尊重民主、正义与法治。宪政民主国家的所有统治权力必须得到法律的授权和限制。人工智能系统应当有助于维持并推动民主进程，尊重多元化的价值观和生活选择。人工智能系统不得破坏民主进程、人的评议（human deliberation）或民主选举系统。人工智能系统必须确保它们的运行过程不会破坏法治赖以建立的基本承诺、强制性法律和法规，并能够确保法律的正当程序原则和平等得到实现。

平等、非歧视和团结——包括面临被排斥风险的人的权利。必须确保平等地尊重所有人的精神价值和尊严。这超越了非歧视，即容忍根据客观而公正的理由针对不同情形加以区别的情况。在人工智能的背景下，平等意味着系统的运行不能产生不公平且有偏见的结果（例如，用于人工智能系统训练的数据应当尽可能地具有包容性，能够代表不同的群体）。这还需要充分尊重潜在的弱势群体[1]，例如工人、妇女、残疾人、少数民族、儿童、消费者和有被排斥风险的其他人。

公民权利。公民从广泛的权利中获益，这些权利包括选举权（right to vote）、获得良好的行政管理的权利、查阅公共文件的权利以及向行政部门请愿的权利。人工智能系统有巨大的潜力提升政府向社会提供公共产品和服务的规模和效率。同时，人工智能系统也对公民权利产生了负面影响，因此公民权利应当得到妥善保护。当此处使用"公民权利"时，并不是否认或忽视第三国国民和欧盟中不具有法律权利的人（irregular or illegal persons）的权利，这些人在国际法和人工智能领域也享有权利。

2.2 人工智能系统背景下的伦理准则[2]

许多公私机构、民间组织从基本权利中获得灵感，为人工智能制定伦理道德框架。[3] 在欧盟，欧洲科学和新技术伦理小组（EGE）基于《欧盟条约》和《欧盟基本权利宪章》所规定的基本价值观提出了一套九项基

---

[1] 关于本文件中使用的术语的解释说明，请参阅术语表。

[2] 这些原则也适用于其他技术的研发、部署和使用，因此并不明确只适用于人工智能系统。在下面的内容中，我们的目标是在与人工智能有关的背景下说明他们的相关性。

[3] 对基本权利的依赖也有助于限制监管的不确定性，因为它可以建立在欧盟数十年来对基本权利的保护实践之上，从而提供了明确性、易读性和可预见性。

本原则。① 我们的工作建立在这个基础之上，识别了迄今为止由不同的团体提出的几乎所有原则，并理清所有这些原则寻求培育和支持的目标。这些原则可以激发全新而具体的监管措施，有助于解释随着社会－技术环境的发展而产生的基本权利，并且能对人工智能系统的研发、部署和使用中的基本原理进行指导——随着社会自身的发展而进行动态的调整。

人工智能系统应当改善个人和集体的福祉。本节列出的四项基于基本权利的伦理准则必须得到尊重以确保人工智能系统的研发、部署和使用以可信赖的方式开展。这些原则是人工智能从业者必须始终努力遵循的道德要求。我们所列的下述四个原则没有等级上的先后关系，其排列关系反映出这些原则在《欧盟宪章》中所依据的基本权利出现的先后顺序。②

这些原则包括：

（i）尊重人类的自主性；

（ii）避免造成伤害；

（iii）公平性；

（iv）可解释性。

其中的一些内容在很大程度上已经反映在现有的法律要求中，这些要求需要得到强制遵守，因此也属于合法的人工智能的范围，而合法的人工智能属于可信赖人工智能的第一个组成部分③。然而，如上文所述，尽管许多法律义务能够反映伦理准则，但遵循伦理准则却超出了遵守现存法律规范的范围④。

尊重人类的自主性原则

作为欧盟成立基础的基本权利旨在确保尊重人类的自由和自主性。人类在与人工智能系统互动时必须能够保持全面而有效的自我判断，并能够

---

① 最近，AI4 People 的项目调查了上述 EGE 原则以及迄今为止提出的其他 36 条伦理道德原则，并将其纳入四项总体原则：L. Floridi, J. Cowls, M. Beltrametti, R. Chatila, P. Chazerand, V. Dignum, C. Luetge, R. Madelin, U. Pagallo, F. Rossi, B. Schafer, P. Valcke, E. J. M. Vayena, "AI4 People—An Ethical Framework for a Good AI Society: Opportunities, Risks, Principles, and Recommendations," *Minds and Machines* 28（4）（2018）: 689 - 707.

② 尊重人类的自主性与有关尊重人类尊严、自由的权利密切相关。（见《欧盟宪章》第 1 条和第 6 条）。避免造成伤害与保护身体或精神的完整性密切相关（见第 3 条）。公平性与有关非歧视、团结和正义的权利密切相关（见第 21 条及其后）。可解释性和问责制与有关正义的权利密切相关（见第 47 条）。

③ 例如，考虑 GDPR 或欧盟保护消费者的相关条例。

④ 进一步阅读该主题的相关内容，请参见 L. Floridi, "Soft Ethics and the Governance of the Digital," *Philosophy & Technology* 31（1）（2018）: 1 - 8.

参与民主程序。人工智能系统不能毫无理由地使人类服从，胁迫、欺骗、操纵、处置或驱赶（herd）人类。相反，它们应该用来补充和强化人类的认知能力、社会和文化技能。人类与人工智能系统之间的功能分配应遵循以人为中心的设计原则，并为人类提供有意义的选择机会。这意味着在人工智能系统运行时确保人类进行监督①。人工智能系统有可能从根本上改变人类的工作环境。因此它应当在工作环境中支持人类，并致力于创造有意义的成果。

避免造成伤害原则

人工智能系统不应造成伤害或者使伤害加剧②，或者对人类造成其他不利影响③。人类的精神和身体的完整性需要得到保护。人工智能系统及其运行环境必须安全可靠，它们在技术上必须是稳健的，并且能确保不会被恶意使用。更应关注容易受到伤害的人，他们应参与到人工智能系统的研发、部署和使用中。还需特别注意人工智能系统可能导致或加剧因权力或信息不对称而引发的不利影响，如雇主和雇员、企业和消费者、政府和公民之间。防止人工智能造成伤害还需要将自然环境和其他所有生物考虑进来。

公平性原则

人工智能系统的研发、部署和使用必须是公平的。尽管我们承认，对"公平"这个词语含义的理解可以有多种，但我们相信公平兼具实质和程序两个维度。实质层面的公平意味着作出这样一种承诺：确保以平等和公正的方式分配利益与成本，并保证个人和群体免受不公平的偏见、歧视和羞辱。如果不公平的偏见能够避免，人工智能系统甚至可以提高社会的公平性。在获得教育、商品、服务和技术方面也应促进机会均等。此外，人工智能系统的使用不应导致人们在自由地作出选择方面受到欺骗或不合理的伤害。此外，公平意味着人工智能从业者应该尊重手段与目的之间的比例原则，并认真考虑如何平衡相互冲突的利益和目标。④ 程序方面的公平意味着有能力质疑人工智能系统和操作人工智能系统的人所做的决定，并

175

---

① 人类监督这一概念进一步发展为下文第二章所描述的关键要求之一。

② 伤害可以是针对个人的或针对集体的，也包括对社会、文化和政治环境造成的无形伤害。

③ 这也包括个人和社会团体的生活方式，例如避免对文化造成伤害。

④ 这与比例原则有关（这反映为格言即"不应使用大锤来敲碎螺母"）。为达到目的而采取的措施（例如，为实现人工智能的优化功能而采取的数据提取措施）应当严格限制在必要的措施中。比例原则还要求当对于同一目标存在多个相冲突的措施时，应当优先选择对基本权利和伦理规范伤害最小的措施（例如，人工智能研发者应始终倾向于使用公共部门提供的数据而非个人数据）。还可以参考用户和部署者之间的比例关系，一方面要考虑公司的权利（包括知识产权和保密性），另一方面考虑用户的权利。

寻求有效的救济。① 为此，必须具备能够为决策负责任的实体，同时决策过程应当具有可解释性。

可解释性原则

可解释性原则对建立和维护人们对人工智能系统的信任至关重要。可解释性原则意味着流程必须是透明的，能够对人工智能系统的能力和目的进行公开的讨论，并且能够尽可能地向直接或间接受到人工智能系统影响的人解释系统作出的决策。如果没有这些信息，就不能对决策提出适当的疑问。想要解释一个人工智能模型为何产生了一个特定的输出内容或决策（以及促成这一结果的输入内容之间是如何组成的）并不总是可行的。这些情况被称为算法"黑箱"，需要特别留意。在这种情况下，如果系统整体上尊重基本权利，则可能需要其他的可解释性措施（例如可追溯性、可审计性和对系统能力的公开交流）。如果输出的内容是错误的或者是不准确的，那么所需要的可解释性程度高度取决于人工智能系统使用的背景和造成后果的严重性。②

2.3 上述原则之间的紧张关系

上述原则之间可能会产生紧张关系，对此没有固定不变的解决办法。根据欧盟对民主参与（democratic engagement）、正当程序和公开的政治参与（open political participation）的基本承诺，应当制定应对这种紧张关系的负责任的审议方法。例如，在各种应用领域中，避免造成伤害原则和尊重人的自主性原则可能会发生冲突。例如，使用人工智能系统进行的"预测性治安活动"可能有助于减少犯罪，但在某些方面需要进行影响个人自由和隐私的监视活动。此外，人工智能系统所带来的整体效益应当大大超过可预见的个别风险。虽然上述原则确实为解决问题提供了指导，但它们仍然是抽象的伦理准则。因此，人工智能从业者不可能根据上述原则找到正确的解决方案，但他们应该通过理性的、以证据为准绳进行思考而非通过直觉或随机的判断来处理道德困境并进行权衡。

然而，在某些情况下，可能无法确定在伦理上能够被接受的利益权衡。某些基本权利和相关的原则是绝对的，不能接受妥协（例如人的尊严）。

第一章中给出的关键指导：

研发、部署和使用人工智能系统的方式应当遵循以下伦理准则：尊重

---

① 包括按照《欧盟基本权利宪章》第12条的规定，行驶结社权和在工作环境中加入工会。
② 例如，人工智能系统如果推送了不够精准的购物建议，则可能并不会引起对伦理方面的关注，而将人工智能系统用于评估被定罪的人是否可以被假释则恰恰相反。

人类的自主性、避免造成伤害、公平性和可解释性。承认并解决这些原则之间的潜在紧张关系。

应当特别注意涉及更容易受到伤害群体的情况，如儿童、残疾人和其他在历史上曾处于不利地位或有被排斥风险的群体，以及表现为权力或信息不对称的情况，例如在雇主和雇员之间、企业和消费者之间。①

承认人工智能系统在为个人和社会带来实质利益的同时，也会带来某些风险，并可能产生负面影响，包括难以预测、识别或衡量的影响（例如对民主、法治和分配正义的影响，或对人类思维本身的影响）。在适当的时候采取适当的措施来降低这些风险，并与风险的大小成比例。

II. 第二章：可信赖人工智能的实现

本章在第一章所述原则的基础上，列出了七个必须满足的要求，为可信赖的人工智能的实施和实现提供了指导。此外，还介绍了在整个人工智能系统生命周期内可以用作实现这些要求的技术方法和非技术方法。

1. 可信赖人工智能系统的要求

第一章概述的原则必须转化为具体的要求，以实现可信赖的人工智能。这些要求适用于参与人工智能系统生命周期的不同利益相关者：研发人员、部署人员和终端用户，以及更广泛的社会大众。研发人员指的是研究、设计和/或研发人工智能系统的人员。部署人员指的是在业务流程中使用人工智能系统并向其他人提供产品和服务的公共或私人组织。终端用户是那些直接或间接参与人工智能系统的用户。最后，更广泛的社会大众包括直接或间接受到人工智能系统影响的其他社会大众。

不同利益相关者群体发挥不同的作用，以确保各项要求得到实现：

a. 研发人员应将需求落实及应用于设计及研发过程；

b. 部署人员应确保其使用的系统及其提供的产品和服务符合要求；

c. 终端用户和更广泛的社会大众应该了解这些要求，并能够遵守这些要求。

此列表并非详尽无遗②，它包括系统、个人和社会层面。

①人的能动性与人类监督

包括基本权利、人的能动性和人类监督。

---

① 见《欧盟宪章》第 24 至 27 条，涉及儿童和老年人的权利、残疾人和工人权利的整合。另见第 38 条关于消费者保护的规定。

② 我们对下面列出的原则进行等级排列，其反映了《欧盟宪章》中与之相关的原则和权利的出现顺序。

②技术的稳健性与安全性

包括对攻击和安全性的应变能力、后备计划和一般安全、准确性、可靠性和可再现性。

③隐私与数据管理

包括尊重数据的隐私，质量和完整性以及确保对数据的访问。

④透明性

包括可追溯性、可解释性和可沟通性。

⑤多样性、非歧视性和公平性

包括避免不公平的偏见，确保可访问性和通用设计以及利益相关者的参与。

⑥社会与环境福祉

包括可持续性和环境友好性、社会影响、社会和民主。

⑦问责制

包括可审计性、负面影响的最小化和报告、权衡和补救。

178

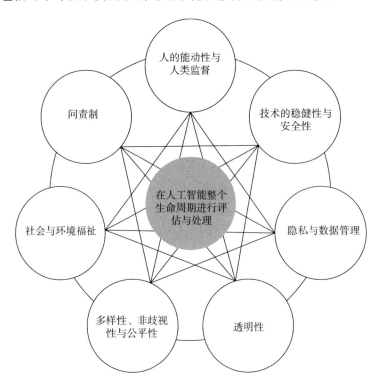

图 2　七个要求的相互关系

说明：所有的要求都是同等重要的，相互支持，并且应在整个人工智能系统的
生命周期中实施和评估。

虽然所有要求都同等重要，但在不同领域和行业应用它们时，需要考虑它们的背景和潜在的冲突。这些要求的实现应该贯穿于人工智能系统的整个生命周期，并依赖于特定的应用程序。虽然大多数要求适用于所有的人工智能系统，但要特别注意那些直接或间接影响个体的要求。因此，对于某些应用程序而言（例如在工业环境中），这些要求与之的相关性可能较小。

上述要求包括在某些情况下已经反映在现行法律中的内容。我们重申，根据可信赖人工智能的第一个组成部分，人工智能从业者有责任确保自身遵守法律义务，无论是横向适用的规则，还是特定领域的法规。

在以下段落中，我们将更详细地阐释每个要求。

1.1 人的能动性与人为监督

人工智能系统应该按照尊重人类自主性原则的规定支持人类的自主性决策。这就要求人工智能系统通过支持用户的能动性，促进基本权利的实现，并允许人类监督，从而成为民主、繁荣和公平社会的推动者。

基本权利。就像许多技术一样，人工智能系统既可以促进也可以阻碍基本权利的实现。例如，其可以通过帮助人们追踪个人数据，或通过提高教育的可及性，促进人们的受教育权实现。然而，考虑到人工智能系统的范围和能力，它们也会对基本权利产生负面影响。在存在这种风险的情况下，应在系统研发完成之前评估人工智能对基本权利的影响，包括评估这些风险是否可以在民主社会中降低或在必要时得到合理的解释，以示对他人权利和自由的尊重。此外，还应该建立机制来接收关于可能侵犯基本权利的人工智能系统的外部反馈。

人的能动性。用户应该能够对人工智能系统做出明智的自主决策。应向用户提供使他们能够理解人工智能系统并与之进行令其满意的交互的知识和方式，并在可能的情况下使他们能够进行合理的自我评估或对该系统提出疑问。人工智能系统应该支持个体根据自己的目标做出更好、更明智的选择。人工智能系统有时会通过令人难以察觉的机制来塑造和影响人类行为，这是因为它们可能会利用潜意识过程（包括各种形式的不公平操纵、欺骗、集中影响和条件反射），所有这些都可能威胁到个体的自主性。用户自治的总体原则必须作为人工智能系统功能的核心。关键在于，当自动处理对用户产生法律影响或对用户产生类似的重大影响时，用户有权不受完全基于自动处理的决策的约束。[1]

---

[1]　可以参考 GDPR 第 22 条，其中已经规定了这一权利。

人为*监督*。人为监督有助于确保人工智能系统不会破坏人类的自主性或造成其他不利影响。监督可以通过治理机制来实现，比如 HIT（human-in-the-loop）、HOTL（human-on-the-loop）或 HIC（human-in-command）方法。HITL 指的是在系统的每个决策周期中进行人为干预的能力，在许多情况下这既不可能也不可取。HOTL 指的是在系统设计周期内通过人为干预的方式监控系统运行。HIC 指的是监督人工智能系统整体活动（包括其更广泛的经济、社会、法律和伦理影响）的能力，以及决定何时以及如何在任何特定情况下使用该系统的能力。这可以包括在特定情况下不使用人工智能系统的决定，在使用系统时建立人类的自由裁量权级别，或者确保能够推翻系统做出的决定。此外，必须确保公共执法人员能够按照其任务规定对人工智能系统进行监督。根据人工智能系统的应用领域和潜在风险，可能需要不同程度的监督机制来支持其他安全和控制措施。在其他条件相同的情况下，人类对人工智能系统的监督越少，就需要越广泛的测试和越严格的治理。

1.2 技术的稳健性与安全性

实现可信赖人工智能的一个关键因素是技术稳健性，其与避免造成伤害的原则密切相关。技术稳健性要求人工智能系统对风险应采用预防性方法，并以可靠的方式进行，同时尽量减少无意和意外伤害，并防止令人难以接受的伤害。这也应适用于人工智能系统操作环境的潜在变化，或可能以敌对方式与人工智能系统交互的其他因素（如人为的因素）的存在。此外，人类的身心健康应得到保障。

对攻击和安全性的应变能力。与所有软件系统一样，人工智能系统也应该受到保护，以免受可能被对手利用漏洞的影响，例如黑客攻击。对人工智能系统的攻击有可能是针对数据（数据中毒）、模型（模型泄露）或底层基础设施（包括软件和硬件）进行的。如果人工智能系统受到攻击，例如在对抗性攻击中，数据和系统行为都会发生改变，导致系统做出不同的决策，或者导致系统完全关闭。系统和数据也可能因恶意行为或意外情况遭受破坏。安保流程不足还可能导致错误的决定，甚至造成物理伤害。要确保人工智能系统的安全性①，就必须考虑人工智能系统可能出现的意外应用（例如双重用途的应用），以及恶意行为者对系统的潜在滥用，并

---

① 参见欧盟人工智能协调计划（European Union's Coordinated Plan on Artificial Intelligence）2.7 项下的考虑事项。

应采取措施防止和减轻类似情况。[①]

后备计划和整体安全。人工智能系统应该有安全措施，以便在出现问题时启用备用计划。这可能意味着人工智能系统从统计程序切换到基于规则的程序，或者在继续操作之前，需要人工操作员。[②] 必须确保系统能够在不损害生物或环境的情况下完成预期的工作，这包括最大限度地避免意外后果和错误。此外，应该建立流程来澄清和评估不同应用领域使用人工智能系统的潜在风险。安全措施水平取决于人工智能系统所带来的风险的大小，而风险的大小又取决于系统的功能。如果可以预见到研发过程或系统本身会带来特别高的风险，那么对安保措施进行开发和测试就至关重要。

准确性。准确性是指人工智能系统做出准确判断的能力，例如将信息正确分类到适当的类别，或者根据数据或模型做出正确的预测、建议或决策。研发和评估流程的明确和完善可以证实、缓解和纠正不准确预测带来的意外风险。当偶尔出现的不准确预测无法避免时，重要的是系统能够指出这些错误的可能性大小。在人工智能系统直接影响人类生活的情况下，高准确度尤其重要。

181

可靠性和可再现性。人工智能系统成果的可靠性和可再现性是至关重要的。可靠的人工智能系统可以在各种输入和各种情况下正常工作。这是审查人工智能系统和防止意外伤害所必需的。可再现性是指人工智能实验在相同条件下进行重复时是否表现出相同的行为。这使科学家和决策者能够准确描述人工智能系统的功能。重复文件[③]可以促进测试和再现行为的过程。

1.3 隐私与数据管理

隐私与预防伤害原则密切相关，这是一项受人工智能系统影响极大的基本权利。防止对隐私的损害还需要适当的数据管理，包括所使用数据的质量和完整性，这与应用人工智能系统的领域、访问协议和以保护隐私的方式处理数据的能力有关。

隐私和数据保护。人工智能系统必须在整个生命周期内确保隐私和数

---

① 在研究和发展方面，在了解攻击、发展适当的保护和改进评价方法之间建立一个良性循环可能是一项迫切需要。为此，应促进人工智能社区和安全社区之间的融合。此外，所有有关行动者都有责任建立共同的跨境安全和安全规范，并建立相互信任的环境，促进国际合作。有关可能的措施，参见 Malicious Use of AI, Avin S., Brundage M. et. al., 2018。

② 还应考虑不可能立即进行人为干预的情况。

③ 涉及的文件将重复人工智能系统研发过程的每个步骤，从研究和初始数据收集到结果。

据保护。① 这包括用户最初提供的信息，以及用户与系统交互过程中生成的关于用户的信息（例如，人工智能系统为特定用户生成的输出信息或用户对特定建议的响应）。人类行为的数字化记录不仅可以让人工智能系统推断出个体的偏好，还能推断出他们的性取向、年龄、性别、宗教或政治观点。为了让个体信任数据收集过程，必须确保所收集的与其相关的数据不会被非法或不公平地用于歧视他们。

数据的质量和完整性。数据的质量对人工智能系统的性能至关重要。收集的数据可能包含社会形成的偏见，也可能不准确和错误。这些问题要在使用任何给定数据集进行培训之前解决。此外，必须确保数据的完整性。将恶意数据输入人工智能系统可能导致其行为改变，尤其是在自我学习系统中。因此必须在每个步骤（例如规划、培训、测试和部署）中测试和记录所使用的流程和数据集。这同样适用于非内部研发的人工智能系统。

数据的访问。处理个人数据的任何机构（无论某人是否是该系统的用户），都应该制定控制数据访问的数据协议。此类协议应该包括谁可以访问数据，以及在什么情况下可以访问数据。只有具有权限和需要查阅个人数据的适格人员才应得到许可。

1.4 透明性

透明性与可解释性原则密切相关，包括与人工智能系统相关的要素（数据、系统和商业模型）的透明。

可追溯性。数据收集和形成人工智能系统决策的流程，包括数据收集和数据标记的过程和所使用的算法，应该以尽可能高的标准编制文档，以实现可追溯性和提高透明度的目标。这也适用于人工智能系统做出的决策。这样可以明确人工智能系统决策错误的原因，从而有助于预防未来可能发生的错误。可追溯性促进了可审计性和可解释性原则的事实。

可解释性。可解释性涉及解释人工智能系统的技术过程和相关的人类决策（例如系统的应用领域）的能力。技术可解释性要求人工智能系统做出的决策能够被人类理解和追溯。此外，有可能存在必须在增强系统的可解释性（这可能降低系统的精确性）和提高系统的准确性（以可解释性为代价）之间进行权衡的情况。当人工智能系统对人们的生活产生重大影响时，人工智能系统应当具备对决策过程提供合理解释的能力。这种解释

---

① 可以参考现有的隐私法，如 GDPR 或即将出台的隐私条例。

应当及时做出，并与利益相关者的专业知识相适应（例如外行人员、监管人员或研究人员）。此外，应该提供有关人工智能系统到底在多大程度上影响并塑造机构进行决策的过程、设计选择的过程、应用人工智能系统的理由，从而确保商业模型的透明度。

沟通。人工智能系统不应该向用户表示自己是人类；人类有权获知他们正在与人工智能系统进行交互，这就要求人们必须能够识别出人工智能系统。此外，为确保基本权利得到维护，应在必要时提供不再进行交互的选择。除此之外，人工智能系统的功能和限制应该以一致的方式传达给人工智能从业者或终端用户，包括与人工智能系统进行沟通的准确度及其局限性。

1.5 多样性、非歧视性和公平性

为了实现可信赖人工智能，我们必须在人工智能系统的整个生命周期中实现包容性和多样性。除了所有受其影响的利益相关者关心并参与整个流程之外，还需要通过具有包容性的设计过程以及平等的待遇使其他人获得享用人工智能的平等机会。这一要求与公平原则密切相关。

避免不公平的偏见。人工智能系统使用的数据集（包括用于培训和操作的数据集）可能会受到无意的历史偏差、不完整性和不良管理模型的影响。这种影响的持续存在可能导致对某些群体造成无意间的直接偏见和歧视①，从而潜在地使偏见和边缘化程度加深。故意利用（消费者的）偏见或参与不公平竞争也可能造成损害，例如通过恶意串通或使市场不透明而造成价格的同质化②。应尽可能在收集阶段消除可识别的和歧视性的偏见。人工智能系统的研发方式（例如算法编程）也可能受到不公平偏见的影响，这可以通过设立监督程序来消除，以清晰透明的方式分析和处理人工智能系统的目的、限制、要求和决定。此外，应鼓励雇用来自不同背景、文化和学科的人，以此确保意见的多样性。

可访问性和通用设计。特别是在企业和消费者的关系中，人工智能系统应该以用户为中心，并允许所有人，无论其年龄、性别、能力或特征如何，使用人工智能产品或服务。尤为重要的是，保证所有社会群体中的残疾人都可以使用这项技术。人工智能系统不应该采用一种放之四海而皆准

---

① 关于直接和间接歧视的定义，参见 2000 年 9 月 27 日理事会第 2000/78/EC 号指示第 2条，其中为就业和职业方面的平等待遇建立了一个总框架。另见《欧盟基本权利宪章》第 21 条。

② 欧盟基本权利机构：《大数据：数据支持决策中的歧视》（*Big Data：Discrimination in da-ta-supported decision making*），2018，http//fra. europa. eu/en/publication/2018/big – data – discrimination。

的方法，而应该依据相关的可访问性标准①采用针对尽可能广泛的用户的通用设计原则。② 这将使所有人能够公平地参与现有和新兴的以计算机为媒介的人类活动及其辅助技术。③

*利益相关者的参与。*为了研发可信赖的人工智能系统，建议咨询在整个生命周期中可能直接或间接受到系统影响的利益相关者。即使在应用之后定期征求反馈意见并建立利益相关者的长期参与机制也是有益的，例如组织机构应确保员工在实施人工智能系统的整个过程中的知情、咨询和参与。

1.6 社会与环境福祉

根据公平性和避免造成伤害的原则，更广泛的社会、其他众生和环境也应该被视为整个人工智能系统生命周期的利益相关者。应鼓励人工智能系统的可持续性和生态责任，并应促进针对全球关注领域（例如可持续发展目标）的人工智能解决方案的研究。理想情况下，人工智能系统应该被用来造福全人类，包括子孙后代。

*可持续和环境友好型人工智能。*人工智能系统应确保以最环保的方式帮助解决一些最为紧迫的社会问题。人工智能系统的研发、部署和使用过程，以及整个供应链，都应经过这方面的评估，例如，应严格审查模型培训期间的资源使用和能源消耗，选择危害较小的方案。应鼓励采取措施以确保人工智能系统整个供应链的环境友好性。

*社会影响。*在我们生活的各个领域（无论是教育、工作、护理还是娱乐方面），无处不在的社交类人工智能系统④可能会改变我们对社会代理关系的认识，或影响我们的社会关系和情感。虽然人工智能系统可以用来提高社交技能⑤，但它们同样会导致社交技能的退化。这也会影响人们的身心健康。因此，必须仔细监测和考虑此类人工智能系统的影响。

184

---

① 例如 EN 301 549。

② 《公共采购指令》（*Public Procurement Directive*）第 42 条要求技术规范考虑可及性和"为所有人设计"。

③ 这项要求与《联合国残疾人权利公约》（*United Nations Convention on the Rights of Persons with Disabilities*）有关。

④ 这表示人工智能系统通过模拟人类机器人交互（具体化人工智能）中的社会性或虚拟现实中的化身与人类进行沟通和交互。通过这样做，这些系统有可能改变我们的社会文化习俗和我们社会生活的结构。

⑤ 例如，欧盟资助的一个项目研发基于人工智能的软件，使机器人能够在人类主导的治疗过程中更有效地与自闭症儿童互动，帮助提高他们的社交和沟通技能，http://ec. euro-pa. eu/research/infocentre/article_ en. cfm? id = /research/headlines/news/article_ 19 _ 03 _ 12 _ en. html? infocentre&it em = Infocentre&artid = 49968。

社会和民主。除了评估人工智能系统的研发、部署和使用对个人的影响外，还应该从社会角度出发，考虑到其对机构、民主和整个社会的影响。应特别在与民主进程有关的背景下仔细考虑人工智能系统的应用，不仅涉及政治决策，还应包括选举的背景。

1.7 问责制

问责制的要求是对上述要求的补充，与公平性原则密切相关。必须建立确保人工智能系统及其成果在研发、部署和使用之前和之后的责任和问责制机制。

可审计性。可审计性需要能够对算法、数据和设计过程进行评估，这并不一定意味着与人工智能系统相关的商业模式和知识产权信息必须始终公开可用。内部和外部审计人员的评估以及评估报告的可用性有助于提高技术的可信度。人工智能系统应该能够独立审计影响基本权利的应用程序，包括对安全性要求苛刻的应用程序。

负面影响的最小化和报告。必须确保能够报告对某种系统结果有贡献的行动或决定，并能对这种结果的后果做出反应。识别、评估、记录和最小化人工智能系统的潜在负面影响对于那些直接受到人工智能影响的人来说尤为重要。在报告有关人工智能系统的合理担忧时，举报人、非政府组织、工会或其他实体必须得到应有的保护。在研发、部署和使用人工智能系统之前和期间进行影响评估（例如建立红色团队或采用算法影响评估形式）有助于最小化负面影响。此类评估必须与人工智能系统带来的风险相称。

权衡。在实施上述要求时，可能会出现冲突，从而导致不可避免的权衡。应在现有技术的范围内以理性和方式化的手段进行权衡。这就需要确定人工智能系统所涉及的相关利益和价值，并且如果发生冲突，应明确承认和评估其对伦理准则（包括基本权利）可能存在的风险。人工智能系统的研发、部署和使用不应在无法确定伦理上是否可接受的情况下进行。任何关于做出权衡的决定都应该合理并被适当地记录下来。决策者必须对进行适当权衡的方式负责，并应不断审查最终决策的适当性，以确保在必要时对系统进行更改。①

---

① 不同的治理模型有助于实现这一目标。例如内部和/或外部道德（和行业特定）专家或董事会的存在可能有助于突出潜在冲突的领域，并提出可能最好的解决冲突的方法。与利益相关者进行有意义的磋商和讨论，包括那些有可能受到人工智能系统不利影响的人。欧洲大学应该在培训所需的伦理专家方面发挥带头作用。

补救。当发生不公正的不利影响时，应设置适当的补救机制。[①] 当问题出现时知晓补救措施的存在是确保对人工智能系统信任的关键。此外，还应对弱势群体给予特殊关注。

2. 实现可信赖人工智能的技术和非技术方法

为了实现上述要求，可以采用技术方法和非技术方法。这些方法涵盖了人工智能系统生命周期的所有阶段。应持续地评估用于实施上述要求的方法，并报告和证明[②]在实施过程中发生的变化。人工智能系统是在一个动态的环境中不断发展和发挥作用的。因此，可信赖人工智能的实现是一个持续的过程，如图3所示。

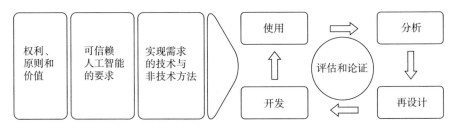

图3 在系统的整个生命周期中实现可信赖的人工智能

下列方法可以相互补充，也可以相互替代，因为要求的不同和敏感度的不同可能需要不同的实施方法。本概述既不是全面而详尽的，也不是强制性的。相反，其目的是提供可能有助于实施可信赖人工智能的方法列表。

2.1. 技术方法

本节将介绍一些技术方法，以确保可以在人工智能系统的设计、研发和使用阶段实现可信赖的人工智能。下面列出的方法在成熟度级别上有所不同。[③]

· 可信赖人工智能的架构

对可信赖人工智能的需求应当"转换"成运行程序和/或对运行程序的约束，这应当设定在人工智能系统的结构中。可以通过系统应该始终遵循的"白名单"规则（行为或状态）、对行为或系统永远不应该违反的状

---

① 欧洲联盟基本权利机构：《改善欧盟一级商业和人权领域的补救途径》（*Improving Access to Remedy in the Area of Business and Human Rights at the EU Level*），2017，https://fra. europa. eu/en/opinion/2017/business – human – rights。

② 这需要举例说明在系统的设计、研发和部署中所作的选择的合理性，以实现要求。

③ 虽然其中一些方法现在已经可用，但其他方法还需要更多的研究。那些需要进一步研究的领域，也将为人工智能高级专家组的第二个可交付成果，即政策和投资建议，提供信息。

态的"黑名单"限制，以及这些或更复杂的可证明的系统行为保证的组合来实现。在操作期间，可以通过一个单独的程序来监督系统是否遵守了这些限制。

基于"感知－计划－行为"周期的理论视角，具有学习能力并可以动态地调整自身行为的人工智能系统有可能成为会做出意外行为的非确定性系统。对此架构进行调整以确保可信赖的人工智能在周期的三个步骤中进行集成：（i）在"意义"阶段，系统的研发应使其能够识别确保符合要求所需的所有环境要素；（ii）在"计划"阶段，系统应仅考虑符合要求的计划；（iii）在"行为"阶段，系统的行为应仅限于做出实现要求的行为。

上述架构是通用的，其对大多数人工智能系统而言并不完善。尽管如此，它仍为限制人工智能和制定策略提供了锚点。这些限制手段和策略制定应该反映在特定的模块中，从而形成一个值得信任的、可感知的整体人工智能系统。

·基于设计的伦理道德与法治（X-by-design）

该方法以法律规则或社会规范允许的正当方式，确保价值设计为系统需要遵守的抽象原则和执行具体决定提供明确的联系。其关键是将符合规范的思想贯彻到人工智能系统的设计中。公司有责任从一开始就确定它们拥有的人工智能系统将会造成的影响，以及其人工智能系统应该遵守的规范，以避免造成负面影响。不同的"设计理念"已经被广泛使用，例如基于隐私的设计理念或基于安全的设计理念。为了赢得信任，人工智能需要保证其程序、数据和产物的安全，并能够应对敌对数据和攻击。人工智能应该执行自动防故障关闭机制，以及在强制关闭之后（例如在攻击之后）能够恢复操作。

·解释方法

对于一个可信赖人工智能系统，我们必须能够理解它为什么以某种方式运行，以及为什么它提供了一种给定的解释。在整个研究领域，可解释的人工智能（XAI）试图解决这个问题，以更好地理解系统运作的基本机制，并找到解决方案。时至今日，这对于基于神经网络的人工智能系统来说仍然是一个有待解决的挑战。使用神经网络的训练过程可能导致网络参数设置为难以与结果关联的数值。此外，有时一些数值的微小变化可能引起解释的巨大变化，有可能导致运行系统将"校车"与"鸵鸟"相混淆。运行系统可能因为这种问题遭受蒙蔽。包含 XAI 的研究方法不仅对于向用户解释系统做出的行为，而且对部署可靠的技术来说也至关重要。

·*测试与验证*

由于人工智能系统的不确定性以及因场景而异的特性，传统的测试方法并不足以应对。人工智能系统所使用的概念和描述方法的缺陷可能仅在该程序应用于足够真实的数据时才会显现出来。因此，为了验证数据并使数据处理过程合法化，必须在培训和部署期间仔细监测基础模型，以确保其稳定性、稳健性，并保障其在易于理解和可预测的范围内运行。确保计划输出的结果与输入一致，并确保决策的制定方式允许对基础过程进行验证。

人工智能系统的测试和验证应尽早进行，确保系统在整个生命周期中，特别是在部署后能够按照预期运行。其应当包括人工智能系统的所有促成要素，包括数据、预先训练的模型、环境以及整个系统的行为。测试过程应该由尽可能多的人来设计和执行。应研发不同尺度的标准，以涵盖针对不同视角进行测试的类别。考虑由可信赖且多样化的红色团队（red teams）进行对抗性测试，故意"破坏"系统以发现漏洞，并且考虑设置鼓励外部人员检测并以负责任的态度报告系统错误和弱点的漏洞奖金（bug bounties）。最后，必须确保系统输出的结果或做出的行为与前面过程的结果一致，将它们与先前确定的策略进行比较，以确保没有违反这些策略。

·*服务质量指标*

可以为人工智能系统制定适当的服务质量指标，以确保对其指标的测试和研发是否考虑了安全因素方面有一个基本了解。这些指标可以包括评估算法测试和算法培训的措施，以及传统软件的功能、性能、可用性、可靠性、安全性和可维护性。

2.2. 非技术方法

本节介绍了各种非技术方法，这些方法可以在落实和维持可信赖人工智能的过程中发挥重要作用。对此也应该进行持续的评估。

·*法规*

如上所述，如今已经存在支持人工智能可信度的规定，例如安全方面的立法、责任框架等。在某种程度上，我们认为法规可能需要修订，调整或引入监管措施作为保障措施和推动因素，这将在我们的第二个可交付成果——《人工智能政策和投资建议》中提出。

·*行为准则*

各机构和利益相关者可以签署本《准则》并调整他们的企业责任、关键绩效指标（KPI）、行为准则或内部政策文件的章程，为实现可信赖人工智能做出努力。一般来说，从事人工智能行业或使用人工智能系统的某组织可以记录其意图，并以某些理想价值标准（如基本权利、透明度和避免伤害）保证该意图的实现。

· *标准化*

标准，例如设计、制造和商业实践中的标准，可以作为人工智能用户、消费者、组织、研究机构和政府的质量管理体系，通过其购买行为识别并鼓励符合伦理道德的行为。除了传统标准，也存在共同监管的方法：认证体系、职业道德规范或符合基本权利的设计标准。目前的案例是 ISO 标准或 IEEE P7000 标准系列，但在未来，名为"可信赖人工智能"的标签可能是更为合适的选择，通过参考特定的技术标准来对该标准加以确认，该标准包括系统遵守安全性、技术稳健性和透明性。

· *认证*

由于不能期待每个人都能完全理解人工智能系统的工作原理和工作成效，组织机构可以考虑向更广泛的社会公众证明人工智能系统是具备透明性、可审计性和公平性[1]的。这些认证有助于为不同应用领域和不同人工智能技术的研发制定标准，并与不同背景的工业标准和社会标准相适应。然而，认证机制永远也不能代替问责制。因此，应通过问责制框架加以补充，包括发布免责声明、建立审查机制以及补救机制。[2]

· *通过监管框架实现问责制*

组织机构应建立内部和外部的管理框架，落实与人工智能系统的研发、部署和使用有关的决策的伦理方面的问责机制。例如，可以任命一人负责与人工智能有关的伦理问题、设置一个内部伦理小组或委员会，和/或一个外部伦理小组或委员会。这个人、小组或委员会可能发挥的作用之一是监管可能出现的问题，并在整个过程中提供建议。如上所述，认证规范和认证机构也可以为此发挥作用。应确保与行业和/或公共监督小组的沟通渠道保持畅通，分享最佳做法，讨论遇到的困境或报告新出现的伦理问题。这种机制可以补充但不能代替法律监督（例如根据数据保护法，采用任命数据保护官或同等措施的形式）。

189

---

[1] 如美国电气与电子工程师伦理协会一致倡导的，https：//standards. ieee. org/industry - connections/ec/autonomous - systems. html。

[2] 关于对认证进行限制的信息，请参阅：https：//ainowinstitute. org/AI_ Now_ 2018_ Report. pdf。

· *培养道德观念的教育和意识*

可信赖人工智能鼓励所有利益相关者的知情参与。沟通、教育和培训都发挥着重要作用，既能确保对人工智能系统有潜在影响的知识得到广泛传播，又能使人们意识到他们可以参与塑造社会发展。这包括所有的利益相关者，例如那些参与产品制造的人（设计者和研发者）、用户（公司或个人）和其他受到影响的群体（那些可能不购买或使用人工智能系统但由人工智能系统为其做出决策的人，以及整个社会）。应在全社会培养基本的人工智能素养。教育公众的一个先决条件是确保在这一领域中的伦理学家拥有适当的技能并接受过训练。

· *利益相关者与社会对话*

人工智能系统带来的好处有很多，而欧洲需要确保所有人都能够从中受益。这需要社会合作伙伴、利益相关方和社会大众的公开讨论和参与。许多组织已经依靠利益相关者小组来讨论人工智能的使用和数据分析。这些小组成员来自各行各业，包括法律专家、技术专家、伦理学家、消费者代表和工人。对人工智能的用途及影响积极地寻求参与和对话，有助于对结果和方法进行评估，这在复杂情况下尤为奏效。

190

· *多元化和包容性的设计团队*

在研发将在现实世界中投入使用的人工智能系统时，多样性和包容性发挥着至关重要的作用。随着人工智能系统能够自行执行更多的任务，就需要设计、研发、测试和维护这些系统的团队能够反映用户和整个社会的多样性，这一点至关重要。这有助于增强不同观点、需求和目标的客观性，并促进对它们的思考。理想情况下，团队不仅需要在性别、文化、年龄等方面存在差异，而且需要在专业背景和技能方面具备多样性。

第二章给出的关键指导：

确保人工智能系统的整个生命周期满足可信赖人工智能的七个关键要求：（1）人的能动性与人为监督；（2）技术的稳健性与安全性；（3）隐私与数据管理；（4）透明性；（5）多样性、非歧视性和公平性；（6）社会与环境福祉；（7）问责制。

考虑技术方法和非技术方法，以确保在人工智能系统中实现上述要求。

推动研究和创新的发展，帮助评估人工智能系统并进一步实现这些要求；向更广泛的社会公众传播人工智能的成果和开放性问题，系统地培育新一代人工智能伦理专家。

以积极主动的方式，准确地向利益相关者传达有关人工智能系统能力和局限性的信息，使他们能够设定符合实际的预期，并向其告知人工智能系统是如何实现上述要求的。对他们正在处理的是人工智能这一事实保持公开透明。

推动人工智能系统的可追溯性和可审计性，特别是在关键环境和情况下。

让利益相关者参与整个人工智能系统的生命周期。加强培训和教育，使所有利益相关者了解并接受可信赖人工智能的培训。

应注意不同原则和要求之间可能存在的根本性冲突。持续识别、评估、记录和沟通这些权衡过程及其解决方案。

Ⅲ. 第三章：可信赖人工智能的评估

根据第二章的关键要求，本章列出了一份非详尽的可信赖人工智能评估列表（试行版），以实现可信赖人工智能。该列表特别适用于直接与用户交互的人工智能系统，并主要针对人工智能系统（无论是自行开发还是从第三方获得）的研发人员和部署人员。该评估列表未涉及可信赖人工智能的第一个组成部分（合法的人工智能）的运作。遵守此评估列表不能证明其合法性，也不能成为确保其遵守法律。鉴于人工智能系统的应用特性，评估列表需要根据特定使用案例和系统运行的环境进行定制。此外，本章还提供了一般性建议，即如何通过一个包含运营和管理级别的治理结构来实现可信赖人工智能的评估列表。

评估列表和治理结构将通过与公共和私营部门的利益相关者密切合作制定。该过程将作为试点过程推动，并允许来自两个并行过程的广泛反馈：

a）在定性过程中，应确保一小部分公司、组织和机构（来自不同领域和不同规模）将选择在实践中签署试行评估列表和治理结构，并提供深入的反馈；

b）在定量过程中，所有感兴趣的利益相关者都可以注册试行评估列表并针对公开咨询提供反馈。

在试点阶段之后，我们会把反馈结果整合到评估列表中，并在2020年初准备一个修订版本，以此实现一个可以跨所有应用的横向使用的框架，从而为确保在所有领域实现可信赖人工智能提供基础。一旦建立了这样的基础，就可以开发出一个区域性的或专用的框架。

·治理

利益相关者可能需要考虑如何在其组织中应用可信赖人工智能评估列表。这可以通过将评估过程纳入现有治理机制或执行新流程来实现。这种选择取决于组织的内部结构及其规模和可用资源。

研究表明，最高管理层的关注对于实现变革至关重要①，研究还表明，让公司、组织或机构中的所有利益相关者参与，可以提升新的流程（无论是否是技术流程）引进的接受程度和相关性。② 因此，我们建议实施一个既包含操作级别又包含最高管理层级别的流程。

级别	相关角色（取决于组织）
管理层和董事会	最高管理层负责商讨和评估人工智能系统的研发、部署或采购的相关问题，在检测到关键问题时作为升级董事会（解决问题的升级程序）评估所有人工智能的创新和用途。受到所引进人工智能系统影响的人（例如工作人员）及其代表，通过获取信息、进行咨询和参与相关程序的方式参与到整个过程中
合规性/法律部门/企业责任部门	责任部门负责监督评估清单的使用，以及为了应对技术或监管的变化而做出的必要的变更。该部门还负责更新人工智能系统的标准或内部政策，并确保此类系统的使用符合当前的法律、规范框架和组织机构的价值观
产品和服务研发或同等业务	产品和服务研发部门负责使用评估列表来评估人工智能所提供的产品和服务，并记录所有的结果。这些结果在管理层中进行商讨，并由管理层最终对新的人工智能应用进行批准
质量保证	质量保证部门（或类似部门）负责检查评估列表的使用情况，如果结果不令人满意或检测到意料之外的结果时，负责采取措施，采取行动将问题升级
人力资源	人力资源部门负责确保人工智能系统研发人员的能力和性格的多样性的组合是正确的，并负责确保在组织内部对可信赖人工智能进行适当培训
采购	采购部门负责确保采购人工智能产品或服务的过程包含对可信赖人工智能的检查
日常运营	研发人员和项目管理人员负责将评估列表纳入日常工作，并记录评估的结果和后果

· 可信赖人工智能评估列表的使用

在实践中使用评估列表时，建议不仅要关注相关的领域，还要关注无法（轻松）解决的问题。潜在的问题可能是研发和测试人工智能系统的团队缺乏技术和能力的多样性，因此可能有必要让组织内部或外部的其他利益相关者参与进来。强烈建议用技术术语和管理术语记录所有结果，确保

---

① https://www. mckinsey. com/business – functions/operations/our – insights/secrets – of – successful – change – implementation.

② A. Bryson, E. Barth, H. Dale-Olsen, "The Effects of Organisational Change on Worker Well-being and the Moderating Role of Trade Unions," *Industry & Labor Relatons Review* 66 (4) (2013): 989 – 1011; Jirjahn U., Smith S. C., "What Factors Lead Management to Support or Oppose Employee Participation—With and Without Works Councils? Hypotheses and Evidence from Germany," *Industrial Relations A Journal of Economy & Society* 45 (4) (2010): 650 – 680; Michie, J., Sheehan, M., "Labour Market Deregulation, 'Flexibility' and Innovation," *Cambridge Journal of Economics* 27 (1) (2003): 123 – 143.

在治理结构中的问题解决能够被所有级别的人理解。

该评估列表旨在指导人工智能从业者实现可信赖人工智能。评估应按比例根据特定用例调整。在试行阶段，可能会发现特定的敏感区域，在下一阶段应评估对此类情况是否需要进一步规范。虽然这份评估列表没有提供解决所提出问题的具体答案，但它鼓励人们思考如何实施可信赖人工智能，以及在这方面应采取的可能性步骤。

·与现行法律和程序的关系

人工智能从业者也必须认识到，现有的法律规定了特定的过程或禁止特定的结果，这些法律可能与评估列表所列举的一些措施相重合。例如，数据保护法规定了从事个人数据收集和处理的人必须满足的一系列法律要求。然而，可信赖人工智能还要求对数据进行合乎伦理的处理，旨在确保遵守数据保护法的内部程序和政策也可能有助于促进合乎伦理的数据处理，从而补充现有的法律程序。但是，遵守此评估列表不能证明合法性，此列表也不能作为确保遵守适用法律的指导。

此外，许多人工智能从业者已经拥有现有的评估工具和软件研发流程，以确保符合非法律标准。以下评估不必作为一项单独的操作执行，但可以纳入那些现有的实践。

可信赖人工智能评估列表（试行版）

1. 人的能动性和人为监督

基本权利：

·您是否在可能对基本权利产生负面影响的情况下进行基本权利影响评估？您是否确定并记录了不同原则和权利之间的潜在权衡？

·人工智能系统是否与人类（终端）用户进行决策互动（例如，建议采取的行动或决策，提供选择）？

·人工智能系统能否通过无意识的方式干扰（终端）用户的决策过程以影响人的自主性？

·您考虑过人工智能系统是否应该向（终端）用户告知决策、内容、建议或后果是算法决策的结果吗？

·在是聊天机器人或其他会话系统的情况下，人类终端用户是否意识到他们正在与人工智能系统进行交互？

人的能动性：

·人工智能系统是否在工作和劳动过程中得以应用？如果是这样，您是否考虑过人工智能系统与人类之间的任务分配，从而进行有意义的互动和适当的人为监督和控制？

· 人工智能系统是否提升或增强了人类的能力？

· 您是否采取了保障措施来防止在工作过程中对人工智能系统的过度自信或过度依赖？

人为监督：

· 您是否考虑过针对特定的人工智能系统和用例采取适当程度的人为控制？

· 您能描述一下人为控制或参与的程度吗？

· 谁是"人类控制者"，人为干预的时机或工具是什么？

· 您是否制定了确保人为控制或监督的机制和措施？

· 您是否采取任何措施来启用审计并纠正有关人工智能自主性的问题？

· 是否有自学型或自主型人工智能系统或用例？如果有，您是否实施了更具体的控制和监督机制？

· 当可能出错时，您建立了哪些检测和反应机制来进行评估？

· 您是否设置了一个停止按钮或程序，以便在需要时安全地中止操作？此程序是完全中止还是部分中止了该过程，抑或是将控制权委托给人类？

2. 技术的稳健性和安全性

抵御攻击和安全的应变能力：

· 您是否评估过使人工智能系统易受攻击的可能形式？

· 您是否考虑过不同类型和性质的漏洞，例如数据污染、物理基础设施、网络攻击？

· 您是否已采取措施或应用系统来确保人工智能系统的完整性和应对潜在攻击的抵御能力？

· 您是否验证了系统在意外情况下和环境中如何运作？

· 您是否考虑过您的系统在多大程度上可以同时使用？如果是这样，您是否针对此种情况采取了适当的预防措施（包括不发布研究或部署系统）？

后备计划和总体安全：

· 如果遇到对抗性攻击或其他意外情况（例如技术切换程序或在继续操作之前需要人类操作员），您是否确保系统有足够的后备计划？

· 您是否考虑过人工智能系统在此种特定用例中引发的风险等级？

· 您是否制定了任何流程来衡量和评估风险和安全？

· 您是否提供了必要的信息，以防人类身体完整性受到威胁？

· 您是否考虑过通过保险政策来处理人工智能系统可能造成的损害？

· 您是否发现了可预见的（其他的）技术使用的潜在安全风险，包括意外或恶意滥用？是否有计划来减轻或管理这些风险？

· 您评估过人工智能系统是否可能对用户或第三方造成损害或伤害吗？您是否评估了可能性、潜在损害、被影响的受众和严重程度？

· 您是否考虑过责任和消费者保护规则？

· 您是否考虑过对环境或动物的潜在影响或安全风险？

· 您的风险分析是否包括安全或网络问题，例如网络安全可能会因人工智能系统的无意行为存在风险或受到损害？

· 您是否估计了人工智能系统在提供错误、不可用结果或提供社会不能接受的结果（例如歧视）时可能会对您造成的影响？

· 您是否定义了阈值并且制定了管控程序来触发替代/后备计划？

· 您是否定义并测试了后备计划？

准确性：

· 您是否在人工智能系统和用例的情形中评估了准确性的程度和定义？

· 您是否评估了如何衡量和确保准确性？

· 您是否采取措施确保所使用的数据是全面和最新的？

· 您是否制定了适当的措施来评估是否需要额外的数据，例如提高准确性或消除偏差？

· 您是否验证了如果人工智能系统做出不准确的预测会造成什么危害？

· 您是否采用了各种方法来测试您的系统是否会做出一些（数量无法接受）不准确预测？

· 您是否采取了一系列措施来提高系统的准确性？

可靠性和可再现性：

· 您是否制定了策略以监控和测试人工智能系统是否符合目标、目的和预期应用？

· 您测试过是否需要考虑具体情况或特定条件以确保可再现性？

· 您是否采用了验证方法来测量和确保系统不同方面的可靠性和可再现性？

· 您是否制定了流程来描述人工智能系统在某些类型的设置中失败的

情况？

·您是否清楚地记录及运作这些程序，以测试及验证人工智能系统的可靠性？

·您是否建立了沟通机制以确保（终端）用户系统的可靠性？

3. 隐私与数据管理

尊重隐私和数据保护：

·根据使用案例，您是否建立了一种机制，允许其他人在人工智能系统的数据收集（为培训和操作）和数据处理过程中标记与隐私或数据保护相关的问题？

·您是否评估了数据集中数据的类型和范围（例如，是否包含个人数据)？

·您是否考虑过在没有（或极少）使用潜在敏感数据或个人数据的情况下，研发人工智能系统或训练模型的方式？

·根据使用案例，您是否建立了通知和控制个人数据的机制（例如当有效的同意和撤销同意可得行使的情况下，数据主体能否行使)？

·您是否采取措施来加强对隐私的保护，例如通过加密技术、匿名化技术和信息聚合技术（aggregation）等手段？

·如果存在数据隐私官员（DPO），您是否在此过程的早期阶段让该人员参与？

数据的质量和完整性：

·您是否让您的系统与相关标准［例如国际标准化组织（ISO）、电气与电子工程师协会（IEEE)］或广泛采用的关于日常数据管理和治理的协定保持一致？

·您是否建立了数据收集、存储、处理和使用的监督机制？

·您是否评估过您对所使用的外部数据源质量的把控程度？

·您是否有采用确保数据质量和完整性的流程？你考虑过其他流程吗？您如何验证您的数据集未被破坏或被黑客攻击？

数据访问：

·您遵循哪些协定、流程和程序来完成和确保妥善的数据管理？

·您是否评估了谁可以访问用户的数据，以及在什么情况下可以访问？

·您是否确保这些人员具备资格并被要求访问数据，而且具备了解数据保护政策详细规定的必要能力？

·您是否确保有监督机制来记录访问数据的时间、地点、方式、人员和目的？

4. 透明性

可追溯性:

·您是否制定了确保可追溯性的措施？这可能需要记录以下方法：

·用于设计和研发算法系统的方法：

·基于规则的人工智能系统：编程方法或模型的构建方式；

·基于学习的人工智能系统：训练算法的方法，包括收集哪些数据和输入哪些数据，以及为何发生这种情况。

·用于测试和验证算法系统的方法：

·基于规则的人工智能系统：用于测试和验证的场景或案例；

·基于学习的人工智能系统：用于测试和验证的数据的相关信息。

·算法系统的结果：

·算法的结果或算法采取的决策，以及由不同情况（例如，其他用户子群）可能产生的其他决策。

可解释性:

·您是否评估了：

·可以在多大程度上理解人工智能系统的决策和结果？

·系统决策在多大程度上影响组织机构的决策过程？

·为什么这个特定系统部署在这个特定区域？

·系统的商业模式是什么（例如，它如何为组织机构创造价值）？

·您是否确保能够解释系统为什么会选择一个所有用户都能理解的结果？

·您是否从一开始就在脑海里设计了具有可解释性的人工智能系统？

·您是否研究并尝试过对有疑问的应用使用最简单且最具解释性的模型？

·您评估过您是否可以分析您的训练和测试数据吗？您可以随着时间的推移进行更改和更新吗？

·您评估过在模型培训和研发之后您是否可以检查可解释性或者您是否可以访问模型的内部工作流程吗？

沟通:

·您是否通过免责声明或任何其他方式告知（终端）用户：他们是与人工智能系统而不是人类进行交互？您是否将您的人工智能系统做出这样的标记？

·您是否建立了机制来告知（终端）用户人工智能系统结果背后的原

因和标准？

·您是否清楚易懂地向目标受众传达了这一信息？

·您是否建立了流程来考虑用户反馈并用它来调整系统？

·您是否传达了关于潜在或可感知的风险（如偏见）？

·根据用例，您是否考虑过与其他受众、第三方或公众的沟通以及对他们的透明度？

·您是否阐明了人工智能系统的目的以及谁可能从该产品/服务中获得何种收益？

·您是否为产品指定了使用方案并清楚地进行了传达，以确保产品对目标受众是可理解的和适当的？

·根据用例，您是否考虑过人类心理和潜在的局限性，例如混淆、确认偏差或认知疲劳的风险？

·您是否清楚地传达了人工智能系统的特征、局限和潜在缺点？

·在系统研发的情况下：对将其部署到产品或服务中的任何人？

·在系统部署的情况下：对（终端）用户或消费者？

5. 多样性、非歧视性和公平性

避免不公平的偏见：

·您是否制定策略或程序，以避免在人工智能系统中产生或强化不公平的偏见，无论是在使用输入数据方面，还是在算法设计方面？

·您是否评估并承认所使用数据集的组成可能产生的局限性？

·您是否考虑过数据中用户的多样性和代表性？您是否测试了特定人群或有问题的用例？

·您是否研究并使用了可用的技术工具来提高您对数据、模型和性能的理解？

·您是否在系统的研发、部署和使用阶段安装了测试和监测潜在偏差的程序？

·根据用例，您是否确保有一种机制，允许其他人标记与人工智能系统的偏见、歧视或糟糕性能相关的问题？

·您是否已就如何和向谁提出此类问题建立明确的沟通步骤和方式？

·除了（终端）用户以外，您是否考虑过可能间接受人工智能系统影响的其他人？

·您是否评估过在相同条件下是否存在任何可能的决策变化性？

·如果是这样，您是否考虑过可能的原因？

·在可变性的情况下，关于这种变化性对基本权利的潜在影响，您是否建立了衡量或评估机制？

·您是否确保在设计人工智能系统时适用一个恰当的"公平"的定义？

·您的定义常用吗？在选择这个定义之前您有没有考虑其他定义？

·您是否确保有一个定量分析或指标来衡量和测试应用的公平的定义？

·您是否建立了确保人工智能系统公平性的机制？你是否考虑过其他可能的机制？

可访问性和通用设计：

·您是否确保人工智能系统适应各种偏好和能力？

·您评估过那些具有特殊需求的人，或残疾人，或有排除风险的人是否能够使用人工智能系统吗？这是如何设计到系统中的？如何验证？

·您是否确保辅助技术用户也可以访问有关人工智能系统的信息？

·您是否在人工智能系统的研发阶段让社区参与或咨询了该社区？

·您是否考虑过人工智能系统对潜在用户的影响？

·您评估过参与构建人工智能系统的团队是否代表您的目标用户吗？考虑到可能受到影响的其他人群，他是否代表了更广泛的群体？

·您评估过是否有人或群体可能会不成比例地受到负面影响吗？

·您从代表不同背景和经历的其他团队或群体那里获得反馈了吗？

利益相关者参与：

·您是否考虑过一种机制，让不同利益相关者参与人工智能系统的研发和使用？

·您是否通过事先通知受影响的工人及其代表并让他们参与进来，为您的组织机构中引入人工智能系统做好准备？

6. 社会与环境福祉

可持续的和环保的人工智能：

·您建立过机制来衡量人工智能系统的研发、部署和使用（例如数据中心使用的能源类型）对环境造成的影响吗？

·您确保有措施减少人工智能系统生命周期对环境的影响吗？

社会影响：

·如果人工智能系统直接与人类交互：

·您评估过人工智能系统是否会鼓励人类对系统产生依恋和同情吗？

·您是否确保人工智能系统明确表示其社交互动是模拟的，并且它没有"理解"和"感觉"的能力？

·您是否确保人们充分了解人工智能系统的社会影响？例如，您评估过劳工是否存在失业或技术退步的风险吗？是否已采取措施削弱此类风险？

社会与民主：

·您是否评估了人工智能系统在个人（终端）用户之外（例如可能间接受影响的利益相关者）的使用带来的更广泛的社会影响？

7. 问责制

可审计性：

·您是否建立了机制来促进系统的可审计性，例如确保可追溯性和记录人工智能系统的过程和结果？

·在影响基本权利（包括安全性关键应用）的应用程序中，您是否确保可以独立审计人工智能系统？

负面影响的最小化和报告：

·您是否对人工智能系统进行了风险或影响评估，其中考虑直接（或间接）受影响的不同利益相关者？

·您是否提供了培训和教育以帮助完善问责制实践？

·让团队中哪些工作人员或分支机构参与？它们是否超出了研发阶段？

·这些培训是否也教授适用于人工智能系统的潜在法律框架？

·您是否考虑建立一个"人工智能伦理审查委员会"或类似机制来讨论总体问责制和伦理实践，包括可能不清晰的灰色地带？

·除了内部举措之外，您是否预见了任何形式的外部指导或执行审计程序来监督合伦理性和问责制？

·您是否制定了一个程序，为第三方（例如供应商、消费者、分销商/销售商）或工人报告人工智能系统中的潜在漏洞、风险或偏差？

记录权衡：

·您是否建立了一种机制来识别人工智能系统所涉及的相关利益和价值以及它们之间可能存在的权衡？

·您如何决定这种权衡？您是否确保记录了这种权衡决策？

能够补救：

·您是否建立了一套适当的机制，以便在产生伤害或不利影响的情况下进行补救？

·您是否已建立机制以向（最终）用户/第三方提供有关补救措施的信息？

我们邀请所有利益相关方在实践中试行该评估列表，并就其可实施性、完整性、在特定人工智能应用或领域的相关性以及与现有合规或评估程序的重叠或互补提供反馈。根据该反馈意见，我们将在 2020 年初向欧盟委员会提出可信赖人工智能评估列表的修订版。

第三章给出的关键指导：

在研发、部署或使用人工智能系统时采用可信赖人工智能评估列表，并使其适应于系统应用的特定用例。

请记住，此评估列表永远不是详尽的。确保可信赖人工智能的实现不是简单地在勾选框中打钩，而是要在整个人工智能系统生命周期中持续地确认要求、评估解决方案并确保结果得到改进，以及让利益相关者参与其中的一系列过程。

C. 人工智能带来的机遇和挑战

在下一节中，我们将提供一些应该鼓励人工智能研发和使用的例子，以及在哪些情况下人工智能研发、部署或使用可能与我们的价值观背道而驰，并可能引发特别的关注。我们必须在人工智能应该做什么和可以做什么之间取得平衡，并且必须注意不应该用人工智能做什么。

1. 可信赖人工智能带来的机遇示例

可信赖人工智能可以提供支持缓解社会面临的紧迫挑战的巨大的机会，如解决人口老龄化、社会不平等加剧和环境污染等问题。这种潜力也在全球范围内得以体现，例如与联合国可持续发展目标保持一致。[①] 以下部分将介绍如何鼓励采用欧洲人工智能战略来解决其中的一些挑战。

· 气候行动和可持续的基础设施

虽然应对气候变化应成为全球政策制定者的首要任务，但数字化转型和可信赖人工智能在减少人类对环境的影响以及有效利用能源和自然资源方面具有巨大潜力。[②] 例如，可信赖人工智能可以与大数据相结合，从而更准确地检测能源需求，从而加强能源基础设施和提高能源消耗的效率。[③]

[①] 美国经济和社会事务部：《可持续发展历史》，https://sustainabledevelopment. un. org/? menu = 1300。

[②] 欧盟的一些项目旨在发展智能电网和能源存储，这些项目有潜力为成功的数字化能源转型做出贡献，包括通过基于人工智能和其他数字化解决方案。为了补充这些单独项目的工作，欧盟委员会发起了"桥梁倡议"（BRIDGE initiative），允许正在进行的地平线 2020 智能电网和能源存储项目就交叉问题达成共识：https://www. h2020 - bridge. eu/。

[③] Encompass 项目：http://www. encompass - project. eu/。

　　考虑到公共交通等领域的问题，智能交通系统中①的人工智能系统可以被用于最大限度地减少排队、优化路线、让视力受损的人更加独立②、优化节能引擎，从而加强脱碳工作，减少对环境的影响，实现更环保的社会。目前，全世界每 23 秒就有一人死于车祸。③ 人工智能系统可以显著减少死亡人数，例如通过提供更长的反应时间和更好地遵守规则来实现。④

　　·健康和幸福

　　可信赖人工智能技术可用于——并且已经被用于——使治疗更智能、更有针对性，并有助于预防危及生命的疾病。⑤ 医生和医疗专业人员甚至可以在人生病之前，对病人复杂的健康数据进行更准确、更详细的分析，并提供量身定制的疾病预防方案。⑥ 在欧洲人口老龄化的背景下，人工智能技术和机器人技术可以成为帮助护理人员、支持老年人护理⑦、实时监控患者状况从而挽救生命的宝贵工具。⑧

---

①　新的基于人工智能的解决方案帮助城市为未来的流动做好准备。例如，欧盟资助的法布洛斯（Fabulos）项目：https：//fabulos. eu/。

②　例如 PRO4VIP 项目，这是欧洲 2020 年远景战略的一部分，目的是抗击可预防的失明，特别是由于老年导致的失明。机动性和定位是该项目的优先领域之一。

③　世界卫生组织：《道路交通伤害》，https：//www. who. int/news - room/fact - sheets/detail/road - traffic - injuries。

④　例如，欧洲 UP-Drive 项目旨在解决概述的交通相关挑战，为实现车辆之间的逐步自动化和协作，促进更安全、更具包容性和更负担得起的交通系统做出贡献。https：//up - drive. eu/。

⑤　例如 REVOLVER（癌症的重复进化）项目：https：//www. healtheuropa. eu/personalised - cancer - treatment/87958/，或 Murab 项目，进行更准确的活体检视，旨在更快地诊断癌症和其他疾病：https：//ec. europa. eu/digital - single - market/en/news/murab - eu - funded - project - success - story。

⑥　例如 Live INCITE 项目：www. karolinska. se/en/ Live - INCITE。这个医疗保健检察官联盟向业界提出挑战，要求研发人工智能和其他 ICT 解决方案，使手术期的生活方式干预成为可能。该项目关注的是新的创新的电子健康解决方案，可以以个性化的方式影响患者在术前和术后采取必要的行动，以优化医疗结果。

⑦　欧盟资助的项目 CARESSES 处理老年人护理机器人，专注于他们的文化敏感性：它们调整自己的行为和说话方式，以适应它们所帮助的老年人的文化和习惯：http：//caressesrobot. org/en/project/。另请参阅名为 Alfred 的人工智能应用程序，这是一个帮助老年人保持活跃的虚拟助手：https：//ec. europa. eu/digital - single - market/en/news/alfred - virtual - assistant - helping - older - people - stay - active。此外，EMPATTICS 项目（使患者获得更好的信息和改善通信系统）将研究和确定卫生保健专业人员和患者如何使用包括人工智能系统在内的 ICT 技术来规划对患者的干预措施，并监测他们的身体和精神状态的进展：www. empattics. eu。

⑧　例如 My Health Avatar（www. myhealthavatar. eu），它提供患者健康状况的数字表示。该研究项目启动了一个应用程序和一个在线平台，用于收集和访问用户的长期健康状态数字信息。这采取了一个终身健康伴侣（化身）的形式。My Health Avatar 还预测用户患中风、糖尿病、心血管疾病和高血压的风险。

可信赖人工智能还可以在更大范围内提供帮助。例如，它可以调查并确定卫生保健和治疗部门的总体趋势①，从而更早地发现疾病、更有效地研发药物、更有针对性地治疗②，最终挽救更多的生命。

·素质教育与数字化转型

技术、经济和环境产生的新变化意味着社会需要以更加积极主动的姿态应对。政府、行业领袖、教育机构和工会有责任让公民进入新的数字时代，确保他们拥有合格的技能来填补未来的就业岗位。可信赖人工智能技术可以帮助更准确地预测哪些工作和职业将受到技术的冲击，哪些新角色将被创造，以及需要哪些技能。这可以帮助政府、工会和工业界规划工人的再培训。它还可能为那些担心被裁员的公民提供一条通往新角色的发展道路。

此外，人工智能可以成为一个强大的工具，对抗教育不平等，并创建个性化和适应性强的教育项目，帮助每个人根据自己的学习能力获得新的资质、技能和能力。③ 它可以提高从小学到大学的学习速度和教育质量。

2. 人工智能引发的关键问题示例

由人工智能引发的一个关键问题即可信赖人工智能的一个组成部分受到侵犯。以下列出的许多问题已经属于现有法律要求的范围，这些要求是强制性的因而必须得到遵守。然而，即使在已经能够证明符合了法律要求的情况下，也可能无法完全解决可能出现的伦理问题。随着我们对规则和伦理准则的适当性的理解不断发展，并可能随着时间的推移而改变，以下非详尽的关注事项列表将来可能会被缩短、扩展、编辑或更新。

·使用人工智能识别和跟踪个人

人工智能使公共机构和私人更有效地识别个人。关于可扩展人工智能识别技术，值得注意的是人脸识别和其他使用生物特征数据的非自愿识别方法（即测谎、通过微表情进行个性评估和自动的语音检测）。对个人的识别有时候是符合伦理准则的（例如在侦查欺诈、洗钱或为恐怖主义募集

203

---

① 例如 ENRICHME 项目（www. enrichme. eu），该项目旨在解决老龄化人口认知能力的逐步下降。一个综合环境辅助生活平台（AAL）和一个长期监测和互动的移动服务机器人将帮助老年人更长久地保持独立和活跃。

② 例如，Sophia Genetics 利用统计推断、模式识别和机器学习来使基因组学和放射组学数据的价值最大化。

③ 例如，MaTHiSiS 项目旨在为基于影响的学习提供一个营造舒适学习环境的解决方案，包括高端技术设备和算法：http://mathiss - project. eu/。另请参阅 IBM 的 Watson Classroom 或 Century Tech 的平台。

资金行为方面）。然而，自动识别系统引起了对与法律和伦理有关问题的强烈关注，因为它可能对心理与社会文化的多个层面产生意想不到的冲击。为了维护欧洲公民的自主性，需要在人工智能系统中采取适当的控制措施。明确定义人工智能是否、何时以及如何用于自动识别个人，区分识别个人与追踪个人、有目标地监视和大规模监视，对于实现可信赖人工智能至关重要。对这些技术的应用必须在现有法律中得到明确保证。① 如果此类活动的法律基础是"同意"，则必须采取实际措施②使人工智能或同等技术所识别的"同意"是有意义的且经过证实的。这也适用于能够重新识别个人的"匿名化"个人数据的使用。

·隐蔽的人工智能系统

人类应当能够随时知晓他们是否直接与另一个人或机器进行交互，而这是人工智能从业者应当妥善履行的责任。因此，人工智能从业者应当确保人类意识到或能够请求、验证他们与人工智能系统交互的事实（例如通过发布明确易懂的免责声明）。应注意到边界问题的存在并且使问题变得复杂化（例如，人工智能过滤掉由人类发出的语音）。应当牢记混淆人与机器可能产生的多种后果，例如情感上的依恋、受到影响或降低人类的价值。③ 因此，人型机器人④的研发应当经过仔细的伦理评估。

·人工智能驱动的违反基本权利的公民评分

我们的社会应当努力保护所有公民的自由和自主性。任何形式的公民评分都可能导致这种自主性的丧失，并危及非歧视原则。只有在理由明确、措施适当且公平的情况下才能使用评分系统。规范性公民评分（normative citizen scoring），即公共当局或私人操作者对"道德品质"（moral personality）或"道德操守"（ethical integrity）的整体性评估会对这些价值观造成全方位、大规模的危害，特别是当它的使用不符合基本权利时，以及在没有划定和传达合法目的的情况下。

如今，公民评分——无论规模大小——已经常用于纯粹描述性和特定领域的评分（例如学校系统、电子学习或驾驶执照）。即使在这些范围较

---

① 在这方面，可以回顾 GDPR 第 6 条，其中规定除其他事项外，数据处理只有在有法律依据的情况下才是合法的。

② 根据互联网环境下现行的知情同意机制，消费者通常在没有进行有意义思考的情况下给予了同意，因此很难将其归为实际措施。

③ Madary & Metzinger, "Real Virtuality: A Code of Ethical Conduct. Recommendations for Good Scientific Practice and the Consumers of VR-Technology," *Frontiers in Robotics and AI* 3 (2016).

④ 这也适用于人工智能驱动的虚拟化身（avatars）。

窄的应用领域中，也应当向公民提供完全透明的程序，包括评分的流程、目的和方法的信息。需注意的是，透明度不能阻止非歧视或确保公平，也不是解决评分问题的万能钥匙。理想情况下，应尽可能在不损害评分机制的情况下赋予选择退出评分机制的权利，否则就必须给出质疑和纠正评分的机制。在双方权力不对等的情况下这一点尤为重要。当有必要采用选择退出机制以确保对基本权利的遵守，且在在民主社会中是必要的前提下，应当保证在技术设计中加入选择退出机制。

·致命自动武器系统 (LAWS)

目前，数量不详的国家和行业正在研究和研发致命自动武器系统，从具有选择性定位能力的导弹到具有认知技能的学习机器，这些机器可以在没有人类干预的情况下决定战斗的对象、时间和地点。这引发了基本的伦理道德问题，例如，它可能导致在历史上前所未有的、无法控制的军备竞赛，并可能造成人类完全失控和故障风险得不到解决的军事环境。欧洲议会呼吁紧急达成具有法律约束力的共识，处理有关人类控制、监督、问责和执行国际人权法、国际人道主义法和军事战略的道德和法律问题。[①] 回顾欧盟在《欧盟条约》第 3 条中所阐明的促进和平的目标，我们支持并期待支持欧洲议会 2018 年 9 月 12 日的决议和所有与轻型反装甲武器 (LAWS) 相关的努力。

·潜在的长期问题

目前人工智能的发展仍然是针对特定领域的，需要训练有素的人类科学家和工程师精确地指定其目标。然而，在更长的时间范围内推断未来，我们可以假设某些值得长期关注的问题。[②] 以风险为导向的研究方法表明，考虑到可能的未知因素和"黑天鹅"[③]，这些问题值得关注。由于这些问题所具有的造成强烈社会冲击的本质，再加上当前人工智能发展中的不确定性，我们需要对这些问题进行定期的评估。

D. 结语

本文件构成了人工智能高级专家组编写的人工智能伦理准则。

---

① 欧盟委员会第 2018/2752 号决议（RSP）。
② 虽然有些人认为通用人工智能、人工意识、人工道德因素、超级智能或可变形人工智能可以作为此类值得长期关注的例子（目前并不存在），但许多人认为这些是不现实的。
③ "黑天鹅"事件是一个非常罕见但是影响很大的事件——罕见到可能没有人看到过。因此，发生的概率通常只能用高不确定性来预估。

我们认识到人工智能系统在商业层面和社会层面已经产生并将继续产生的积极影响，但是，我们也同样关注到要确保妥善处理这些技术所带来的风险和其他不利影响。人工智能是一种同时具有变革性和破坏性的技术，在过去几年里，大量数字数据的可用性、在计算能力和存储容量方面的技术进步，以及在人工智能方法和工具上的重大科学创新和工程创新促进了人工智能的发展。人工智能将继续以我们无法想象的方式影响社会和公民。

在这种情况下，构建可信赖人工智能系统非常重要，因为只有当技术（包括技术背后的程序和人员）值得信赖时，人类才会自信并充分地从中获益。因此，在起草这些指导原则时，可信赖人工智能一直是我们的基本目标。

可信赖人工智能有三个组成部分：（1）它应该是合法的，确保遵守所有适用的法律和法规；（2）它应该是符合伦理的，确保符合伦理准则和价值观念；（3）它应该是稳健的（包括技术层面和社会层面），因为要确保即使是出于好意，人工智能系统也不会造成任何无意间的伤害。每个组成部分都必不可少但都不足以实现可信赖人工智能。在理想情况下，三个组成部分协同作用并在操作中相互重叠。当它们之间关系紧张时，我们应该努力使它们保持协调一致。

在第一章中，我们阐述了在人工智能背景下至关重要的基本权利和一系列相应的伦理准则。在第二章中，我们列出了人工智能系统为了实现可信赖人工智能而应满足的七个关键要求。我们提出了可以帮助其实施的技术方法和非技术方法。最后，在第三章中，我们提供了一个可信赖人工智能评估列表，该列表可以帮助实现这七个要求。在最后一节中，我们例示了人工智能系统产生的有利机遇和关键问题，对此我们希望就这些问题引发进一步的讨论。

欧洲有一个独特的优势，该优势基于它注重将民众视为努力的中心。注重以民众为努力的中心的思想，通过欧盟赖以建立的各项条约，已写进欧洲的基因里。这份文件构成了促进可信赖人工智能愿景的一部分，我们相信可信赖人工智能是欧洲在具有创新性的尖端人工智能系统领域建立领导地位的基础。这一雄心勃勃的愿景将有助于确保欧洲公民（个人和集体）的福祉。我们的目标是创造一种"可信赖人工智能由欧洲制造"的文化，所有人都能凭此从人工智能中获益，并确保基本价值观念——基本权利、民主和法治得到尊重。

术语表

本术语表针对的是本《准则》，旨在帮助理解本文件中使用的术语。

人工智能或人工智能系统（Artificial Intelligence or AI systems）

人工智能系统是由人类设计①的软件（也可能是硬件）系统，在给定一个复杂目标的情况下，通过数据收集、解释收集到的结构化或非结构化数据，对知识进行推理或对信息进行处理，从这些数据中得出结论并决定为实现给定目标而采取的最佳行动，在物理或数字层面上发挥作用。人工智能既可以使用符号规则也可以学习数字模型，还可以通过分析周遭环境是如何受其先前行为影响的来对其行为进行调整。

作为一门科学学科，人工智能包括数种方法和技术，如机器学习（例如深度学习和强化学习）、机器推理（包括列计划、做日程安排、知识展现和推理、搜索和最优化）和机器人学（包括控制、感知、传感器和执行器，以及网络－物理系统中所有其他技术的集成）。

由人工智能高级专家组所准备的另一份单独的文件，阐述了本文件使用的人工智能的定义，标题为："人工智能的定义：以能力和科学为主要内容的学科"，并与本《准则》同时出版。

人工智能从业者（AI Practitioners）

人工智能从业者指的是研发（包括研究、设计或提供数据）、部署（包括实施）或使用人工智能系统的所有个人或组织，不包括以用户或消费者身份使用人工智能系统的个人或组织。

人工智能系统的生命周期（AI system's life cycle）

人工智能系统的生命周期包括其研发（包括研究、设计、数据提供和有限的实验）、部署（包括实施）和使用阶段。

可审计性（auditability）

可审计性指的是人工智能系统接受对系统的算法、数据和设计过程进行评估的能力。这并不意味着与人工智能相关的商业模式和知识产权信息必须始终公开。在人工智能的早期设计阶段确保可追溯性并建立记录日志机制有助于实现系统的可审计性。

---

① 人类直接设计人工智能系统，但他们也可以使用人工智能技术对设计进行优化。

偏见 （bias）

偏见指的是针对人、事物或地位的歧视性倾向 （inclination of preju-dice）。在人工智能系统中，偏见可能以多种方式出现。例如，在依靠数据驱动的人工智能系统中，比方说通过机器学习进行工作的系统，数据收集和训练过程中的偏见会导致人工智能系统产生偏见。在以逻辑为基础的人工智能中，例如以规则为基础的系统，工程师如何看待适用于特定装置的规则将是偏见产生的原因。人工智能系统进行在线学习或在进行交互之后做出的调整也可能产生偏见。根据用户的喜好进行 （产品） 推荐或提供信息的个性化服务也可能是偏见产生的原因。它不一定与人类的偏见或与人类主导实施的数据收集有关，例如，它可能产生于系统所使用的有限场景之下，并且无法将它推广到其他的场景之中。偏见可以是好的或坏的，有意的或无意的。在某些情况下，偏见可能导致歧视性和/或不公平的结果，这在本文件中称为不公平偏见。

伦理学 （ethics）

伦理学是哲学的一个分支学科。一般来说，它处理诸如"什么是一个好的行为？""人类生命的价值是什么？""什么是正义？"或者"什么是美好的生活？"之类的问题。在伦理学的学术研究中，有四个主要的领域。（i） 元伦理学 （meta-ethics） 主要关注规范语句的意义和引用，以及如何确定其真正价值 （如果有的话） 的问题。（ii） 规范伦理学，是一种通过审查行为对错的标准并为具体的行为赋值来确定符合道德的行为的实用手段。（iii） 描述伦理学，旨在对人们的道德行为和信仰进行实证调查。（iv） 应用伦理学，是关于我们在特定 （通常是历史上新出现的） 情况或特定领域 （通常是历史上前所未有的），在具备行动可能时，有义务 （或被允许） 做什么。应用伦理学所处理的是现实生活中的情况，此时必须在时间紧迫的情况下做出决定，并且往往只带有有限的理性。人工智能伦理学一般被视为应用伦理学的一个例子，主要关注人工智能的设计、研发、实施和使用所引发的规范性问题。

在有关伦理问题的讨论中，经常使用"道德"（morality）、"伦理"（ethics） 两个术语。"道德"一词指的是在特定的文化、群体或个人中，在特定的时间可以发现的具体的、真实的行为模式、习惯或习俗。"伦理"一词是指从系统的、学术的角度对这些具体的行为举止所进行的评估。

符合伦理的人工智能 （ethical AI）

在本文件中，符合伦理的人工智能用于说明确保符合伦理规范的人工智能的研发、部署和使用，包括作为特殊道德权利的基本权利、伦理准则和相关核心价值。它是实现可信赖人工智能所必须具备的三个核心部分中的第二个。

以人为中心的人工智能（human-centric AI）

以人类中心主义视角看待人工智能问题，通过确保对基本权利的尊重，包括对《欧盟条约》和《欧盟基本权利宪章》中规定的基本权利的尊重，力求确保人类的价值观是人工智能系统研发、部署、使用和监测的核心，上述所有基本权利都统一于一个共同的基础：尊重人类的尊严，也即人类（human being）享有独一无二而不可被剥夺的道德地位（moral status）。这也需要将自然环境和作为人类生态系统之一部分的其他生物考虑在内，以及使用一种可持续的方法使我们子孙后代的发展能够繁荣昌盛。

红色团队（red teaming）

红色团队是这样一种实践：通过设置"红色团队"或独立的团体，让其扮演某一敌对角色或提出相反的观点来对组织进行挑战或质疑，通过这样的方式提高组织的效率。它尤其可以用于帮助识别并解决潜在的安全漏洞问题。

可再现性（reproducibility）

可再现性描述的是人工智能实验在相同条件下进行重复操作时能否做出与之前相同的行为。

稳健的人工智能（robust AI）

人工智能系统的稳健性包含技术稳健性（适用于特定的背景，如应用领域或生命周期阶段）和社会稳健性（确保人工智能系统合理考虑系统运行的背景和环境）。这对于确保在意图良好的情况下，也不会发生无意间的伤害来说至关重要。稳健的人工智能是实现可信赖人工智能所必需的三个组成部分中的第三个。

利益相关者（stakeholders）

利益相关者表示的是所有研发、设计、部署和使用人工智能的人，以及（直接或间接）受到人工智能系统影响的人，包括但不限于公司、研究人员、公共服务机构、民间的社会组织、政府、监管机构、社会合作伙伴、个人、公民、工人和消费者。

可追溯性（traceability）

人工智能系统的可追溯性指的是追踪系统的数据、研发和部署程序的

209

能力，通常是通过有记录证明的标识来实现的。

信任（trust）

我们从学术文献中得出以下定义："信任被视为（1）一系列有关仁慈、能力、正直和可预测性的具体信念（信任的信念）；（2）一方在危难情况下依赖另一方的意愿（信任意图）；（3）这些要素的组合。"① 虽然"信任"并不通常被认为是机器应当具有的属性，但本文件旨在强调的不仅是对人工智能系统符合法律、符合伦理并且是稳健的信任，还包括对人工智能系统生命周期中涉及的所有人和所有程序的信任。

可信赖人工智能（trustworthy AI）

可信赖人工智能包含三个组成部分：（1）它应当是合法的，确保对所有可适用的法律的遵循；（2）它应当是符合伦理的，表现出对伦理准则和价值观的尊重，并确保对它们的遵循；（3）它应当是稳健的，包括技术层面和社会层面。因为即使是出于良好的意图，人工智能系统也可能会造成无意间的伤害。可信赖人工智能不仅关注人工智能系统本身的可信性，还包括系统生命周期中所有程序和参与者的可信性。

弱势群体（vulnerable persons and groups）

由于弱势群体的异质性（heterogeneity），不存在普遍接受或广泛赞同的法律定义。构成弱势群体的因素往往是特定于具体环境的。暂时性的生活事件（如童年时期或生病）、市场因素（如信息不对称或市场支配力）、经济因素（如贫困）、与身份有关的因素（如性别、宗教或文化）或其他因素都可以起到作用。根据《欧盟基本权利宪章》第 21 条有关非歧视的规定，包括以下理由，这些理由可以作为其他方面的参考要点：性别、种族、肤色、民族或社会出身（ethnic or social origin）、遗传特征、语言、宗教或政治信仰或其他任何主张、少数民族成员、财产、残疾、年龄和性取向。除了上述条款外，其他法律条款还涉及特定群体的权利。类似这样的清单不会是详尽的，并可能随着时间的推移而产生变化。弱势群体指的是具有一个或多个脆弱性特征的群体。

---

① Siau K., Wang W., "Building Trust in Artificial Intelligence, Machine Learning, and Robotics," *Cutter Business Technology Journal* 31 （2018）: 47 – 53.

Abstract

The Three Laws of Robotics in Asimov's Short Essay

Translator's note: The Russian-American science fiction writer Asimov, who is praised by readers as "God-like person" and awarded the title of "Nature's Resources and Miracles of Nature" by the US government, has worked tirelessly throughout his life. There are more than five hundred books left by him. What few people know is that science fiction literature only occupies a part of the text left in his life. In addition to novels, Asimov also left many articles about artificial intelligence. In these articles, Asimov was still tirelessly discussing topics such as the development prospects of artificial intelligence technology, future social changes, and the relationship between humans and artificial intelligence. Each article appears to be separate, but in fact they are inextricably linked to each other. After reading Asimov's article on artificial intelligence, we can understand that it is definitely not only a majestic monument of science fiction literature, but also an unmeasured mountain in human thought and culture. In order to make readers understand the intention and teachings of Asimov's writing, Professor Zhang Jianwen organized the translation of sixteen Asimov's articles on artificial intelligence. The four articles published this time are on the subject of the Three Laws of Robotics. Among them, Asimov analyzed the mystery of the Three Laws of Robotics and its application in science fiction, and discussed the laws of anthropology corresponding to the Three Laws of Robotics. The remaining articles will be published in later stages.

Keywords: Asimov; Artificial Intelligence; The Three Laws of Robotics

Argument Schemes for Discussing Bayesian Modellings of Complex Criminal Cases

[H] *Henry Prakken*, *translated by Xiong Minghui*

Abstract: This article discusses a new use case of legal argumentation support tools, namely: using Bayesian probability theory to support the analysis and discussion of complex criminal cases. By studying cases, we analyzed two real discussions between two experts in court and analyzed their argument structure. In this study, the validity of several generally accepted argument types was confirmed, a new scheme of statistical argumentation was proposed, and the debate between two experts on the validity of the argumentation was analyzed. From a practical point of view, this case study provides insights to support software design and discusses Bayesian analysis of complex crime cases.

Keywords: Argument Scheme; Evidence Reasoning; Probability; Argument Support

The Legal Principles and Implementation Mechanisms of Personal Privacy Protection in the Era of Big Data

Zhao Wanyi, *Fan Peixin*

Abstract: Compared with traditional personal privacy infringements, personal privacy rights in the era of big data have the characteristics of universality, vulnerability to infringement, difficulty in remedy, difficulty in detecting infringement, and difficulty in determining infringement. Therefore, it is necessary to establish more targeted personal privacy protection goals and protection principles, including the priority of personality (people-oriented) principle, ethical principle, legitimacy principle, interest balance principle, necessity principle, etc. In terms of specific system design, the right to self-determination of personal information should be fully respected, the principles of information ethics should be abided by, scientific rules for the reasonable and legal use of personal data should be established, and the right to be forgotten should be elevated to a special right in personal privacy. In order to achieve the above objectives, it is necessary to comprehensively use various protection methods, focus on improving the relief mechanism, technically strengthen the protection of personal privacy, and strive to strengthen the company's own awareness of personal information protection and information utilization compliance.

Keywords: Personal Privacy Rights; Big Data; Priority of Personality Principle; Right to be Forgotten

A Preliminary Study of Artificial Intelligence Criminal Responsibility Ability and Regulation Path

Sun Jingyi

Abstract: With the rapid development of artificial intelligence, it has significant social and economic prospects and strategic position, and its use will also bring subversive crisis to the society. Although China, at present, occupies a leading position in the field of artificial intelligence market and technology, there are obvious shortcomings in the construction of laws and mechanisms. Artificial intelligence must have the consciousness of humanoid autonomy, which should be regulated by criminal law, endowed with the ability of criminal responsibility and classified. In order to prevent and control the risk of artificial intelligence, we should formulate relevant laws and policies, improve the regulatory mechanism, standardize the application of science and technology, and establish an ethical action program.

Keywords: Artificial Intelligence; Criminal Responsibility; General Regulation

213

The Legal Order of Government's Opening Up Data Flow

Li Jiahang, Shao Bin

Abstract: As a "public data product" under the theory of data production, the opining of data is the meaning of digital human rights protection, and it is also a practical requirement for the marketization of data elements. Clarifying the connotation, extension, and ownership of the data opining of government is an important foundation for constructing its flow order. Government open data is a subset of government data and can only be non-personal data. According to the different roles of the government, it can be further divided into administrative open data and government production data. The core of the clarification of relevant ownership disputes and the construction of the flow order lies in the judgment of the government's role: for the former, the government is only the data discloser, and any public data assets can be used publicly, and non-public data assets can also be negotiated. Or open to use in a statutory way; for the latter, the government is the entrusted agent, and it is advisable to adopt a knowledge licensing agreement to open it, so that all walks of life can avoid the risk of infringement and maximize the diversified application of data.

Keywords: Government Open Data; Data Attribution; the Order of Data Flow; Data Available

214

Legal Digital Currency Personal Information Protection from the Perspective of Interest Balance

Chang Ye

Abstract: Personal information is relatively lagging in legislative protection due to disputes about its legal status and rights attributes. In the era of big data, issues such as personal information security and confirmation of rights urgently need to be resolved by law. The test of our country's digital renminbi has also aroused public concerns about personal information collection. Personal information has both personality and property attributes, and the processing of personal information by state agencies serves the public interest. At the same time, the protection of personal information in legal digital currency has a strong technical iteration attribute, which is difficult to translate dynamically in legislation. Therefore, in order to ensure that the legal digital currency is accepted by the public, it is necessary to establish a higher-level unified legislation, update the static "identifiable" personal information legal definition standard to a dynamic "personal privacy risk" standard, and abandon the "informed" standard. The principle of "consent" is to eliminate the uncertainty of the legality of personal information processing, update the single legislative structure to a two-layer structure of "legislative norms + technical national standards", strictly set the legal obligations and infringement consequences of the subjects responsible for personal information security, and consider setting a legal time limit for the storage of personal information.

Keywords: Legal Digital Currency; Personal Information Protection; Balance of Interests

Deconstruction and Construction: Thoughts on the Construction of Smart Courts under the Wave of Informationization

Gao Xiang, Chen Geng

Abstract: The construction of smart courts needs to start from the structural characteristics of information technology and its coupling with judicial operations, and consider the future needs and construction paths of smart courts. The construction of smart courts should consider the iterative development of the three core projects of modern information technology, and achieve a more stable and systematic advancement through the "three-step" approach. The final form of the construction of a smart court should be to make full use of technologies such as the Internet and artificial intelligence to collect and analyze massive social and judicial data to ensure that the effectiveness of judicial judgments is infinitely close to social justice and meets the needs of the public. On the basis of justice and efficiency, promote the progress of judicial culture and even judicial civilization.

Keywords: Smart Courts; Information Technology; Artificial Intelligence

An Empirical Analysis and Criminal Law Regulation of Crimes Involved in P2P Lending Platform

Yao Wanqin, Cai Shiyu

Abstract: In recent years, P2P platform has introduced new business model and operation mode, which gradually deviates from the role of "information intermediary". There are many illegal behaviors in the platform, such as false propaganda, fund pool and guarantee, which lead to the crime of illegally absorbing public deposits, fund-raising fraud, contract fraud and other crimes. However, there are many problems in the regulation of P2P platform, such as the lack of relevant regulations on platform false propaganda, the confusion of crime and non crime in the use of fund pool, and the fuzzy boundary between this crime and that crime in P2P crime related cases. Therefore, we should correctly grasp the limit of criminal law intervention, not only to maintain the modesty of criminal law, but also to play its protective role. Adhere to the coordination and connection of criminal law regulation and administrative supervision, and solve the alienation platform by learning from each other. At the same time, we should establish the standard of "amount + circumstances". So as to effectively promote the healthy development of P2P platform and reduce the occurrence of crime.

Keywords: False Propaganda; Fund Pool; Illegal Absorption of Public Deposits; Fund-raising Fraud

Application and Improvement of Artificial Intelligence in the Field of Enforcement

Shangguan Junfeng

Abstract: Emerging technological achievements such as artificial intelligence, big data, and blockchain have changed the traditional enforcement work methods, promoted the process of implementation informatization, and improved the quality and efficiency of implementation. At the same time, artificial intelligence in the field of enforcement has problems such as incomplete open sharing of information, defects in the network inspection and control platform, joint untrustworthy punishment mechanisms to be improved, and unclear boundaries of artificial intelligence. In the future, artificial intelligence should develop in the direction of integration, intelligence, intensive and collaboration, and help realize the networked, intelligent, and informational enforcement work.

Keywords: Artificial Intelligence; Enforcement; Networking; Informatization

Artificial Intelligence and Financial Law

[*KOR*] *Xu Wanxi*, *translated by Li Yang*

Abstract: Artificial intelligence has triggered initial changes in the financial sector in South Korea, and its applications are becoming more extensive and diverse, and technological updates are becoming more and more perfect. While leading the technological revolution, artificial intelligence has also brought about difficulties in financial market regulation, such as algorithmic collusion and threats to market stability. South Korean financial authorities have begun to explore consumer protection issues in AI services, but there is still a long way to go to establish a complete regulatory system. Controversial issues such as the recognition of AI's legal personality and the prevention and imputation of accidents caused by AI decisions need to be clarified.

Keywords: Artificial Intelligence; Algorithm; Robot Advisor; Legal Personality; Consumer Protection

约稿函

《人工智能法学研究》是由西南政法大学人工智能法律研究院创办、社会科学文献出版社出版的学术集刊，每年出版两期（4月和10月）。现面向海内外专家、学者真诚约稿。

一　刊物栏目设置

本刊主要栏目有：

（一）理论争鸣

（二）部门法视野

（三）跨界对话

（四）域外观察

（五）案例评析

二　投稿要求

（一）文章内容应当紧扣"人工智能法学研究"主题，符合人工智能法学发展总体精神和方向，以问题为导向，具有理论性和建设性，欢迎实证分析、比较分析、大数据分析等研究方法，提倡"小切口，深挖掘"。

（二）投稿文章应当是未公开发表的原创论文，字数不少于8000字。

（三）本刊约稿仅限 Word 文档电子版（doc 格式或 docx 格式，以 doc 格式为宜），不接收任何纸质材料；文档名称与邮件主题格式均为"人工智能法学研究－论文题目－姓名－单位"。

（四）请随稿件附上作者姓名、学位、单位、职称（职务）、研究方向、联系电话、电子邮箱、邮寄地址、银行卡号及开户行等信息。

三　注释体例

注释以必要为原则，体例参照《中国法学》。

（一）总则

1. 提倡引用正式出版物，独著类书籍无须在作者名称后加"著"字；

非独著类书籍，根据被引资料性质，应在作者姓名后加"主编""编译""编著""编选"等字样。

2. 文中注释一律采用脚注，当页连续注码，注码样式为：①②③等。

3. 非直接引用原文时，注释前加"参见"；非引用原始资料时，应注明"转引自"，应尽可能避免使用"转引"。

4. 引文涉及同一资料相邻数页，注释页码部分可标注为：第×页以下。

5. 引用自己的作品时，请直接标明作者姓名，不要使用"拙文"等自谦词。

（二）分则

1. 著作类

（1）注释信息编排方式为：作者姓名：《著作名称》，出版社名称，出版年份，第×页或第×~×页。

（2）著作若有副标题，以破折号与标题隔开。

（3）著作的版次紧随著作名称，以"（第×版）"、"（修订版）"或"（增订）"的方式表示。

（4）合著应标明全部作者姓名。三人以上合著的，第一次出现时，应写明全部作者姓名；第二次出现时，可以在第一作者之后加"等"字省去其他作者姓名。作者姓名之间以顿号隔开。

（5）多卷本著作应在著作名称后，以"（第×卷）"、"（第×册）"或"（第×辑）"注明卷、册或辑数。

示例：①王泽鉴：《民法学说与判例研究》（第1册），北京大学出版社，2009，第6页。

2. 论文类

（1）注释信息编排方式为：作者姓名或名称：《文章名称》，《期刊名称》××××年第×期。

（2）辑刊或文集论文须在主编者名称之前加"载"字。

（3）以"××××年第×期"标注期刊的出版时间，不使用"第×卷第×期"的标注方式。

示例：①赵万一：《中国农民权利的制度重构及其实现途径》，《中国法学》2012年第3期。

3. 文集类

（1）注释信息编排方式为：作者姓名：《文章名称》，载×××主编/等著《著作名称》，出版社名称，出版年份，第×页。

（2）译著类文集注释信息编排方式为：作者姓名：《文章名称》，译者姓名，载×××主编/等《著作名称》，译者姓名，出版社名称，出版年份，第×页。

示例：①〔美〕J. 萨利斯：《想象的真理》，载〔英〕安东尼·弗卢等《西方哲学演讲录》，李超杰译，商务印书馆，2000，第68页。

4. 译作类

（1）书籍类注释信息编排方式为：〔国别名〕作者姓名：《著作名称》，译者姓名，出版社，出版年份，第×页。

（2）论文类注释信息编排方式为：〔国别名〕作者姓名：《论文名称》，译者姓名，《期刊名称》××××年第×期。

示例：①〔法〕孟德斯鸠：《论法的精神》，许明龙译，商务印书馆，2012，第26页。

5. 法典类

注释信息编排方式为：《法典名称》，译者姓名，出版社名称，出版年份，第×页或第×～×页。

示例：①《德国民法典》（第3版），陈卫佐译注，法律出版社，2010。

6. 报纸类

（1）注释信息编排方式为：作者姓名：《文章名称》，《××日报或报》××××年×月×日×版或第×版。

（2）采访类文章应注明记者姓名。

示例：①殷建光：《代购和微商有"法"才能发》，《人民法院报》2018年9月22日第2版。

7. 古籍类

（1）应注明责任人、书名、卷次或责任人、篇名、部类名、卷次、版本等。

（2）常用古籍可以不注明编撰者和版本。

示例：①《史记·秦始皇本纪》。

8. 辞书类

参照书籍类著作的注释体例。

示例：①《新英汉法律词典》，法律出版社，1998，第26页。

9. 外文类

外文注释中杂志名与书名用斜体，文章名用正体加引号。其他与中文同。

四　审稿期限

期刊实行审稿制，审稿期限为两个月。谢绝一稿多投。

五　投稿邮箱

投稿邮箱：rgznflyjy@ swupl. edu. cn 或 xnzfrgzn@ 163. com。

西南政法大学人工智能法律研究院

图书在版编目（CIP）数据

人工智能法学研究. 第 4 辑, 智慧司法的发展与规则 /
岳彩申, 侯东德主编. -- 北京：社会科学文献出版社,
2021.9

ISBN 978 - 7 - 5201 - 9285 - 9

Ⅰ.①人… Ⅱ.①岳… ②侯… Ⅲ.①人工智能 - 科
学技术管理法规 - 研究 Ⅳ.①D912.170.4

中国版本图书馆 CIP 数据核字（2021）第 215203 号

人工智能法学研究 （第 4 辑）
——智慧司法的发展与规则

主　　编 / 岳彩申　侯东德
副 主 编 / 张建文

出 版 人 / 王利民
组稿编辑 / 刘骁军
责任编辑 / 易　卉
责任印制 / 王京美

出　　版 / 社会科学文献出版社 · 集刊分社 （010）59367161
　　　　　　地址：北京市北三环中路甲 29 号院华龙大厦　邮编：100029
　　　　　　网址：www. ssap. com. cn
发　　行 / 市场营销中心 （010）59367081　59367083
印　　装 / 三河市尚艺印装有限公司

规　　格 / 开本：787mm × 1092mm　1/16
　　　　　　印张：14　字数：238 千字
版　　次 / 2021 年 9 月第 1 版　2021 年 9 月第 1 次印刷
书　　号 / ISBN 978 - 7 - 5201 - 9285 - 9
定　　价 / 89.00 元

本书如有印装质量问题，请与读者服务中心（010 - 59367028）联系